経営学史学会編〔第七輯〕

経営学百年

――鳥瞰と未来展望――

文眞堂

巻頭の言

経営学史学会理事長　村田晴夫

経営学はおよそ百年前に生まれ、二十世紀の文明社会の歴史とともに歩みをつづけてきた。この世紀の文明が企業によって具体化されたことを思うと、経営学の歴史はまことにこの世紀の文明を引き写しているとも言えるであろう。

そしてわれわれのこの二十世紀が、さまざまな問題を抱えこんでしまったことを思わざるをえない。激動の時代のいま、経営学はこれらの諸問題を乗り越えるべく、立ち向かわなければならない。そしてまた、時代の先取の理論を目指して新しい発展を成し遂げなければならない。そのためには、われわれは経営学の歴史を見、そこに写し出される経営思想の歴史を見て、この文明社会の歴史の意味を知らなければならない。理論と実践を不可分のものとする経営学の学問的性格は、まさに経営思想とその現実的具現を演出するからである。

経営学は、他の社会科学の分野とそして科学技術の発展とも密接な関連をもっており、哲学・歴史学などとの関連では人文諸科学とも深く交差している。このような綜合的な性格と具体的な問題把握の力をもつ経営学は、新しい方法論の創出を含めて、これからの社会科学の発展の中で重要な役割を果たすであろう。経営学史研究は、そのための礎石となり、柱となるものであり、またそうあらねばならない。

このような観点から、経営学の百年を振り返り、その学の方法と対象、人間の問題、技術の問題、情報の問題、倫理・責任の問題、国際化の問題、そして日本的経営の問題について掘り下げ、問題を浮き彫りにすることは、経営学の諸領域の特質を明らかにすることであり、さらに二十世紀の文明の意味を理解することである。そして同時に、それを通してこれからの経営学の発展のための展望を切り開くことにつながるのである。このような試みは、一朝一夕にして成果を期待することはできないかもしれないが、それを試み、繰り返し反芻することによって明かりが見えてくるのである。

目次

Ⅲ　経営学の諸相

Ⅰ　経営学百年——鳥瞰と未来展望——

一　経営学の主流と本流

――経営学百年、鳥瞰と課題――

三戸　公

経営学は今世紀の初頭に成立し来り、百年を経た現在、ようやくその全容を現してきた。この学は社会諸科学の中枢を占め、社会諸科学の中で最も重要な学となった。このことは、諸分野の学者はもちろん経営学者にもまたほとんど自覚せられていない。

経営学は、誰でも知るように、科学的管理を持ってその成立の道標とする。だが、科学的管理をいかなるものと把握するかについてはいちようではない。その把握の如何が経営学をいかなる学として把握するかの大事な鍵となる。科学的管理は三つの次元において把握される。これをテイラーシステムと把握するとき、それは人間関係論の成立あるいはフォード・システムの成立によって過去のものとなったと捉えられることになる。次に、テイラー・システムの指導原理としてのテイラリズムと科学的管理を把握したドラッカーは、自分がはじめてこれを超克する理論と技法を展開したと自負した。ブレイヴァマンはテイラリズムの超克は社会主義の発展をまたねばならぬと論じたが、社会主義の夢は今世紀の末葉においてついえたかにみえる。

科学的管理をテイラーの力説したとおりに、その本質を〈対立から協働へ〉と〈経験から科学へ〉の精神革命と把握したとき、科学的管理は新しい意味が付与され、その外延と内包が前二者とは全く異なったものとなる。これまで、経営学者たちは、科学的管理の導入された現場の労働者への衝撃に端を発した議会委員会のテイラー証言を、弁明であり衝撃緩和のオブラート的発言とみなし、その積極的意義を十分に評価することなく、今日に至っている。

テイラーの言う科学的管理の本質は、〈対立から協調へ〉と〈経験から科学へ〉の二者である。この二者のうち〈経験から科学へ〉の道をひたすら進んできたのが、その後の経営学の主流として現在に至っている。〈経験から科学へ〉とは、いかなる意味をもつものであろうか。

人間は身体的、行為的存在であり、その行為は何よりもまず身体的、経験的な知によって支えられ、人類が生れて以来、数千年・数万年に及ぶ長い長い間、経験知によって行為してきた。その経験知によって生きてきた人間の行為を科学という知によって行為しようという提言をテイラーはしたわけである。科学とは何であるか。その論議は山ほどある。だが、私はテイラーに従う。彼は言う。収集（gathering）し、分類（classify）し、分析（analyze）し、法則・規則（law & rule）を見出し、方式（formula）をつくり出し、それでもって行為することと言う。極めて明快である。収集、分類、分析するためには、対象の限定と方法の限定が不可欠である。対象と方法の限定によって成立している知であり、学であるから、分科の学の略称としての科学なる日本語も意味をもつ。科学は対象を限りなく分化し、専門化し、方法を新たに創り出してゆくが故に、無限に発展してゆく。たしかに、〈経験から科学へ〉の人類史的な流れは、ルネサンスそしてマニュファクチュアの時代から産業革命を経て現代に到る壮大な流れである。そして、道具を労働手段とする分業体系としてのマニュファクチュアは資本制生産とともに起り、機械制工場体系に発展して行った。この流れは、宗教的知から出発しながらも、客観的に対象把握に向かう研究、教育の場である大学を拠点とした知と作業現場で蓄積・精錬化された経験知の職人の技芸との接近・結合によって推進せられて来た。職人の技芸は技術に転化し、抽象的客観的な知としての科学は、合目的的な手段として具体化せられた技術となって完結するものとなって来た。その科学と技術は長く労働手段である道具と機械に限られていて、労働そのものを対象とする科学と技術がテイラーによって創始せられたのである。テイラーが職人として出発し、職長となり、やがて大学教育を身につけた機械技師として、アメリカ経営学成立母胎たるアメリカ機械技師協会を中心として起ってきた能率増進運動の中で、自分の創始した工場管理の体系を科学的管理と呼び、科学的管理の本質を〈経験から科学へ〉の精神革命だと宣言したのは、まさに象徴的である。そして、それまで技術は道具・機械・装置を対象として労働手段の体系と意識され定義されていたのに対して、技術はこれまで道具・機械の労働手段の体系をハードとしてとらえ、その仕様や作業そのものに関する技術をソフトと捉え、法則性・規則性の意識的適用と意識され定義されるようになってきた。

法則・規則は限定した対象と方法によって蒐集・分類・分析して得られる。そして法則・規則は、方式に形象化して作業者を助けるとテイラーは言う。方式は、モデル model であり、マニュアル manual であり、プログラムである。科学は明晰性を尊び客観的表示を必要とし、それは数学を応用し、数値的表現を指向し、科学性を高めようとする。客観化・数値化は、必然的に序列化を結果し、それにもとづいて処置し処遇することになる。テイラーは人間の行為そのものの科学化の意義を自覚していた。

さて、テイラーの創り出したテイラー・システムは作業の科学にもとづく課業管理の体系であり、科学的管理といってもその科学は作業の科学に限られたものであった。この作業の科学の延長線上にあるものと意識して始められたホーソン実験は所期の結果を見出すことなく、別の意味をもった実験として展開した。周知のように、作業の成果の達成には単に作業の動作とその動作を助ける補助的手段だけでなく、作業者の勤労意欲が大きな役割を果たしているという発見であり、それには人間関係が大きく関係しているという発見であった。ここから、経営社会学・経営心理学が成立し、行動科学が成立し、それらに立脚した技術の開発・推進がなされて現在に到っている。

科学的管理はさらに新たな科学的研究の対象を加えた。組織の認識が組織機構として把握せられていたのに過ぎなかったのが、人間関係論がイン・フォーマル・オーガニゼーションの研究を進化させたのに伴って、フォーマル・オーガニゼーションの研究も飛躍的に高められ、組織が科学的研究の対象として登場することになり、管理論は新しい次元を迎えることになった。それまでの管理論は、管理に有効な知識を諸原則として定立し、その諸原則を計画し・組織し・命令し・統制する過程と把握し、その各過程のそれぞれに分類し整理するもの、すなわち管理過程学派、管理原則学派と呼ばれるものであった。バーナードによって、組織論が飛躍的な発展をとげ、管理は組織の維持機能であり、管理行為の中核は意志決定であると把握されるに至った。

その意志決定を対象とする科学は、サイモンによって樹立され、さらに環境を組織との関連において把握されねばならぬ対象としてコンティンジェンシー理論が登場して来た。さらに、経営学のフロンティアを意識する人たちは環境をいかに認識し、有効な意思決定につなげるかの、認知・認識・知識創造に向かっているようである。

テイラーの創始した科学的管理は、近代とともに進んできた学問の科学化の大きな趨勢の中で、彼の作業の科学を最初の領域として次々に新たな科学の対象を以上のように加えて現在に到っている。そして、ここにおいて経営学が内包する科学的対象領域はおおむね出そろったように思われる。

〈経験から科学へ〉の方向をひたすら進む上述の経営学の主流は、テイラーの言う科学的管理の本質を十全にもったものではない。テイラーは、「科学的管理の本質は〈対立から協調へ〉と〈経験から科学へ〉の二本柱であり、その一本を欠いては科学的管理ではない」と明言している。〈対立から協調へ〉は、〈争いに代えるに心からなる兄弟のような協働〉とも言っている。また彼は、科学は常に善をもたらすものではなく、それは同じように悪にも用いられるものであることを知悉していた。だから、科学的管理は、ただ機能を追求する方式、技術であるだけのものではなく、雇用者と従業員の両者に利益と繁栄をもたらすものでなければならず、その二者を兼ね備えたものであってはじめて科学的管理たりうると宣言したのである。彼は機能だけの追求ではなく、同時に経営のあるべき方向、規範をも追求したのである。規範は、つねに人間とは何か、人間の追求、人間の置かれている場所、人間を彼とは切っても切り離せない環境との関連において把握することによって、規範は成立してくるものである。この人間とは何か、人間を環境とともに把握する方向、すなわち、人の機能する場所としての企業・経営・組織とは何かの理論的な研究の上に立つ規範論を持った機能論とした管理論の展開がある。この流れは、まさに科学的管理の本流とでも名付くべきものであらう。それは、対象を分化してゆく方向ではなく、あくまで部分を全体との結合・統合において把握する方向である。

政治学から出発し心理学者でもあるソシアル・ワーカーのM・P・フォレットは、まさにテイラーを継いだ。彼女は人間の行動したがってまた協働行為は、コンフリクトの連続であり、それにいかに対応するかが人生であり、管理の本質であると把握し、抑圧でも妥協でもなく、統合こそが最も機能的であると論じた。統合は別言すれば、全体状況の法則であり、全体状況の法則に従がうことこそ管理の要諦と論じた。だが、この法則は科学的な法則ではない。

フォレットに続く者は多くの組織体の経営者であったC・I・バーナードである。彼は人間とは何かの全人仮設をたて、それにもとづいて協働体系を論じ、精緻な組織の概念を構築し、組織と環境を論じ、管理を組織維持機能と把握し、その中核を意思決定であるとし、意思決定を機会主義的と道徳性の側面の二要因からなると論じた。管理論の主流に属する者はいずれも彼の組織論に依拠し、サイモンはバーナードの意思決定論を科学化し、コンティンジェンシー理論もまたバーナード理論の枠を超えていない。
ドラッカーは、テイラー、フォレット、バーナードの延長線上に自分を置いた。彼は、キリスト教的人間観を披瀝し、現代社会を組織体（企業とN・P・O）を構成的制度とする社会と捉えることにより、管理論を現代社会維持のガヴァナンス論として展開した。その指導理念は人間の本性たる自由の保証伸長と機能の追求との統合であり、それを実現する技法の開発であった。

付記

本稿は、大会予稿集の報告要旨を与えられた字数でカットしたものである。割愛された部分は、全体の約三分の一に当たり、科学的管理＝経営学の現在の体系とそれがもたらした随伴的結果＝環境破壊について関説し、二十一世紀に向かう経営学の課題を論じている。なお、シンポジウムで冒頭の一節について統一論題の報告者に意見を求めたが、応答はなかった。

参考文献

科学的管理に関しては「科学的管理の現在」「マルクスとテイラー」（『中京経営研究』七巻一号・一九九七年、八巻一号・一九九八年）「象徴としてのシュミット」「科学的管理の世界」（『立教経済学研究』一五一巻三号・一九九八年、一五二巻一号、一九九八年）を参照されたい。経営学の主流と本流の把握を最初に示したのは、「フォレットとバーナード」（飯野春樹編『人間協働』文眞堂、一九八八年）であり、「M・P・フォレット――管理論における位置と意味」『経済篇』（関東学院大）、第一九四号、一九九八年においてより充実させて展開した。冒頭の一節は、上記の拙稿に加えて『随伴的結果』文眞堂、一九九四年、文眞堂版『現代の学としての経営学』一九九七年により、理解を深めていただきたい。

二　経営学における学の世界性と経営学史研究の意味
――「経営学百年―鳥瞰と未来展望」に寄せて――

村　田　晴　夫

一　学の世界性と経営学

経営学が誕生してから凡そ百年を数える。時あたかも世紀の変わり目を迎え、しかも問題は群をなしてわれわれの眼前に押し寄せている。そのような時代背景において、われわれは経営学の百年を振り返り、来るべき未来の世紀にたいして経営学の可能性と在り方を展望すること、これが今大会の課題である。

経営学の歴史、そしてその学としての本源性より見て、この二十世紀はいかようなものであろうか。そして経営学の歴史とその立場から二十世紀を捉えるということは、学一般そして世界観一般の立場へと一般化できるような普遍性を持ちうるのであろうか。この後者の問いは経営学の学的本源性を学問一般の中でいかに位置づけることができるかという問題に関わっている。私はこの後者の問いを学的世界性の問いと呼ぶ。この問題から始めたい。

ひとつの学問領域が次の要件を満たすとき、その学問領域は学的世界性要件を満たす、と見ることができる。

（1）　学が世界に向かって開かれていること

（2）　普遍性と信頼性を追求することを根底の姿勢とすること

絶対的普遍性というものは人智では到達できないであろう。従って、ここでいう普遍性とは相対的なものである。その欠を補うのが信頼性である。信頼性もまた主観的であり、相対的である。学問はこうしてその時代と人智の制約という枠を超えることはできない。しかし、その時代性を帯しながらなお時代を先取することが学問の進歩であり、使命である。テイラーの仕事はまさにそれをなしたのであった。経営学の始まりの一つであるアメリカ経営学はこうして開かれた。われわれはここに学問の先取性を見る。一方、ドイツにおける経営学の始まりは周知のように、学としての自立性に厳しい疑問が投げかけられた。「私」に奉仕する学は学ではないという批判であり、端的に経営学の世界性が問われたのであった。客観的認識とは何かという問いがこれに重なる。

アメリカ経営学は実践の現場から始まった。それは理論と実践の不可分性を背負うことであった。実践への過度の傾斜は学の世界性を危うくする。理論への偏重はアメリカ経営学の採るところではない。ここでもまた経営学の世界性が問われなければならない。

アメリカ経営学の本源はプラグマティズムであり、それがよく働けば実に新しい学の世界性を獲得することができるはずであった。アメリカ経営学はアメリカ文明社会の「ものの見方」を代表している。そして次に述べるように、二十世紀のアメリカの世紀はこの経営学を本来の学の世界性から遠ざけつつあるように見える。

「経営」の意味の深みと拡がりを考えてみれば分かるように、経営学は歴史と文明の諸要因が交錯する領域を対象としている。そこには社会科学はもとより、自然科学と技術の問題も関わるのであるし、さらに哲学・歴史をはじめとする人文諸学もまた深く関わるのである。

そして、諸学の内で経営学ほど理論と実践の関係を深く結ぶ学はない。そこに経営学の可能性があると同時に、困難さと過ち易さもあるのである。私はここにこそ却って経営学の画期的な学の性格を見出す者である。そこで問題は、実践を予定しながら混濁の無い学、すなわち世界性をもつ実践の学はいかにして可能か、ということになる。それを可能にするのは次の二つの世界性である。

（1）　文明社会的世界性

学の文明社会的世界性とは、学が一つの文明社会を背景として成立し、その文明社会にたいして開かれており、その文明社会によって受容されていることである。そしてそれによってその学が文明社会にたいして一定の貢献を果たすことである。

（2）　哲学的世界性

学の哲学的世界性とは、その学が自らを批判する哲学的営為・思想的営為を内包し、それを通して世界と歴史にたいして開かれていることである。そして哲学的営為・思想的営為とは、ａ方法論的な吟味と新しい方法を切り開くこと、ｂ世界観・歴史観・社会観・人間観を批判し、吟味すること、ｃ新しい世界観・歴史観・社会観・人間観を打ち立てること、ｄ現代文明を哲学的根底より批判すること、などを含む思想の冒険である。

テイラーから始まるアメリカ経営学はこれらの条件をある程度満たしている。（そのことについて論及したものがあるのでそれを参照して頂きたい。[1]）

ドイツ経営学においても、方法論争を経て、一定の学的世界性を確立してきたと言える。

しかし何かが足りない。それは何であろうか。その足りないものに論究する前に、二十世紀の経営学的意味について検討しよう。

二　二十世紀の経営学的意味

かつて私は二十世紀の進展の様相を四期に分類して論じた。(2) それは二十世紀を「管理の世紀」と位置づける作業(3)の継続であった。それから一〇年を経て、いまや二十世紀の展望はより緻密に、かつ大胆に行われなければならない。以下、二十世紀の進展とその画期をなす項目を列挙する。

1　管理の世紀としての二十世紀
第1期　科学的管理の時代から機能的人間像の一般化へ
第2期　有機体の時代への予感と挫折——組織の時代
　企業の意味の変遷(*)
第3期　管理の理論の繁栄と多様化
第4期　情報化の進展
　グローバリゼーション(**)
　価値観の多様化と複雑性の時代への移行——有機的様相化(***)

〔(*)(**)(***)は前著では触れていなかった項目である。なお表現には前著とは異なる部分も含まれている。〕

2　問われているもの
このように二十世紀を展望して見れば、この世紀が投げかけた問題を読みとることができる。問われているものを項目として列挙する。

（1）生産の意味――消費の意味
（2）企業の意味――経営の意味
（3）国家の意味――国家主権とは何か
（4）情報とは何か――それは人間と社会にいかに関わるのか
（5）人間の本質――人間とは何か
（6）人間と企業、人間と組織、人間と国家の関係はいかに在るべきか

これらの問いはいずれも価値観を含んでいる。すなわち、それらはそのまま倫理的な問いでもある。

3　二十世紀のもたらした課題

かくして二十世紀のもたらした問題点が明らかになる。(4)

（1）環境問題
（2）文化多元性の問題
（3）人間性の問題

4　学問の進歩とは何か

学問の本質が問われている。私は経営学こそ学問の新しい発展のリーダーとなる可能性を持つものだと信ずる。そのことは次節で論ずる。以下では二十世紀の学問の特色の一端を挙げる。

（1）自然科学の発展――宇宙論における飛躍・生命科学の飛躍
（2）技術の展開――高分子化学技術・バイオテクノロジー・情報技術・原子力そして管理技術
（3）機械論の発展と精神・魂の領域の貧困

そして今後の学問のひとつの方向として考えねばならぬものを挙げてみる。

（4）　近代の完成かあるいは近代の超克か――思想の貧困の克服

（5）　企業と組織活動における文明との関わりと経営学の発展――文明と経営

三　現代経営学に足りないものは何か

先に、アメリカの世紀は経営学を学の世界性から遠ざけつつあると述べた。その意味は、第一に文明社会性に対する疑問である。アメリカ型の文明社会は経営学と密接に関連し合いつつ進展しているように見えるが、それはテイラーやバーナードに見られた先取性ということからは遠いのである。そしていまや現代の文明社会は危機に直面している。そのことは学における哲学的世界性の希薄さによる。人間観・世界観そして宇宙観という次元の省察を欠き、歴史にたいする洞察を欠いていることが問題である。

世界観・人間観にたいする芯となるものが足りない。それは歴史への洞察を欠くことにつながり、したがって転換期における先取の直観を鈍らせる。

このことはひとり経営学だけの問題ではない。現代の諸学に共通する問題である。しかし、その問題にたいして最も敏感であり、かつ最も接近しやすい学こそ経営学なのである。その理由は次の三つによる。

（1）　経営学の対象とするものが現代的課題そのものに重なること――企業あるいは組織という現代の鍵要因を対象とする

（2）　方法論的にきわめて豊かな可能性を内蔵していること――理論と実践の両立ということを自律的な目標とする

（3）　社会科学・自然科学・人文科学の諸学と連関関係をもつこと――このことは経営学の自立性を妨げるも

のではない

要するに、経営学の発展のためには、経営学のなかに歴史的反省と哲学的省察の学的素因を内蔵することが必要である。かつてのドイツ経営学における方法論争はその前駆的意味を有するものであった。それは科学論の興隆とともにより論争的になりながら、科学論の多様化とともに晦渋なものと化し、文明社会的世界性から取り残される道をたどった。しかしその哲学的世界性に与えた貢献は看過すべきではない。われわれはアメリカ経営学的文明社会性に学びつつ、ドイツ経営学的哲学的世界性を調和させるところの、より止揚された経営学の可能性を求めるべきである。経営学史研究の意味の最も重要なもののひとつはそのような止揚の可能性を準備する歴史的反省と哲学的省察への前提を吟味することである。これをあえて一言で言うならば、思想史としての経営学史研究の推進ということである。

注

(1) 村田晴夫「経営学と『学の世界性』――その学としての成立根拠について――」『桃山学院大学経済経営論集』第三五巻第三号、一九九三年一二月。

(2) 村田晴夫『情報とシステムの哲学――現代批判の視点』文眞堂、一九九〇年。

(3) 村田晴夫『管理の哲学――全体と個・その方法と意味』文眞堂、一九八四年。

(4) 村田晴夫「バーナード理論と有機体の論理」経営学史学会編『経営学の巨人』文眞堂、一九九五年。

三　マネジメント史の新世紀

ダニエル・A・レン

ゲストとして日本にお招きいただき、本日この場にいることを大変光栄に存じます。今回の私の訪日を可能にして下さった私の友人であり研究仲間の廣瀬幹好教授と関西大学に対して、感謝申し上げます。廣瀬教授からマネジメント史についての私の所見を依頼されましたとき、皆様のご存じないことについて何をお話できるだろうかと考えました。

日本の研究者の方々が当該領域についての優れた研究者であり、永年にわたりマネジメント史についての論述、翻訳、教育を行ってきたことを、私たちは承知しています。たとえば、日本はF・W・テイラーの科学的管理に大いに関心を払い、早くも一九一二年には彼の本が翻訳されています。上野陽一は非常に精力的にアメリカのマネジメント思想を日本に導入し、そしてニュージャージー州モントクレアにあるギルブレス夫妻を彼らの学校に訪ねています。上野は後に、リリアン・ギルブレス、ハリントン・エマーソン、モーリス・クックなどをゲストとして日本に招待しました。私は上野陽一についてより詳しく書いていますが（Wren and Greenwood,1998, pp. 148-154.）、これらのことはマネジメント史に対する関心を私たちが共有してきた長い伝統を示す一例なのです。

私は皆様のマネジメント史の知識にそう多くを付け加えることができるとは思っておりませんので、来るべき時代に私たちがどのような役割を演ずることができるのか、そしていかに私たちの仕事がより重要となる一方でより困難になるかということについて、若干の考えと関心を皆様と共有したいと考えております。

私たちはなぜマネジメント史を研究するのでしょうか。過去の出来事は現在と未来にどれほどの関係があるのでしょうか。私たちは技術の急速な進展を眼にしており、私たちの経済的利害をよりいっそう緊密に結びつけるビジネスのグローバリゼーションを承知しています。このように物事の変化が著しいとき、昨日重要だったことをどの程度信じることができるのでしょうか。

私の解答は、さしあたり非常に基本的なものです。私たちが知っているのはすべて過去についてです。私たちが知っていることは、明日や次週についてではなく、どのような出来事が私たちを現在に至らせたのかということなのです。私は私たちが自らナレッジ・ワーカーとなるべきだと申し上げたいのです。過去についての私たちの知識に知見を付加し、それを将来のために保存し、現在と将来の世代にこの知識を伝える責任があるのです。

野中郁次郎と竹内弘高は、個人、集団、組織という三つのレベルで知識創造が生じると述べています (Nonaka and Takeuci, 1995, p. ix)。ビジネスを行う会社にとって、戦略的競争優位を確保するためには知識創造が不可欠なのです。

知識を創造し、これを私たちの記憶（メモリー）の一部にする過程は、マネジメントの学徒にとってもまた重要なことです。私たちは個人として過去について学び、研究を通して私たちの理解を深め、この知識を他の人々と共有しなければなりません。研究において互いに助力し協力するように、私たちの仕事は研究仲間との集団的作業なのです。今日、プロフェッショナルな組織において、私たちは研究成果を共有しているのです。

私たちの職業は、過去の知識を創造し、収集し、伝達するという「ナレッジ・ビジネス」なのです。マネジメントという学問には多くの下位学問分野があります。人間行動、製造、組織、作業分析、戦略、その他多くの分野などです。マネジメント史はこれら多くの学問分野の理念を結びつける学問なのです。すなわち、系図学のように、私たちと家族をより深く理解するために祖先の研究を行うのです。

マネジメントの過去についての知識を獲得し保存する上で、新世紀への移行につれて私たちが直面する機会（opportunities)と脅威（challenges）について、皆様と共に考えてみたいと思います。

一　新しい知識の獲得

知識の創造は最もやりがいがあり、最も刺激的な仕事です。私たちが知識を追求する学者として真価を発揮するのは、研究、発見、理念の新たな総合を通してであります。これには多くのやり方があり、たくさんの場所を調べなければなりません。そこで、私は、これらの知識の付加が私たちの理解をどんなに豊富にしてきたかということについて、わずかではありますが例示したいと思います。

数年前、*Journal of Management History* 誌の特別号の編集を依頼されました。私はそのテーマにH・ファヨールを選びました。論文を選定することによって、私たちはこの十九世紀生まれの技師であり経営者であるフランス人についてのこれまでの知識に新たな知見を付加しました。ジョン・ブリーズ（John Breeze, 1995）は Fayol's Centre for Administrative Studies の起源と仕事を明らかにしました。ドナルド・リード（Donald Reid, 1995）は、ファヨールと彼の会社の取締役会との問題を説明するために、資料館の手紙や記録を利用しています。そして、私たちの友人であり研究仲間である佐々木恒男（Tsuneo Sasaki, 1995）は、フランスにある公的な記録やその他の資料の研究を通じて、ファヨールの家系について徹底的に調べあげました。

これら学者たちは皆、マネジメントの理論への重要な貢献者であるH・ファヨールを理解する際に必要な新たな知識をもたらしたのです。他の例を挙げましょう。ロナルド・グリーンウッドとアルフレッド・ボールトン（Ronald Greenwood and Alfred Bolton, 1983）は、ウェスタン・エレクトリック社での有名なホーソン研究に参加した幾人かの人たちを探し出し、インタビューしました。これらの人々の話から、ホーソン研究で何が起こったのかということ、そして人間関係論におけるホーソン研究の役割を明らかにすることができるのです。私たちは労働者たちがどのように選抜されたのか、どのように賃金支払いがなされたのか、労働者と監督者との関係、そしてこれまでの理解をよりいっそう明らかにするその他多くの事実を学んだのです。

最後に、もう一つ例を挙げましょう。私たちの友人であり研究仲間の廣瀬幹好（Mikiyoshi Hirose, 1996）は、アメリカ機械技師協会（the American Society of Mechanical Engineers：ASME）のマネジメントへの取り組みについて研究しました。多くの研究者たちは技師がマネジメント運動を支持しなかったと結論しているけれども、廣瀬の研究はこのような見解が正しくないことを論証しています。ＡＳＭＥのマネジメント部会の設置によって、自らの仕事に人間活動を含む産業技師（industrial engineers）への道が開かれたのです。

繰り返しますと、過去についての私たちの理解を深化させ、そして今日の学徒に明日の世界に備えさせる知識を、私たちがいかにして創造することができるのか、私たちは理解しているのです。

二　知識の保存

私たちが人間の生存についての文書記録を調べれば、いくつかの最も古い記録が多分五〇〇〇年に満たないだろうことが分かります。これらは古代メソポタミアで発見された粘土板です。紙作りが行なわれるようになるまでに長い年月を要し、印刷機によって書物が現実化するのにさらに長い年月を必要としました。私たちは、人類がおそらく三五〇万年以上にわたり生存してきたということを長い間信じておりますが、私たちは既に起こったことについて、実際にはほんのわずかな記録しか持っていないのです。

さて皆様、私と一緒に次世紀に足を踏み入れていただけませんでしょうか。次世紀の歴史の教育に役立て得るどのような種類の記録を、今日私たちは保存しているのでしょうか。私たちは文書を電子的に処理し、これらは電磁ディスクに記憶されます。私たちは電子メールでコミュニケーションを行い、写真の代わりにデジタル方式で画像を走査（スキャン）しているのです。ですが、これらのコミュニケーション技術の各々には、有用性の寿命に限界があるのです。第一に、電磁場はどのくらいで崩壊し始めるのでしょうか。第二に、これらのメッセージを再生するために私たちが使用している装置はどれほど常に変化しているのでしょうか。そして、そのフロッピー・ディスクに記憶されている記録をどれも再生することができますでしょうか。

この問題をご説明するために、アメリカでの一例をご紹介します。私たちは十年ごとに国勢調査をおこなわねばなりません。一九六〇年の国勢調査のデータは、すべてコンピュータで集計され記憶されました。年月を経て、私たちのコンピュータ技術は急速に変化し、世界中でわずかに二台のコンピュータだけがそのデータを検索できるということが分かりました。一台は日本のミュージアムのコンピュータで、もう一台はアメリカのスミソニアン・ミュージアムのものでした。幸いにもこれらの装置の部品が存在しており、技術的には最新式でなかったとはいえ、そのデータを処理することができたのです。

私たちは、コンピュータの「クラッシュ」、サーバーの停止、あるいは重要なデータの消去や消失の経験を語ることができます。この驚くべき電子時代は多くの機会だけでなく重大な脅威を提供しているのです。会社がどのように意思決定をし営業活動を行ったのかということを跡づけることのできるような会社の記録を、私たちは見つけられるのでしょうか。あるいは、そのデータの多くは消失ないし検索不能となるのでしょうか。私たちは、重要な人々との面談の記録や録画をどのようにして保管し保存するべきなのでしょうか。将来時代遅れになるかもしれない現在の装置を、誰が保存するのでしょうか。

現在、電子出版が行われています。たとえば、*Journal of Management History* 誌は電子的形式でのみ存在しています。講読しパスワードを使うことによって、論文をダウンロードし紙上で保管することができるのです。ですが、誰がオリジナルの電子版を保管し保存するのでしょうか。私たちの図書館でしょうか、それとも出版社でしょうか。将来の学徒たちが私たちの研究を引用したいと思うとき、私たちはこれを再生する技術を持っているのでしょうか。

恐らく、私は悲観的にすぎるのでしょう。本や雑誌もまた消失や破棄の可能性があります。敵対的な政治体制は、政府の考えにそぐわない書物を焼き捨てることもあります。知識を保管する形態がどのようなものであれ、消失の可能性があるのです。

もし私の話が皆様のお役に立てるとすれば、私が知識を保存することの重要性についてより明確にお話することでしょう。来るべき世紀における私たちの最も重大な脅威は、未来の世代に伝えることのできるように、過去についての知識を収集し保護することなのです。私たちが作り上げてきた知識を保管するにふさわしい特別の場所を創造するということについて、今や私たちは考え始める必要があるのです。印刷された本や雑誌を考えるのは今日では時代遅れであり、インターネットでの買物、ウェブサイトの創造、画像のスキャン、文書のダウンロードの方が、ずっと普及しています。情報技術の非常に急速な進展に伴って、私たちは、将来のために慎重に収集され保護される必要のある資料を失う危険にさらされているのです。

三　結びに代えて

私は多くの設問を致しましたが、与えた解答はわずかでしかありません。私たちが理論を形成するのは歴史からなのです。過去についての私たちの理解が、より良い理念の創造における私たちの進歩を検証する方法を提供するのです。歴史は私たちの記憶装置（メモリー）であり、将来起こる出来事に備えるために過去の出来事を解釈する手段なのです。ナレッジ・ワーカーとしての私たちの役割は、絶え間のない学習を行うことです。すなわち、次世紀において他の人々が研究し付加するメモリーを提供することなのです。

参考文献

John D. Breeze, "Henri Fayol's centre for Administrative Studies," *Journal of Management History*, Vol. 1, 1995, pp. 37-62.

Ronald G. Greenwood, Regina A. Greenwood, and Alfred A. Bolton, "Hawthorne a Half Century Later : Relay Assembly Participants Remembered," *Journal of Management*, Vol. 9, 1983, pp. 217-231.

Mikiyoshi Hirose, "The Attitude of the American Society of Mechanical Engineers toward Management: Suggestions for a Revised Interpretation," *Kansai University Review of Business and Economics*, Vol. 25, 1996, pp. 125-148.

Ikujiro Nonaka and Hirotaka Takeuchi, *The Knowledge-Creating Company: How Japanese Companies Create the Dynamics of Innovation*, New York: Oxford University Press, 1995.（野中郁次郎・竹内弘高『知識創造企業』東洋経済新報社、一九九六年。）

Donald Reid, "Fayol: From Experience to Theory," *Journal of Management History*, 1995, Vol. 1, pp. 21-36.

Tsuneo Sasaki, "Henry Fayol's Family Relationships," *Journal of Management History*, 1995, Vol. 1, pp.13-20.

Daniel A. Wren and Ronald G. Greenwood, *Management Innovators: The People and Ideas That Have Shaped Modern Business*, New York: Oxford University Press, 1998.（伊藤健市・井上昭一・廣瀬幹好監訳『マネジメント・イノベーター　現代ビジネスの革新者たち』ミネルヴァ書房、二〇〇〇年。）

（廣瀬幹好　訳）

Ⅱ　経営学の諸問題——鳥瞰と未来展望——

四　経営学の構想
――経営学の研究対象・問題領域・考察方法――

万仲脩一

一　序

周知のように、経営学は経済と産業の発展に伴う企業規模の拡大を契機として十九世紀末に主としてアメリカとヨーロッパ（特にドイツ語圏）において別個に成立したのであるが、二十世紀に入ってからは一層巨大化した企業の管理の近代化の要請に応えるべく経営学は飛躍的な発展を遂げた。しかし、アメリカとドイツ語圏ではそれぞれの国民性やその思考方法の相違を反映してかなり性格を異にする経営学的研究が行われ、わが国の経営学はこれら両者の影響を強く受けて発展した。しかも、いわゆるアメリカ経営学とドイツ経営学の内部においてのみならず、わが国の経営学の内部でも、種々の構想にもとづく多様な研究が構想され、展開されてきたのであり、この状況は基本的には今日においても変わってはいない。もとより、このような状況は経営学に限られることではなく、多かれ少なかれ多くの学問において見られることではある。ただ、いまだ比較的浅い歴史と急速な発展の故にそうした傾向が著しいことから、経営学においてはとりわけその方法論的省察が要請されるのである。本稿の目的は、経営学の発展の歴史を念頭に置いて、経営学の構想についての一つの見解を提示することにある。

二　科学の価値基礎領域における価値判断

今日の一般的見解によれば、社会科学の構想については、客観的に唯一正しいものがあるわけではなく、結局は個々の研究者の評価ないし価値判断によって決定されざるをえないと考えられている。社会科学に関わる価値判断としては以下の三つが区別される。(1)

① 社会科学の研究対象において行われる評価としての「対象領域における評価」

② 社会科学の取り扱う問題やその研究方法の選択に際して介入する価値判断としての「科学の価値基礎領域における評価」

③ 科学的言明の中に入り込む固有の価値判断としての「言明領域における価値判断」

経験科学において排除されるべきだとされる場合の価値判断は「言明領域における価値判断」であり、経営学の構想に関わる個々の研究者の価値判断とは「科学の価値基礎領域における評価」である。後者は「対象領域における評価」と共に科学から排除されえないものなのであり、しかもそれによって言明関係に価値判断が入り込むわけではないと考えられている。「科学の価値基礎領域における評価」が排除されえないものであるとすれば、経営学の構想を考えるうえで、それを明示することは、無意識に介入する隠れた価値判断を排除するという意味で重要なことである。

ところで、経営学の構想に関する研究者の価値判断は次の二点、すなわち経営学の研究対象と経営学の取り扱うべき問題およびその考察方法についての評価と選択に端的にあらわれる。以下では、これらの点についての評価を行うことを通して、われわれの経営学の構想を明らかにすることとしよう。

三　企業論としての経営学

経営学の成立の契機が経済と産業の発展に伴う企業規模の拡大にあったことは、それが歴史的にはまずは企業を研究対象とする企業論として成立したことを示している。ところが、その後の発展の過程で、研究対象はアメリカで主流をなしてきた管理論的研究といわゆるドイツ経営学におけるとでは異なる様相を呈してきた。ドイツ経営学は、経営経済学は勿論のこと、経営科学や経営社会学においても、基本的には資本主義的商品生産事業体としての企業の諸事象を研究対象とする学問としての性格を維持して発展した。これに対し、アメリカの管理論的研究は次第に、企業のみならず、あらゆる組織に共通して妥当する管理一般を研究対象とするいわば管理一般論としての性格を強めた。それは研究対象を企業に限定しているのでないのは勿論のこと、何らかの具体的な特定の組織に限定しているのでもない。この点に、研究対象の観点から見たドイツ経営学とアメリカの経営管理論との間の最も著しい相違がある。ここでは、この相違を特に意識して経営学の研究対象について考察することとする。これは「科学の価値基礎領域における評価」の第一の対象をなす。

まず、経営学の研究対象を管理一般に求める見解について吟味しよう。現代の社会はこれを「組織社会」と称しても過言ではないほどに、われわれの生活はさまざまな組織に依存している。しかも、現実の組織の多くは複雑な内容を有しており、その管理の成否の如何はわれわれの生活にとっても重大な影響を及ぼす。それ故、経営学の最も重要な問題を一般的に組織の管理問題に求める見解が生じたことはけだし自然の成り行きであった。この場合には、経営学はあらゆる組織に共通に見られる管理事象を扱うのであるから、その妥当領域は、特定の組織に対象を限定する場合よりははるかに広範に及ぶように見える。だが、「管理一般」という事象が現実に存在するわけではない。われわれが現実に見ることのできる管理事象は、企業、大学、官庁といった個々の具体的な組織におけるそれである。しかし、経営学を管理一般論として構築する場合には、それら現実の組織を特徴づけている固有の原理や内容を具体的に取り扱うことはできない。例えば、企業における管理は資本主義経済の体制原理によって規定されざるをえないであろうが、管理一般論によっては企業のそうした特質を具体的に論じることは不可能である。かくして、管理一般論の対象領域は広範に及ぶように見えながら、その理論は管理事象を極めて抽象的に論じることにならざるをえないこととなる。経営学が現実の組織の管理問題を具体的に論じることをその課題とするのであれば、管理一般論におけるこの高度の抽象性は経営学の重大な欠点をなすであろう。

このことから、経営学の研究対象を企業の管理、大学の管理、官庁の管理といったような現実の個々の組織における管理事象に求める見解が生じることになる。現実の管理事象を具体的に論じようとする立場から、われわれも基本的にはこの見解に与するものである。この場合には、種々の組織についての多様な経営学が認められることとなる。だが、これら個々の組織の管理問題を網羅的に論じることは困難であるため、現実の研究においては何らかの特定の組織に対象を限定せざるをえない。われわれはここでは端的に経営学の研究対象を企業に求めることとする。その選択は究極的にはわれわれの価値判断によるのであり、これを客観的に基礎づける基準が存在するわけではないのであるが、この選択の根拠を示しておくことは必要であろう。管理一般論の高度の抽象性という上述の問題点はその最も重要な根拠をなすのであるが、ここではさらに以下の諸点を挙げておこう。

第一に、経営学の成立を要請し、その発展を支えてきた歴史的事情およびその研究の現実が考慮されなければならない。前述のように、ドイツにおいては勿論のこと、アメリカにおいても、経営学の成立を要請したものは企業の規模の著しい拡大とそれに伴うその管理の複雑化および困難化であった。もとより学問の発展はその時々の歴史的状況に規定されるのであるから、その対象領域も決して一定不変であるわけではなく、また不変である必要もない。しかし、主として管理一般論を志向してきたアメリカの管理論的研究においてすら、組織の管理問題を具体的に論じる場合には、暗黙のうちに、あるいは明示的に、典型的な組織として企業が想定されることが少なくない。われわれは経営学の研究対象の選択に際して、このような歴史的および現実の状況を無視すべきではないのである。

第二の理由は、企業がわれわれの生活に対して、経済的のみならず、社会的、文化的などのさまざまな面で著しい影響を及ぼしている組織であることに求められる。企業を研究することはわれわれの生活そのものを研究することにほかならないほどに、われわれの社会の重要な問題をなしている。その意味で企業はわれわれにとって特に関心の向けられるべき存在なのである。

以上が、われわれが経営学の研究対象を企業に求める理由である。ただし、上述のことの明らかなように、企業においても管理がその中心的な活動であることについては何らの異論もないのであり、企業論としての経営学が「企業管理の学」としての性格を強く有すること、および必要性と有効性に応じて管理一般論の研究成果が利用されることはけだし当然のことである。

四　実践的理論科学としての経営学

1　実践的理論科学としての経営学への志向

経営学の研究対象を企業に求めるとしても、われわれの経営学の全体構想を明らかにするためには、さらに「企業のどのような問題をどのように考察するべきか」についての判断が行われなければならない。

いわゆるプラグマティズムの哲学に立脚しているといわれるアメリカの管理論的経営学は勿論のこと、学問としての性格を重視してきたドイツ経営学もまた、大規模化した企業の管理運営とそれに伴う実践的な諸問題を解決するという実践からの要請にもとづいて成立した。経営学は何らかの形で企業管理の実践に対して有用な研究成果を提供することを期待されている学問なのである。それでは、経営学のこの意味での実践科学的性格ないし企業管理の実践へのその有用性としてどのようなことが理解されるべきであろうか。

まずは、それを管理技術の科学的展開として捉えることが可能である。ここで、管理技術とは企業管理を行うために必要とされる各種の技術、例えば原価管理、品質管理、工程管理、人事管理などの個別的管理についての技術ないし技法を意味する。これらの個別的な管理技術の科学的精緻化が企業管理にとって必要であることは否定されえないのであり、そこに管理技術それ自体の個別的な合理化を図る管理技術学として経営学を構築する努力も行われた。しかし、個別的な管理技術それ自体の科学化は、それを要請する企業の行動原理や企業全体についての総合管理から離れて自己目的化する傾向を有している。われわれはそのような管理技術学を企業の行動原理や総合管理と有機的に結びついた「企業管理の学としての経営学」から明確に区別すると共に、経営学研究をそのような管理技術学の方向で展開することについては批判的たらざるをえない。企業にとっての個々の管理技術の合理性と有用性は企業全体の管理の合理性の観点から判断されなければならないからである。

このように実践科学としての経営学の課題が企業を究極的に指導している統一的な原理との関連で管理問題を考察することにあるのだとすれば、そうした経営学は以下の二つの問題を取り上げなければならないであろう。

第一は、企業の目的あるいは指導原理の究明である。伝統的には、企業は資本主義の体制原理によって指導されると考えられ、そうした指導原理としては一般には営利経済原理ないし利潤極大化原理が想定されてきた。しかし、その内容については必ずしも明確にされてこなかったのみならず、これを企業の指導原理として現実に妥当しているとと見なすことについては異論も提起されてきた。企業目的が現実に何であるのかについてはなお議論の余地のあるところなのであり、経営学はその現実的な究明に努力しなければならないのである。

第二に、企業目的の実現のための具体的行動を考察するという問題が存在する。しかし、それが決して個別的な管理技術の究明の問題ではなく、究極的な企業目的と有機的関連を有する管理の問題でなければならないことは、上述の通りである。

かくして、実践科学としての経営学は企業に関するこれら二つの問題を現実的・具体的に論じるものとして構想されることになる。

われわれはこのこととの関連では、主として一九三〇年代のドイツの経営経済学界において「それは金儲け論ではないのか」、そして「もし金儲け論だとすればそれは学問の名に値するのだろうか」という問題を中心として展開されたいわゆる第二次方法論争を想起せざるをえない。周知のように、この論争の過程で経営経済学の性格の如何と学問としてのその可能性の如何をめぐって三つの類型の経営経済学、すなわち規範論的、理論的および技術論的経営経済学が形成された。前二者は金儲け論としての経営経済学の否定論をなすのに対し、技術論的経営経済学はその肯定論にほかならない(2)。

規範科学は、研究者の主観的価値判断にもとづき超越的な規範ないし当為の確立を志向するものである。規範論的経営経済学はその研究対象である企業の目的から金儲けそれ自体を排除し、それ以外の目的を「あるべきもの」として設定することから、金儲け論でない経営経済学を確立する点で最も徹底している。しかし、規範の基礎づけを何らかの超越的な価値に求めるために、それは経験科学としての性格をも放棄せざるをえないという重大な問題点を孕んでいる。

理論科学は、現実の事象を貫く原因—結果の関係ないし因果性の究明という意味での純粋な理論的説明にその課題を限定する。この立場によれば、もし企業が現実に金儲けを行っており、それが非難されるべきことだとしても、非難されるべきはそれを行っている現実である。その事実を純粋に理論的に研究する経営経済学にとってはそのような非難は無縁のものであるという理解に、それは立っているのである。しかし、この理論的経営経済学についていては、因果関係が容易に目的－手段の関係に転化されうることから、純粋に理論的立場を堅持することが現実には困難であるという問題点が存在している。

技術論は端的に、一定の目的に対する手段の究明をその課題とするものである。この立場に立つ経営経済学は企業の金儲けを非難されるべきものと考えるのではなく、利潤追求を一義的に明確な内容を有しているとしたうえで、そのための政策を積極的に究明することにその課題を求める。しかし、企業目的としての金儲けないし利潤追求は現実には決して一義的に明確であるわけではなく、むしろ多義的である。その故にこそ、われわれは企業目的の具体的確立をも経営学の重要な問題と見なしたわけである。

ドイツ経営経済学の三つの学派はそれぞれ以上のような特質と問題点を有しているのであるが、ここでは、われわれは、経験科学としての性格を放棄せざるをえないという規範論的経営経済学の問題点と、企業目的を一義的に明確であると仮定する技術論的経営経済学の問題点を特に重視し、まずは理論的経営経済学の立場に立つこととしよう。そして、前述のように経営学が実践科学としての性格を有することを要請されていることを考慮して、われわれは実践的理論科学としての経営学を志向することとする。これもまた結局は科学領域におけるわれわれの価値判断の結果にほかならない(3)。

2　企業行為の副作用への配慮の必要性

理論科学としての経営学は、現実の企業事象についての因果関係の説明（Erklärung）をその課題とする。今日の社会科学の方法論においては説明の方法として種々のものが提唱されている。まずは、個々の事象を包摂する因果関係の法則あるいは規則性についての言明を仮説として定立し、その仮説を検証あるいは反証の経験的テストにかけるという方法がある。さらには、目的論的説明ないし意味合理的説明が考えられる。これは、説明されるべき事象が人間の目的志向的な行為の結果であることから、その人間行為の目的ないし意図を明かにすることによってそれを説明しようとするものである。この場合には、ある事象を生ぜしめた人間の目的や意図の分析が重視されるため、人間の行為動機に立ちかえって考察する理解的方法（verstehende Methode）の意義が強調されるであろう。ここで理解的方法とは、「ある人がなぜそのように行為したのかという問いに対して、その人の目的と、そこで選ばれた行為の合目的性に関するその人の確信とを指摘することによって答える場合にみられるような説明を与えようとする」[4]ものである。それによってはじめて、企業事象をその内面的要請にもとづいて説明することが可能になるのである。説明の方法としては、これら以外にも機能的説明と称せられるものがある。これは、説明されるべき事象がどのシステムにどのような機能を行使するかを示すことによるものである。このように現実の社会事象についての科学的説明の方法は多様なのであるが、それらは決して完全に排他的なのではなく、むしろ相互に補完的なものと解せられうるであろう[5]。

ところで、理論科学におけるこれらの多様な説明の方法とは別に、われわれは特に経営学の実践性との関連では、企業事象が人間の目的志向的な行為や意図的行為の結果であるのみならず、特に一定の状況のもとでそれによってもたらされた意図されざる副作用ないし付随的結果でもあることを示すことによってそれを説明することの必要性を強調しなければならない。この観点から、われわれは実践的理論科学を単純な因果論的なそれに対して、特にこのような副作用に配慮するものとして理解することとしよう。副作用もまた人間行為の結果であるとはいえ、それは一般には多面的であり、しかも予測不可能な場合が少なくないことから、その因果分析は複雑かつ困難なものとならざるをえない。しかし、そうした分析の努力を通してこそ、実践に対する批判能力を有し、後述のような実践科学としての経営学の構築が可能になると解せられるからである。[6]

副作用は一般には意図されざる結果をあらわすのであるが、ここでは、副作用が意図されたことに対して好ましからざる作用をなすことが少なくないことに特に注意しよう。好ましからざる副作用は当初の目的にとって適切と思われる行為の変更のみならず、場合によってはその目的自体の変更を要請することから、そこに実践的理論科学における行為と目的の関係に関する重要な問題が浮かび上がってくるからである。以下では、このことについて再びドイツ経営経済学の学派分類と関連づけて吟味を加えることとしよう。これは実践的理論科学としての経営学の性格をさらに明らかにすることになるであろう。

3　実践的理論科学と技術論

上述のように、企業事象がある行為の好ましからざる副作用の結果をも含むとすれば、実践的理論科学はそうした副作用とそれをもたらした行為との間の因果関係を単に究明することで満足しうるであろうか。好ましくない副作用の原因が明らかになった場合に、それを排除あるいは抑制することは実践にとって重要な問題である。そのような実践からの要請に応えることは直ちに理論科学の枠を超え、技術論の領域に踏み込むことになるのであろうか。われわれはこのこととの関連で、実践的理論科学の課題を「実践的行為原則の基礎の提示」に求めることとし、それが技術論の課題としての政策の提示ないし実践への助言から区別されるべきものであることを示すことによって、われわれにおける理論科学の実践的性格について明らかにすることとしよう。

前述のように、ドイツの技術論的経営経済学は、一定の目的を達成するための手段ないし政策を提供することを課題とするのであるが、その場合にわれわれは「目的が所与で、しかも一義的に明確であると想定されていた」ことを改めて想起しよう。その場合、こうした技術論においては副作用の問題は如何に考慮されうるのであろうか。

この技術論の立場に立つときには、一定の目的を達成するための最適な政策が求められたとして、もしそれが好ましからざる副作用を生ぜしめると思われるならば、それを抑制することを含む新たな目的を一義的に明確なものとして設定し、そのための最適な政策が探求されなければならない。さらに、この新しい政策もまた副作用を惹起すると思われる場合には、同様の手続きによって第三の政策が探求されなければならない。かくして、技術論において副作用を考慮に含めるときには、新たな目的の設定とそれに対する政策の探求という過程が無限に続くこととなり、その限りで最終的な政策の提示は不可能である。もし何らかの政策の提供を行おうとすればこの過程を恣意的にどこかで打ち切るほかはないのであるが、この場合には提供される政策の実践的有効性は損なわれるであろう。いずれにせよ、技術論には基本的に副作用の問題を論じる余地は存在しないのである。副作用を重視する立場から、われわれが技術論に与しえない所以はここにある。

このことの考慮のもとで、われわれは実践的理論科学における「実践的行為原則の基礎の提供」はこれを、「現実の状況のもとでの目的の設定とそのための行為についての原理的な基礎を、行為の意図された結果や意図されざる副作用についての因果関係への可及的な配慮のもとに導出し、それを情報として実践に提示すること」として理解しておこう。これは、企業の実際の行為を批判的に吟味し、現実の状況のもとで企業の追求すべき目的と行為原則の拠って立つ基礎を実践に対して提示する結果になるという意味で一種の助言に近い性格を示すであろう。しかし、それが一義的に明確な所与の目的に対する最適な政策を実践に対して推奨するのではなく、企業目的の究明自体にも関わり、行為の副作用にも配慮し、しかもそれらにもとづいて実践における企業の政策決定のための基礎を提供するにとどまる点で、技術論における助言から明確に区別されるべきものなのである。

4　実践的理論科学と規範科学

実践的理論科学としての経営学の課題が企業目的の確定にも及ぶのであれば、そこに研究者の先験的、超越的あるいは主観的判断が介入する余地が生じるのではないか、すなわち実践的理論科学は規範論に堕するのではないかという疑問が提起されることが予想される。しかし、われわれは、実践的理論科学における企業目的の確定が決して先験的、超越的あるいは主観的にではなく、企業の本質的特徴および現実的状況との関連で客観的且つ具体的に行われるものであることを強調しなければならない。

まず、資本主義経営としての企業はその属する資本主義経済体制の原理から決して自由ではありえないのみならず、かえってそれによって決定的に規定されると考えられる。したがって企業目的もまたその体制原理である営利経済原理ないし利潤極大化原理から自由であることはできない。これを無視するときには、企業の存続は危機に直面することにならざるをえないであろう。しかし、他方では、企業目的の具体的内容は企業の置かれた歴史的状況によって変質を遂げると考えられる。企業の大規模化、それに伴う市場での競争形態の変化、企業の社会的影響の増大、さらには企業と社会との関係の複雑化はそうした状況変化にほかならない。そこに、企業は利潤極大化原理に指導されながら、こうした状況変化にその目的を適合させなければならないこととなる。利潤原理の質的変化が生じざるをえないのであり、われわれはその質的変化の内容を利潤極大化の長期化に求めた。(7)

かくして、長期的利潤極大化という企業目的は決して先験的、超越的あるいは主観的に選択されたものなのではなく、資本主義の体制原理に決定的に規定されながら、なおかつ企業の置かれた現実の状況変化に対応し、企業の存続を図るべく要請される客観的な指導原理にほかならない。われわれはこの目的を、社会的存在としての企業が種々の利害関係集団の利害を適切に調整することによってはじめて長期的に存続しうるのだという客観的事実を反映したものとして理解したい。この点で、われわれの実践的理論科学としての経営学における企業目的論は規範論におけるそれから明確に区別されなければならないのであり、それ故にこそそれは企業の「実践的行為原則の基礎の提示」というその課題を果たしうるのである。

5　実践的理論科学における制度論的考察方法

さて、経営学を以上のような実践的理論科学として構想し、したがって企業行為の副作用や企業目的の内的変質をその考察の対象にしようとするとき、まずは何よりもそれら企業事象についての現実的・具体的究明の努力が要請されなければならないであろう。われわれはそのための経営学の考察方法を制度論的なそれに求めることとしよう。周知のように、これはアメリカの制度学派の経済学に端を発するものなのであるが、その特徴については種々の説明が行われている。ここでは端的に、企業を一定の社会において形成される「行動の型」の意味での制度として捉え、その実践原理と行動をそうした意味での制度に決定的に規定されるものとして考察する方法をあらわすものとして理解し、その一般的な特質を相互に関連している以下の諸点に求めておく(8)。

① 企業事象を状態として静態的に捉えるのではなく、歴史的で動態的な変化の過程として捉えること。

② いわゆる経済人のような抽象的な人間像の仮定を排し、上述の意味での制度に規定されて行動する具体的な人間像にもとづくこと。

③ 企業自体をも、それが属するその時々の社会において形成される行動様式に従って行動する社会的存在として考察すること。これは、企業事象を他の要因から分離して純粋経済学的に考察するのではなく、経済的のみならず、文化的、心理的、技術的など種々の要因に規定されていることを重視して社会経済学的に考察することを意味する。

④ 最後に、企業事象の変化を革命主義的にではなく、漸進主義的ないし進化主義的に考察すること。

これを要するに、企業をこのような意味で制度論的に考察することこそが、上述のような実践的理論科学としての経営学における企業事象の現実的・具体的究明にとって有効であると解せられるのである。

五　結

経営学の方法については歴史的に多様な見解が主張されてきたのみならず、今日においても種々の構想の経営学が展開されている。われわれがここで提唱した構想はそうしたものの一つにすぎない。経営学の主たる研究課題が「経営」についての具体的考察にあるとすれば、メタ科学としての方法論はその内容を盛るための容器に例えられうるであろう。容器は内容に相応しいものでなければならなく、内容は容器によって規定される。前述のように経営学の構想が結局は各研究者の価値判断に依存するのだとすれば、われわれにとって重要なことは自己の研究の具体的内容との関連で自己の方法論的立場を常に意識し、隠れた価値判断が介入しないようにそれを意識的に明示することであろう。このことによって、経営学の内容的充実と同時に、それと関わらしめて方法論争も活発に展開されるようになると思われるのである。

ところで、われわれが以上のような経営学方法論の立場に立つことを提唱する場合にわれわれの念頭に置いている経営学の具体的内容とは、企業の利害関係集団の間の利害対立の解決の問題である。現代の企業は何よりもまず資本主義経済体制のもとで商品生産を行う事業体の意味での経済的単位として捉えられなければならない。しかし、それは同時に、その大規模化に伴い社会との複雑な関係をますます強めている社会的構成体としても把握されなければならない。一般的に社会との、具体的には種々の利害関係集団との良好な関係を維持することは、社会全体にとってのみならず、企業自体の存続にとっても不可欠のこととなっているからである。経営学は歴史的には企業の観点からこの問題を論じてきたのではあるが、われわれは、その存続のために絶えず利潤追求を行わなければならないという企業の立場を認めながらも、生活者の立場から、すなわちわれわれの生活ないし暮らしへの影響の観点から企業の諸問題を考えたいという意図を有している。そうした問題意識にもとづく経営学にとって、まさに上述のような経営学方法論が要請されるのだと解せられるのである。(9)

注

(1) 価値判断に関する以下の区別については、例えば次を参照のこと。
G. Schanz, *Erkennen und Gestalten*——*Betriebswirtschaftslehre in kritisch-rationaler Absicht*, Stuttgart 1988, SS. 40-44.（榊原研互訳『経営経済学の課題と方法——批判的合理主義をめざして——』同文舘、一九九一年、五四―五九頁。）

(2) これらの経営経済学の学派分類について論じた文献は極めて多い。ここでは、以下のものを挙げるにとどめておく。
F. Schönpflug, *Das Methodenproblem in der Einzelwirtschaftslehre*, Stuttgart 1933; 2. Aufl., *Betriebswirtschaftslehre—Methoden und Hauptströmungen*, Stuttgart 1954.（古林喜楽監修・大橋昭一・奥田幸助訳『シェーンプルーク経営経済学』有斐閣、一九七〇年。）
藻利重隆責任編集『経営学辞典』東洋経済新報社、一九六七年、一三―二一頁。
田島壮幸『企業論としての経営学』税務経理協会、一九八四年、九―二二頁。

(3) もとより、現代の経営経済学においては一九三〇年代当時とは異なる発展も見られる。例えば、企業目的を仮設的に設定するというハイネン (E. Heinen)の見解や、規範の基礎づけを超主観的な対話による合意に求めるシュタインマン (H. Steinmann) の見解などがそれである。これらの点についてのハイネンとシュタインマンの経営経済学方法論については、次を参照されたい。
万仲脩一『グーテンベルク学派の経営経済学』千倉書房、一九八三年、一八七―二二七頁。
万仲脩一「構成主義経営経済学の科学論的基礎」『商大論集』(神戸商科大学) 第四四巻第六号、一九九三年、六九―一一四頁。

(4) 田島壮幸『経営組織論論考』税務経理協会、一九九七年、二三〇頁。

(5) これらの科学的説明方法の特質と問題点については、田島壮幸『企業論としての経営学』二二―四一頁を参照のこと。

(6) 企業事象における副作用の考察を重視すべきことについては、次を参照のこと。
田島壮幸「企業と社会」、日本経営学会編『現代経営学の課題』(経営学論集　第六七巻) 千倉書房、一九九七年、一―一二頁。

(7) この点については、万仲脩一『現代の企業理論』文眞堂、一九九一年を参照されたい。

(8) 制度論的考察方法の特質については、藻利重隆『経営学の基礎』(新訂版) 森山書店、一九七三年、一〇五頁を参照のこと。

(9) われわれが企業の諸問題を特に生活の観点から考察しようとしていることについては、次を参照されたい。
万仲脩一・海道ノブチカ共編『利害関係の経営学——生活と企業——』税務経理協会、一九九九年。

五　ドイツ経営学の方法論吟味

清水敏允

一　本稿の課題

本稿の課題は、ドイツ経営経済学（以下、ドイツ経営学と略称）の学問的性格を、その研究方法論（研究方法学）の観点から吟味してみることにある。

周知のように、一九四五年以前および戦後初期の、最もよく知られたドイツ経営学の研究方法は、E・シュマーレンバツハ（一八七三〜一九五五）の経験的‐実在論的研究方法（技術学派）であり、H・ニックリッシュ（一八七六〜一九四六）の規範的‐評価的研究方法（規範学派）であり、F・シュミット（一八八二〜一九五〇）およびW・リーガー（一八七八〜一九七一）の理論的研究方法（理論学派）であった。この三分法は、基本的にはF・シェーンプルーク（一九〇〇〜一九三六）の分類法に起源を求めることができる。G・ヴェーエ（一九二四〜）も、本質的にはこの分類法を踏襲しており、経営学の方向をかれは経験的‐実在的方向（つまり経験的‐帰納的経営理論に基づく応用経営学）、もしくは実践的‐規範的方向（シュマーレンバッハ）および規範的‐評価的方向（ニックリッシュ）、および理論的方向（シュミットとリーガー）の三つを挙げている。

わが国においても、従来この三分法は広く流布してきた。しかし今では、発展的にドイツ経営学の学派分類を、大まかに「人間中心思考学派」および「生産性関係中心思考学派」もしくは「人間用具視物財中心的学派」に分ける考え方[1]が定説になりつつある。わたくしは、ある時期からシェーンプルークやヴェーエらの、このような三分法に問題があると思うようになった。なぜなら、シェーンプルークらは科学としての方法論に科学的目標と科学的方法の二つの次元のあることを見落としているからである。しかしまた、二分法にも—明解ではあるが—そのように言い切ってよいものかどうか疑問を感じている。なぜなら、方法論と学派分類の基準が不明だからである。

研究方法論は科学理論的基礎と認識獲得の方法を有しており、その際、前者は問題提起、対象、基礎概念、原理、モデル、範例、仮説および目標から構成され、後者はそれらの記述・説明および目標の達成のための方法ならびに目標に対する方法の妥当性の批判から構成されている。本稿では方法論を特に目標と方法とに限定し、従来の慣用的三分法や定説化しつつある二分法の見解に対して若干の私見を述べてみたいと思う。

二　今世紀前半（一九一二[2]〜一九四五）の研究方法論

1　視　点

この時代の経営学の研究目標と方法を論じる場合、誰のそれらを取り上げるかは論者の視点の違いによって必ずしも一致しない。例えば、前掲のD・シュナイダーは、後世への影響力という点で高い評価をもってシュマーレンバッハおよびリーガーを挙げているが、一方においてニックリッシュの学説を、それが今日では実業界ではほとんど忘れられているという解釈から、かれをあまり評価していない。しかしシュナイダーはシュミットを会計学への学問的貢献を理由に高く評価している。学問的創造性という点から見て、シュナイダーは、シュマーレンバッハがＪ・Ｆ・シェーア（一八四六～一九二四）に比べると劣るといっている。[3] Ｇ・フィッシャー（一八九九～一九八三）の門下生であるＥ・ガウグラー（一九二八～）は、フィッシャーをニックリッシュに関連づけて、経営学の倫理的‐規範的もしくは共同体指向的方向に位置づけ得る学者としてむしろニックリッシュの功績を高く評価している。[4] わたくしは、独創性もしくは今日のドイツ経営学界への影響力および―当時のドイツのサイエンス・コミュニティへの貢献という観点から―ニックリッシュを他の四名の学者とともにここで取り上げ、かれらの研究対象ならびに研究方法論に関しその目標と方法について述べることにする。

２　シェーア

シェーアの信条は、商業は利潤を中心思想にしてはならないという点であったが、かれは、生産者‐消費者間の仲介過程ではむしろ最少原価を核とする経済性原則を中心にしなければならないと考えたのである。[5] かれは、商業経営学の体系化の方法として、事実関係把握のために、つまり事実認識を得るために必要となるあらゆる資料を収集し、それらを選別し、整理し、論理的‐体系的に構成するという観点から、系統的な資料の加工をおこなった。その方法は、帰納的に原則を設定するという方法であった。しかしかれはまた一方において、商業学が物理学と同じように仮説‐検証し得る科学であると考えた。

先にわたくしは、方法論には科学理論的基礎（問題提起、対象、基礎概念、原理、モデル、範例、仮説、目標）と、認識獲得のための方法が必要であるといった。限定された意味での方法論の科学目標には、存在の説明に目標を置くか、それとも当為そのものを目標とするかの違いによって、前者が説明科学、後者が規範科学となる。また科学的方法には、理論的方法（演繹法）と実在的方法（帰納法）がある。これらの対応関係にしたがってシェーアを位置づければ、かれの科学目標は「こうあるべきだ」という意味において規範的であったが、その規範性は、その都度、実践の中から導かれるような実践的規範ではなく、「正規の商人のとるべき原則、つまり信義を重んじ誠実であることを当為とするような倫理的規範」[6]であった。また、商業経営学が経済性概念を中心とした科学であるためには、自然科学の分野において一つの有力な研究手法であった帰納法を中心とする経験的‐実在的方法の採用が必要であった。

3　シュマーレンバッハ

シュマーレンバッハの研究関心は、貸借対照表、財務、原価計算、経営管理、経営組織、経済体制など、極めて多岐、広範囲に及んだが、完結した経営学の体系を作り上げる明確な意図がかれにあったとは思えない。というのはかれにとって対象は、学問と実践との関連において選別され、選別されたものを実践に対して仲介する方法や手続きの考案が経営学の課題であったからである。その意味において、経営学はかれの場合私経済的技術論でなければならなかった。しかもそれは、単なる処方箋ではなく、物事の本質を洞察した経済的方法・手続きの問題でなければならなかった。

シュマーレンバッハの、もう一つの根本思想は共同経済的経済性が国民経済的福祉の向上に役立つという考えの中に表明された。つまり、個々の経済的経営体としての企業が経済的に活動することによって、国民経済的福祉の向上に貢献することになる、というものであった。かれは、経済性を経営経済的経済性と国民経済的経済性とに区分し、両者が共に確保されるためには、比例率（任意の二つの異なる操業度間の原価の増分を、それに対応する生産数量の増分をもって除した商）の適用が必要であると考えた。かれは、利益を経済性の尺度と見なし、しかもそれを共同経済的・国民経済的視点に立って評価的に考察したことから、かれのいう経済性概念は著しく倫理的‐規範的であったといえる。かれの三つの主著のうちの二つの単著『動的貸借対照表論』（初版一九一九）および『原価計算と価格政策』（初版一九一九）においてかれは共同経済性の倫理的‐規範的理論家たらんとしたが成功したとは言えない。[7] なぜなら、両方の作品においてかれは、入念な概念構築を怠り、そのことがかれの説明に内的矛盾を生ぜしめ、しかもかれのおこなった行為勧告が実務の要請や行動様式に適合的でなかったために、厳密な意味での倫理的－規範的理論家とはなり得なかったのである。

また、シュマーレンバッハは利益を共同経済的経済性の尺度として、かつその増進の程度の測定に関心を持ちながら、実際にはその測定が困難であることを知るに至り、単なる私経済的計算技術論以上のものを生まなかった。それゆえ一九一九年以前のシュマーレンバッハは、共同経済的経済性と関連づけずに経営経済的経済性の改善を目指していたという点でかれの科学的目標は実践的－規範的であった。このことを前掲のかれの論文「技術論としての私経済学」およびニックリッシュの著書『商業（および工業）の私経済学としての一般商事経営学』（一九一二）に対するシュマーレンバッハの書評[8]が証明している。シュナイダーは、シュマーレンバッハの二つの著書を批判したリーガー、M・リオン、S・ローレンツらの見解に依拠し、シュマーレンバッハが実践的－規範的目標達成のために経験的－実在的研究方向へと回帰した[9]と述べている。

なおシュマーレンバッハの経験的－実在的方法の特徴は、大袈裟なモデル構築に頼る演繹的推論に拠らないで、もっぱら経験の積み重ねにより行為勧告を引き出していく方法であった。しかし、かれの前掲の二つの著書『動的貸借対照表論』および『原価計算と価格政策』に限っていえば明らかにかれが理論的方法を一時期目指していたが、逓増費に対する誤解から、いうところの理論家たり得ず、結局、実践的－規範的目標を指向しつつ経験的－実在的方法を採用した[10]研究者であったと解される。

4　リーガー

リーガーは、かれの主著『私経済学入門』（一九二七）において資本主義貨幣経済へと発展した国民経済の構成要素としての営利経済、すなわちその最も重要な類型としての企業の探求および記述は経営学でなく、私経済学の課題であると規定している（消費経済はかれにとり私経済学の対象であった）。かれにとって企業は、貨幣所得（利潤）獲得の手段であった。シュマーレンバッハの場合経済性が問題であったが、リーガーの場合は収益性を生み出す発展の過程が重要であった。つまりリーガーにあっては、企業活動の運動は産業資本の循環過程（G―W・・P・・W'、―G'）における初項のGと末項のG'との運動としてのみ取り上げられ、中間項の生産・流通（配給）の過程は単なる技術過程と見なされ、私経済学の認識対象からは除外されている。(11)

しかし一方においてリーガーは、営利指向的経営体に焦点を当て、そのような経営体が総合経済の中で貨幣経済的にどのように組み込まれるのかの解明が私経済学の根本課題であるとも述べている。ところが、資本の増殖過程についての明解な説明が無いために、J・イエーレ（一九三九〜）らをして、「リーガーは、企業における経済的行為の説明をおこなっていない」(12)といわしめている。リーガーにとって、私経済学は価値自由な経験科学であり、規範を否定した説明科学であったが、企業における人間の経済的行為に関する説明がなされていない。基本的にかれは、説明そのものを科学目標としており、その目標達成のために経験的‐実在的方法を採用していたと解される。説明と理論が同じ範疇に入れられるなら、リーガーは理論的方法に拠らない説明科学の構築が可能である、と考えていたのではないかと推理される。

5　シュミット

シュミットは、経営学を理論科学と見ていた、といわれている。したがって、経営学をその理論的方向で捉える人達は、シュミットをリーガーと同じ範疇の中に位置づける。しかし、シュミットが取引所制度や銀行経営論に取り組んでいた一九一九年以前はむしろ経験的‐実在的方法(13)をもって、シュマーレンバッハと同じように、現実の記述的説明に専念していたのである。その方法がシュミットの一連の作品『ドイツにおける振替支払い取引』（一九二〇）、『国際的支払い流通』（一九二〇）などにおいて採用した方法であった。かれが理論的方法をとり始めたのは一九二一～一九二七年の期間に発表した著書『経済の圏内における有機的貸借対照表』(一九二一) および『産業景気－一つの計算の誤り！』(ZfB誌一九二七第4巻) においてであり、またその時代のシュミットの科学的目標観は倫理的－規範的、もしくは社会的－義務的であった。

周知のごとく、かれの有機的貸借対照表の中では、第一次大戦後の悪性インフレを教訓とし、貨幣価値の変動が会計制度に及ぼす影響を、特に景気変動に左右されるあらゆる利益もしくは損失が、貸借対照表の有高だけでなく成果をも改竄することを指摘している。それゆえ、実質資産価値は貸借対照表作成日の再生産価値をもって、また実質取引価値はその作成日の再調達価値をもって把握し、さらに取得価値と再調達価値との差は、財産価値変動勘定において把握しなければならないとした⒁。

『産業景気－一つの計算の誤り』においては、価格上昇時に企業家は価値上昇を利益として誤算し、国民財産が所得に変化して購買力を引き上げていくので、新たな価格上昇を引き起こす財貨の過度な需要を発生させてしまう。危機の場合は経営が過度に拡大されるとその結果、生起する価格低下が、売上の架空財産補填として架空費用の誤算を通じて縮小する筈であるから、それが利益と収入を大きく減少させ、収縮的展開を余儀なくする、と述べている。以上二通りの命題からシュミットは、時価に基づく企業会計のみが総合経済的均衡を回復し、それを保持し、かつ経営の相対的価値維持を確実にする、という結論を引き出している。このようなシュミットの論理展開は、理論的方法によるもの⒂だといえよう。

6　ニックリッシュ

ニックリッシュにとっての経済活動の目標は、給付（経営経済的生産過程の成果の生産）、つまり経営財の生産であったから、その経営財（調達、狭義の生産、販売および収益の分配から構成されるもの）の諸過程の考察が最も重要であった。これらの諸過程はかれの場合、価値が創造される過程（内部的・外部的価値循環過程）を意味し、その際、収益の分配が価値の循環に決定的な作用を及ぼすから、収益部分への分配部分が高ければ高いほど、また、諸契約の分配への作用が公正であればあるほど、経営の依存する市場効果は有利に働く[16]。

このような価値創造論の上に、経営学の包括的体系を構成することによりかれは、経営の構造を労働、資産、資本の三つに分け、労働を支柱とし、その秩序づけが経営共同体に結び付くことを主張した。資産は生産手段となり、資本は経営に対して具体的に与えられた資産として表示される経営の価値の総体に該当する。かれは、経営の構造は静学の法則に従うべきもので、経営の価値諸関係の均衡が存在していて、かつそれが維持されなければならないと考えた。この大きな均衡問題は、危険問題と安全確保の問題に区分される（生産と財務の循環中断、循環縮小に対する安全確保と信用能力の確保[17]）の問題であった。

経営の静学法則に続いて経営過程を研究対象とする運動学（動学）的見解（収益の獲得とその分配）が提示されている。収益獲得では費用論と販売論が問題とされ収益分配論では賃金と給付の関係、従業員の収益への参加および資本収益率など[18]が問題とされた。

さて、ニックリッシュの経営学の研究目標および研究方法を見ると、一九一五年のマンハイム商科大学における講演[19]を契機として、かれはかつて、かれが掲げていた説明的科学目標から一転して倫理的‐規範的科学目標へ方向転換したものと解される。また、研究方法についても一九一五年を境として、理論的方法から経験的‐実在的方法へ移行したといえよう。しかしながら、ニックリッシュは、高度に抽象的なかれの経営構造の静学論と経営過程の動学論がかれの価値の循環論と共に、経営活動の具体的、特殊的な現実の諸問題の解決のために、それらがどのように役立つか、などの説明を十分にはおこなっていない。しかも、かれは、倫理的‐規範的基礎価値判断に基づく科学目標を標榜しながら、その目標達成のための行為勧告を生み出す過程の説明言明および実践へ向けての言明の導出をおこなっていない。研究方法は、この時期を境として理論的方法から経験的‐実在的方法へ移行している。

7　この項のまとめ

わたくしの以上の叙述から、ある限度をもっていえることは、以上に取り上げたドイツの経営学者が研究目標だけでなく、研究方法をも変えていたという点である。

二十世紀前半のドイツの代表的な経営学者（本稿において取り上げた人物に限定すれば）、シュミットが理論的方法（演繹法）と実在的方法（帰納法）の両方の方法をもって規範目標を目指し、―それぞれニュアンスは異なるが、シェーア、シュマーレンバッハ、ニックリッシュも科学的目標という点ではシュミットに近い―一方、リーガーは実在的方法を中心に一部、理論的方法を用いて説明することを目標とする説明目標を指向したのである。

以上の傾向をごく概略的にまとめれば、二十世紀前半のドイツ経営学は、経験的‐実在的方法をもって倫理的もしくは実践的‐規範目標を目指す傾向のほうが、むしろ理論的方法を用いて主として説明することを目指す説明目標の傾向に比べて相対的に、より一層強かったように思われる。

三　二十世紀後半（一九五一～一九八〇年代）[20]の研究方法論

1　起　点

第二次大戦後のドイツ経営学は、方法論の視点から見れば、多くの学者が参加したいわゆる第三次経営経済学方法論争を契機として起動し、結果としてドイツ経営学を多様化の方向へ向かわしめることとなった。しかし、この論争は、グーテンベルク経営学がその理論の基礎にドイツ国民経済学ではなく、むしろドイツの外側で発展した新古典派ミクロ経済学の研究成果を利用しなければならなかったことを世界に知らしめることとなり、当時のドイツ経営学の後進性を国外に明らかにすることになった。また、説明理論か伝統的な形成理論かの葛藤の中でORの導入が、ドイツ経営学を再び行為勧告の模索へと傾斜させることにもなった。[21]

第二次大戦後暫くの間、ドイツの産業界において経営学者といえばメレロヴィッツとK・ハックス（一九〇一～一九七八）が最も注目されていた。両者を含むドイツ経営学者の第二世代（一八九九～一九一四年の間に生まれた学者、例えばグーテンベルク、E・コジオール［一八九九～一九九〇］、G・フィッシャー［一八九九～一九八三］、E・シェーファー［一九〇〇～一九八四］らのうちから後世への学問的影響力を基準にして、ここでは先ず初めにグーテンベルクを取り上げ、引き続き一九一四年以降に生まれた第三世代の学者のうちから、学界への学問的貢献度を評価し、かつ、独自の科学プログラムを提示した[22]とされる学者の中からわたくし自身の独断でE・ハイネン（一九一九～一九九六）およびH・ウルリッヒ（一九一九～一九九七）の方法論を取り上げることにする。

2　グーテンベルク

かつて、わたくしはコッホ（一九一九～）の影響を受け、グーテンベルク経営学の方法が、要素投入と要素収益との比である生産性関係を、ミクロ経済学の手法を使って仮説‐演繹的に分析することにより、企業における生産過程を規定する規則性ないしは法則性を解明することに特徴があると述べた。[23]グーテンベルクは、A・A・クールノー（一八〇一～一八七七）や、V・パレート（一八四八～一九二三）らの新古典派ミクロ経済理論の影響[24]を受けていることが判る。グーテンベルクはこれらの理論の分析概念（例えば限界価値、部分分析）を用いて経営経済問題の記述・説明を試みている。それが例えば、二重屈曲価格‐販売関数であり、制限的諸要素を持つB型生産関数であった。

周知のように、かれの第一巻『生産編』の生産理論的考え方は、工学的諸事態に基づく生産要素の最適結合を費消関数を使って理想型的に表現するところに特徴があった。しかし、理想型として生産諸要素の結合過程を関数表現することは、実在性を意識的に度外視することにもなるから、かれの科学プログラムを経験的 - 実在的認識プログラムとして特徴づけることは疑ってみなければならない。[25] 生産諸要素の結合過程の理想型としての表現は高度に抽象化されるわけであるから、たとえ経験的 - 実在的方法によって得られたデーターであっても、どれだけ実在性を反映できるかは判らない。むしろ反映させることは非常に困難であると思われる。したがって、グーテンベルクの理想型としての仮説の設定は、M・ハイデッガー（一八八九～一九七六、フライブルク大学）の意味における本質直感の結果であったと推測される。グーテンベルクは、行為勧告を目的とせず、また実証主義的な本質直感でもなく、どちらかと言えば、合理的経済活動の解釈学的本質直感[26]の方法をもって説明することが、かれの科学プログラムの目標であったと思われる。かれが取り分け生産性関係および経営の体制関連的諸事実の本質、すなわち生産・販売・資本需要ならびに資本基金の機能などの本質規定にこだわったことを見ても、解釈学的本質直感の方法によって、いかにかれが研究対象の記述・説明を重視しなければならなかったかが判る。グーテンベルクは、かれがA型生産関数と名付けた収益法則が、工業的な生産過程における生産性関係の説明のためには十分でないことを幾つかの事例をもって検証している。しかし自らの手による反証作業をおこなわなかったためにその後批判を受けることとなった。かれの研究方法はモデル分析的であり、仮説思弁的な言明の導出作業に特徴があった。かれは、さまざまなミクロ経済学的法則仮説の総体を、かれの思考の下部構造とし、いろいろな説明言明を措定していった。その意味においては説明言明の措定がかれの科学的目標であり、またその目標達成のためにかれは、基本的に解釈学的本質直感の方法を採りながら、また形式的には仮説思弁的 - 演繹的方法によって説明言明の導出に専念した、と解される。

3　ハイネン

ハイネンの業績は、経営費用論、企業の目標体系論、経営経済的意思決定論および商事貸借対照表論など複数の専門分野に亘っているが、かれの経営学の体系は概ね二つの思考方向に向けられていた。一つは、経営経済的課題設定を人間中心に行い、その課題を克服するという思考の方向、もう一つは、要素投入と要素産出間の生産性関係を完結した経営経済的言明体系の発展のための起点にするという思考の方向である。ハイネンはこれら二つの思考方向を、経営階層のあらゆる段階、あらゆる部分領域の中での人間の意思決定行為[27]の説明を通じて統合しようとした。

ハイネンにとって理論は、公理（もしくは前提）および定理（もしくは結論）であったが、併せてそれらが事実の生起現象と結びつけられるものでなければならなかった。その意味において、かれにとり経営学は実践的応用科学[28]であった。さらにかれは、経済的意思決定過程の基礎およびその過程の遂行ならびにその過程の部分的作用などの記述や説明（診断的・予測的説明）を理論の使命とした。かれにとりまた、科学的言語使用に必要なモデルは、現実性の一の断面の——それ自体——無矛盾な一つの言明体系を意味していた。モデルの数学的表現の多用も、かれにとっては事態間の諸関係の精密な表現のための必要な作業であった。ハイネンは、経営経済的言明体系のなかには説明機能と形成機能が含まれると考えた。その際、説明機能は経営事象や企業行動の変化から生じる諸帰結の予測を意味した。帰結の予測のためには、先ず経営の現実性の記述に必要な概念の構築は当然として、基礎モデルの範囲規定（①経済活動をする人間のモデル ②そのモデルに基づく経営経済のモデル ③経営経済と環境との関係モデル）、次いで意思決定対象としての決定諸事実の確定（①決定諸事実の概念内容 ②事実が及ぼす短・長期的影響性 ③組織におけるさまざまな決定担い手への割り当て）、そしてこれらの決定諸事実を捕捉するための説明モデル（説明モデルは、活動助変数または用具変数と呼ばれる独立変数であり、行為可能性＝代替案を含んだいわゆる説明方程式から構成されている）を発展させた。ハイネンはこのような説明モデルを使って、生産・費用理論、価格・販売理論および財務理論の一般的‐規定的説明モデルを提示した。[29]

しかし、経営経済理論は経営諸事態の説明だけに甘んじてはならないというハイネン自身の応用科学的立場からかれは、経営経済理論の意思決定過程改善への寄与を強調し、経営経済的言明体系のもう一つの機能としての形成機能（経済活動を行う人間を支援するための合理的選択原理を使用する機能）の重要性を指摘した。そのような機能を果たすために開発されるモデルが意思決定モデルであった。かれはその決定モデルを、一般的‐規定的モデルと具体的‐計算モデルとに区分し、活動諸変数の最適値を具体的に計算できる後者のモデルが実践において直接、応用できるものだと示唆している[30]。基本的には価格‐費用理論において主に短期的決定モデルを、また財務理論においては主に長期的決定モデルを重視した。

さて、ハイネンは実践的‐規範的経営学の根底に在るのは経営経済の経験目標であるから、そのような経営学の言明は価値自由であると述べている[31]。このことから、かれが価値自由な実践的‐規範的科学目標を目指していたことが判る。しかし実践的‐規範的科学目標は、人間の経営経済における決定行動が――その際、特定の目標を可能な限り最善の成果に結び付けるべきだとすれば－いかにあるべきかの言明を引き出すことにあるわけであるから価値判断を放棄する必要はないと思われる。もしまた、経営者がハイネンの決定モデルを経営者らが直面する実践問題の解決のために応用しようとする時、経営者は自分の直感や価値判断にこだわり、ハイネンの決定モデルの使用に難色を示すかもしれない。研究過程には発見連関、根拠づけ連関および応用もしくは実践連関があり、その応用連関が価値自由であるというハイネンの見解には納得がいかない。

わたくし自身のハイネン理解は別にして、かれの経営学の研究方法は、現実性にこだわり経験から情報（例えば、目標研究のためにA・D・H・カプランやA・P・レイアあるいはミュンヘン大学産業および経営会計制度研究所などを通じての実態研究から得られる企業の目標体系に関する情報）を収集し、目的‐手段関係の連鎖の中で説明モデルおよび決定モデルを構築していく経験的‐実在的方法（帰納法）を採るところに特徴があったと解される。

4　ウルリッヒ

ウルリッヒの生産的・社会的システムとしての企業論[32]は、ハイネンの意思決定指向的経営学とほぼ平行して成立している。当初、ウルリッヒは企業を生産的・社会的システムとして特徴づけたが、後にかれは、企業を環境に開かれたサイバネティック・システム[33]として捉えなおし、それを、フォーワードおよびフィードバックの制御行動を通じて許容し得る範囲まで自力帰還できるように、しかも諸種の撹乱要因を調整できるような動態的システムとして再定義したが、本質的には当初の定義領域に在るといってよい。サイバネティックスの考え方に基づけば、企業を高能率な機械に似た新種の社会的システムとして形成することができる。その意味では、経営学（企業管理論もしくはマネジメント論）はかれにとって工学に似た形成学であった。形成学としてのかれのマネジメント論の管理レベルの研究対象をかれは、そのようなシステムの形成、制御、開発および操作、戦略、規範に求めた。またかれのマネジメント論の対象領域は企業における人間ではなく、人間を含めた目的志向的な社会システムとしての企業の管理である。つまり社会的‐生態学的制度としての企業をシステムの七つの特性（全体と部分、ネットワーク性、環境への開放性、複合性、秩序、制御および開発／発展）との関連において捉えたの[34]である。

ウルリッヒ経営学の科学的目標の特徴は、実務において発生する諸問題の解決のためにはヘンペル‐オッペンハイマー流の演繹的‐法則論的説明法が基礎として使用できる[35]という可能性を是認する実践的‐規範科学を目指す点にあった。たしかに実践科学は形成のモデルや規則を実践のために開発しようとしているが、法則論的仮説から直接には、説明モデルを措定することはできない。したがって前件（初期）条件を与えて演繹的に結論を求めて初めて実践のための基礎的情報が得られる。ウルリッヒは、演繹された結論から［説明‐予測‐行為勧告‐

科学的に根拠づけられた行為」の枠組みを得ることができるといっている。ウルリッヒ経営学の特徴は、関係や連関の中で問題を把握し、問題解決の手掛かりを見つけていくという点にあるといえる。ウルリッヒの科学的目標は実践的 - 規範的であり、その研究方法は経験的 - 実在的であった。問題は、かれが提案したパターン認識法(固有な対象とか個人との関係を無視し、一定のパターンを発見していくという認識法)をもってしては十分な経験的内容が得られないという危惧である。[36]

5　この項のまとめ

わたくしは方法論は本来、対象を含めその目標とその方法が区別されて論じられてよいと思っている。もしこの考え方が是認されるなら、シェーンプルークの見解に同調するドイツの一部の経営学者や、わが国の一部の経営学者のドイツ経営学方法論の理解に対して疑問をもつのではないかと思う。

本稿の冒頭の部分において第二次大戦後のドイツ経営学の二大潮流として(多分、研究対象という意味において)生産性関係中心思考(または人間用具視的物財中心思考)および人間中心思考(または人間主義的思考)の二つがわが国において有力な見解になりつつあることを指摘した。前者の思考を代表する者達がグーテンベルクおよび、かれの門下生らを指すことは明らかであるが、グーテンベルクの『経営経済学の基礎論』(生産・販売・財務編から成る三部作)を全体的に見ると、かれの言説が人間を本質的に「用具視」していたとは思えない。かれは、人間の労働を対象関連労働と処理的・管理的労働とに分け、両者の機能の重要性を、生産性関係の中で位置付けることを試みたに過ぎないのである。かれの生産論、販売論、財務論を統一的に貫く思想が「生産性関係」概念であることは言うまでもないが、かれが今日においてもなお高く評価されている点は、かれが、競争場裡の中で企業が生き残るためには、あらゆる種類のリスクや利害の衝突を調整する仕組みを作らなければならないとした点である。かれはそのような調整のメカニズムを、生産理論、一種の契約理論およびゲームの理論を通して記述・説明すること[37]を試みたのである。グーテンベルクの経営学は、したがって人間を用具視した単なる生産性関係の思考のそれではなく、生産性関係をキー概念とした企業の各種利害の調整指向の理論であったと解される。またハイネンが評価されるべき点は、かれが包括的な現実に近い数学的決定モデルを発展させるために数々の基礎を構築した点である。また、かれのモデルがドイツ経営学のマーケティング・アプローチの発展に刺激を与えたという点で十分に価値があるといえる。さらにウルリッヒが評価される点は、かれが因果分析的でない循環的・相互作用的なシステム論的企業管理理論を展開した点である。他に、H・アルバッハの人間資本論も注目される。

方法論の科学的目標は、一つが倫理的—規範的目標もしくは実践的‐規範的目標であった。もう一つが説明的目標である。方法論の科学的目標を達成するためには科学的方法が不可欠である。また、方法には経験的‐実在的方法（帰納法又は解釈学的方法を基礎的方法とする）と、理論的方法（演繹法を基礎的方法にするが具体的には、公理‐演繹法、実在論的モデル分析法、演繹的‐法則論的説明法、説明の演繹的解釈法などが用いられる[38]）がある。科学的目標と科学的方法との関連性は、必ずしも固定的ではないが、概して倫理的‐規範的目標および実践的‐規範的目標は、経験的‐実在的方法と結び付き、説明的目標は理論的方法と結び付くという関連性があると思う。したがって、経営学の視点から科学を論じる時、視座が目標にあれば科学は規範科学か説明科学かに分類され、もし視座が方法にあれば科学は経験科学か理論科学かに分類されるように思う。

注

（1）神戸大学大学院経営学研究室編（編集代表：奥林康司・宗像正幸・坂下昭宣）『経営学大辞典第2版』中央経済社、平成11年、大橋昭一は、六八六—六八八頁（〝ドイツ経営経済学派〟の項目担当）において、ドイツ経営経済学の代表的学派として科学主義的立場に立つ「人間用具視的物財中心的方向」と構成主義的な「人間主義的立場」を挙げており、吉田修は（〝ドイツ経営経済学方法論争〟の項目担当）、ドイツ経営経済学の学説の大きな軸として「生産性中心思考」および「人間中心思考」を挙げている。

（2）一九一二年としたのは、およそこの年をもってドイツ経営学のいわゆるサイエンス・コミュニティが市民権を得たものと思われるからであり、—もっとも当初は、私経済学もしくは商業学の名称をもって論文や書物が発表されていた—また、ニックリッシュが『商業および工業の私経済学としての一般商事経営学』の表題で書物を刊行した年が一九一二年であったことから、この年を考察の起点にすることにした。D・シュナイダーの *Allgemeine Betriebswirtschaftslehre.* 3., neubearbeitete und erweiterte Aufl. Oldenbourg Verlag München 1987, S. 130 を参照。

(3) Schneider, D., 前掲書 *Allgemeine Betriebswirtschaftslehre.* S. 145-146.

(4) D・シュナイダーは、ニックリッシュが、当時のサイエンス・コミュニティの組織化のために多大な貢献をしたことと、併せてかれが経営経済的知識の体系化および経営経済研究ならびにその学説の発展の経緯（一九二四—一九二七）について文献集を刊行したことなどを評価している。シュナイダーの前掲書 *Allgemeine Betriebswirtschaftslehre* の S.145 を参照。

(5) Schär, J. F., *Allgemeine Handelsbetriebslehre. 1. Band,* 1. Aufl. Leipzig 1911, S. 21f. 22, 73, 226ff. なお、この部分に関連するシェーアについてのわが国における有力な研究書（または研究論文）として—まったくわたくしの恣意的選択であるが—中村常次郎『ドイツ経営経済学』東京大学出版会、一九八二年、三一—五六頁：市原季一『ドイツ経営学』森山書店、一九六〇年（改訂四版、初版一九五四年）二一—四四頁：大橋昭一『ドイツ経営共同体論—ドイツ規範的経営学研究序説』中央経済社、一九六六年（初版）、特に一四—四四頁：田島壮幸『ドイツ経営学の成立』森山書店、一九七三年（初版）、特に五一—三四頁：岡田昌也『経営経済学の生成』三訂版第二刷、特に一八〇—二二五頁：今野　登稿「シェーア『商業経営論』について—ドイツ経営学の生成にかんする一考察」『武蔵大学論集』第一〇巻第三号、一九六二／一二、二二五頁などを参照。

(6) Schär, J. F., 前掲書 *Allgemeine Handelsbetriebslehre.* S. 226ff. および田島壮幸の前掲書二二頁を参照。

(7) Schneider, D., 前掲書 *Allgemeine Betriebswirtschaftslehre.* S. 142.

(8) Schmalenbach, E., Buchbesprechung zu Nicklisch, Heinrich, Allgemeine kaufmännische Betriebslehre I. In: *ZfhF,* Jhrg. 7. (1912/13), S. 138-144 および Schneider, D., 前掲書 *Allgemeine Betriebswirtschaftslehre.* S. 142 および 143を参照。

(9) Schneider, D., 前掲書 *Allgemeine Betriebswirtschaftslehre.* S. 143.

(10) シュマーレンバッハは、逓増費は比例費と固定収益の混合物であると定義したが、これは、逓増費が超過操業度の場合の一つの典型的な現象形態であるとする観察と矛盾することになる。つまり超過操業度の場合でも固定費は消滅せず、代わって固定収益が発生し得る。したがって、「比例率を共同経済的に行動する企業家の価格政策のための勧告とする見解は無理である」、というシュナイダーの見解は尤もだと思う。Schneider, D. の前掲書 *Allgemeine Betriebswirtschaftslehre.* S. 142-143. を参照。

(11) Rieger, W., *Einführung in die Privatwirtschaftslehre.* Krische & Co., Nürnberg 1928, S. 82 および中村常次郎の前掲書『ドイツ経営経済学』六三八—六三九頁、ならびに吉田和夫『ドイツ企業経済学』ミネルヴァ書房、一九七一年（初版一九六八年）、一五七頁。なお、リーガーについての詳細な研究は吉田和夫の同書八七—一五八頁を参照。

(12) Jehle,E., *Über Fortschritt und Fortschrittskriterien in betriebswirtschaftlichen Theorien. Eine Erkenntnis- und Methodenkritische Bestandsaufnahme betriebswirtschaftlicher Forschungsprogramme.* Poeschel Verlag Stuttgart, S. 58. イエーレは、かれの著書の脚注の中で、E. Walb, J. Bildingmaier, R. Köhler らが類似の結論を提示したことを指摘している。

(13) Schneider, D., 前掲書 *Allgemeine Betriebswirtschaftslehre*, S. 139.

(14) Schmidt, F., *Die organische Bilanz im Rahmen der Wirtschaft*. 1. Aufl., Berlin 1921, S. 60-62 および S. 66-74.

(15) 中村常次郎はかれの前掲書『ドイツ経営経済学』の四一七頁において、シュミットのこのような論理展開を一種の政策論であると述べている。また、市原季一はかれの『ドイツ経営学』森山書店、昭和三五年改訂四版の一九三頁において、規範論的性格が強いという解釈に基づきシュミット経営学を、ニックリッシュ経営学に近いと位置付けている。田島壮幸もかれの著書『ドイツ経営学の成立』森山書店、一九七三年初版の二八六—二八七頁において、同じような見解を示した。中村、市原、田島らはシュミット観について、概ねシェーンプルークのシュミット観の延長線上にあり、かれの経営学が規範的性格を持つものであるという立場に立っている。わたくしもこの点については、かれらの見解が科学的目標と科学的方法が異なることを念頭においたうえでの見解であれば同意できる。—しかし、多分これらの研究者は両者の区別の必要性を認識していなかったものと思われる。—したがって、シュミットの研究方法は、かれが銀行経営論に取り組んでいた一九一九年以前の時期においては経験的‐実在的であり、しかし一九一九—一九二七年の期間で見ると、むしろ理論的であったと解したい。科学的目標の視点から見て始めて、倫理的‐規範的もしくは、社会的‐義務的な方向を目指していたと言うべきではないかと思う。

(16) Nicklisch, H., *Die Betriebswirtschaft*. 1932, *7. Aufl. der wirtschaftlichen Betriebslehre*. Poeschel Verlag Stuttgart 1929, S. 509. ニックリッシュの価値循環論については、大橋昭一の前掲書『ドイツ経営共同体論史』の二一四—二二七頁および中村常次郎の前掲書『ドイツ経営経済学』の五三七—五四八頁を参照。

(17) Nicklisch, H., 前掲書 *Die Betriebswirtschaft*. S. 443-505.

(18) Nicklisch, H., 前掲書 *Die Betriebswirtschaft*. S. 512-534 および S. 536-569 を参照。

(19) Nicklisch, H., Rede über Egoismus und Pflichtgefühl. In: *Zeitschrift für Handelswissenschaft und Handelspraxis*. Jg. 8 (1915/16), S. 102-103. ニックリッシュは、かれのマンハイム商科大学における講演の中で、明らかに部分的にL・ブレンターノへの攻撃を意識していたと思われる。ニックリッシュは、私経済学は先ず人間を考察した上で全体の肢としての個人と全体との関係が考察されるべきであると考えた。したがって、かれにおいては個人の行動は全体と個人との関係を通じて統御されることが当然であった。マンハイム商科大学におけるニックリッシュの講演は、かれが私経済学の価値自由な説明理論から離れて、かれの科学目標が倫理的‐規範的方向へ移ったことを印象づけた。岡田昌也の前掲書『経営経済学の生成』の三九一頁を参照。

(20) 一九五一年に、E・グーテンベルクの *Grundlagen der Betriebswirtschaftslehre, Erster Band, Die Produktion*. 邦訳『経営経済学原理第一巻 生産編』溝口一雄・高田　馨訳（千倉書房、一九五七年）が公刊されることより第二次大戦後のドイツ経営経済学が改めてスタートしたという意味で本稿はこの年を起点にし、一九八〇年代までを本稿の考察対象とした。なお、第三次方法論争については、鈴木英壽『現代ドイツ経営学の方法』森山書店、一九九三年、一—二五頁および小島三郎『現代科学理論と経営経済学』税務経理協会、昭和六一年、三—一四頁を参照。

(21) Schneider, D., 前掲書 *Allgemeine Betriebswirtschaftslehre*. S. 163.

(22) 第二次大戦後のドイツ語圏における独自の学派もしくは独自の科学プログラムという形で注目すべき研究者の学説を紹介した代表的学者

として、G・ヴェーエ、H・アルバッハ、H・ラッフェー、G・シャンツらが挙げられる。

(23) 清水敏允稿「科学としてのドイツ経営経済学」『神奈川大学創立七十周年記念論文集』神奈川大学、一九九八年、三一四八（七五―一二〇）頁。

(24) Gutenberg, E., *Grundlagen der Betriebswirtschaftslehre, Zweiter Band, Der Absatz.* 11. Aufl. (1. Aufl. 1954), 邦訳『経営経済学原理 第二巻 販売編』一九五八年。グーテンベルクが独占的供給者の価格政策および寡占的競争の価格政策に関する論述に当たり、かれが影響を受けたか、もしくは参考にしたと思われるクールノーの命題として、例えば以下の部分が挙げられる。独占理論（S. 192、この頁数はグーテンベルクの文献のもの）、クールノー価格（S. 200）、独占企業の安定供給価格（S. 213）、寡占価格および寡占価格形成の理論（S. 268および274-276）、クールノー型の生産量の選択（S. 317）、クールノーの利潤再有利価格の定理（S. 326）、および価格差別化の場合の限界収益曲線と限界費用曲線との交点、いわゆるクールノーの点（S. 341）など。また、B型生産関数の導出に当たってグーテンベルクはパレートの見解を出発点にしている（Erster Band, Die Produkiton の 300-305頁）。

(25) シュナイダーは、かれの前掲書 *Allgemeine Betriebswirtschaftslehre* 一六四頁において、グーテンベルクの研究方法を、G・メンガーやF・H・ナイト流の理解的本質直感の方法であると言っている。この点についてはわたくし自身いまここで評価はできないが、シュナイダーがさらに続けて「グーテンベルクのミクロ経済学的理解は、むしろドイツ観念論の伝統に根差しているように思われる」と述べているが、わたくしはこのシュナイダーの立場には与することはできない。なぜなら、理解的本質直感はグーテンベルクの場合、解釈学的な循環を前提とした本質直感であり、それゆえむしろかれの本質直観は現象学派の範疇に含められるべきだと思う。Husserl, E., *Die Idee der Phänomenologie Fünf Vorlesungen.* Hrsg. und eingeleitet von W. Biemel, M. Nijhoff, Haag 1950. 邦訳『現象学の理念』立松弘孝、みすず書房、一九六五年、七五頁、および『現象学』ジャン-フランソワ・リオタール著、高橋允昭訳、白水社、一九六五年、一三頁を参照。

(26) J・F・リオタールの前掲書『現象学』の九四頁を参照。

(27) Heinen, E., Zum Wissenschaftsprogramm der entscheidungsorientieren Betriebswirtschaftslehre. In : *Zeitschrift für Betriebswirtschaft.* 1969, S. 207.

(28) Heinen, E., *Einführung in die Betriebswirtschaftslehre.* Gabler Verlag Wiesbaden, 1983, S. 11.

(29) Heinen, E., *Betriebswirtschaftliche Kostenlehre, Kostentheorie und Kostenentscheidungen.* 6., verbesserte und erweiterte Aufl. 1983 (1. Aufl. 1959). 生産・費用理論の説明モデルについては特に同書のS. 309-338 および S. 567-601 頁を、また価格‐販売理論のそれについては特に同書の S. 415-416 頁を、財務理論のそれについては同書のS. 356-365 頁を参照。なお、万仲脩一がかれの前掲著書『グーテンベルク学派の経営経済学』のなかで、ハイネンの説明モデルおよび意思決定モデルについて基本的な部分を紹介している。

(30) Heinen, E., 前掲書 *Betriebswirtschaftliche Kostenlehre.* S. 566.

(31) Heinen, E., 前掲書 *Einführung in die Betriebswirtschaftslehre.* S. 23.

(32) Ulrich, H., *Die Unternehmung als produktives soziales System, Grundlagen der allgemeinen Unternehmungslehre.* Paul Haupt Bern-Stuttgart 1968, S. 42 および S. 135-137.

(33) Ulrich, H., *Management.* Hrsg. von T. Dyllick und G. J. B. Probst, Paul Haupt Bern Stuttgart 1984, S. 64-84.

(34) Ulrich, H. und Probst, G. J. B., *Anleitung zum ganzheitlichen Denken, Ein Brevier für Führungskräfte.* Paul Haupt Bern Stuttgart, 3. erweiterte Aufl. S. 270-283. 邦訳『全体的思考と行為の方法―ネットワーク社会の可能性を問う―』清水敏允・安西幹夫・榊原研互訳、文眞堂、一九九七年、二九六―三〇九頁。

(35) Ulrich, H., 前掲書 *Management.* S. 170.

(36) Ulrich, H., Von der Betriebswirtschaftslehre zur systemorientierten Management- und Führungslehre. In: *BWL als Management und Führungslehre.* 3., überarbeitete und ergänzte Aufl. Schäffer-Poeschel Stuttgart, S. 175-177.

(37) Albach, H., Zur koordinationsorientierten Theorie der Unternehmung. In: *Entwicklung und Bedeutung der betriebswirtschaftlichen Theorie. Zum 100. Geburtstag von Erich Gutenberg.* Gabler Wiesbaden 1997, S. 3-25.

(38) Raffée, H., Gegenstand, Methoden und Konzepte der Betriebswirtschaftslehre. In: *Vahlens Kompendium der Betriebswirtschaftslehre Band* 1, 1. Aufl.,F. Vahlen München 1984, S. 33. 邦訳『ラフェー経営学の基本構想』清水敏允訳、文眞堂、一九八五年（初版）二五―四二頁。

六　経営学における人間問題の理論的変遷と未来展望

村田和彦

一　序

本稿の課題は、経営学における人間問題の理論的変遷をたどるとともに、これを踏まえて経営学における人間問題研究の未来展望を試みることである。そのために、以下においてはまず第一に、経営学における人間問題において問題とされている人間を確定する。第二に、人間問題を取り上げる視点に着目して、経営学を、「企業の視点」に立つ経営学と、「人間の視点」に立つ経営学とに大別する。その上で第三に、企業の視点に立つ経営学による人間問題の研究の理論的変遷をたどる。そして第四に、企業の視点に立つ経営学による人間問題の研究の特徴と問題点を明らかにする。最後に、人間の視点に立つ経営学による人間問題の研究に課せられている課題について考察を試み、この課題の克服に経営学が努力することのうちに、経営学による人間問題研究の未来展望を見い出すこととする。

二　経営学において問題とされる人間

企業活動は、自己責任において、売れる生活手段としての「商品」の研究と開発を行い、これを生産し販売する活動である。そこでこれらの活動を担当する人間、すなわち管理者も作業者も含めて「生産者」としての人間が、何よりもまず経営学が考察の対象とする人間となる。次に、商品を購買してくれる人間、すなわち消費者としての人間が、経営学が考察の対象とする人間となる。さらに商品の生産過程からは廃棄物が放出される一方で、商品の消費過程からも廃棄物が放出される。そこでこれらの廃棄物によって影響を受ける人間、すなわち地域社会の住民としての人間が、さらに経営学が考察の対象とする人間となる。すなわち、生産者（これには作業者のみならず管理者も含まれる）、消費者、および地域住民が、経営学における人間問題において問題とされる人間である。このことは、経営学における人間問題には、生産者問題、消費者問題、および地域住民問題が含まれていることを意味する。

さて経営学が考察の対象とする人間に関しては、次の事項が看過されてはならない。すなわち、⑴資本主義社会においては、人間は、自己の労働力を「商品」として企業に販売することができる場合にのみ、「生産者」になることができる。⑵資本主義社会においては、人間は、生活手段を「商品」として企業から購買することができ、そしてそれを消費して「商品」としての労働力を生産することができる場合にのみ「消費者」になることができる。⑶資本主義社会においては、企業は、「商品」としての労働力、すなわち人的生産力と、「商品」としての物的生産力とを購買し、結合して、「商品」としての生活手段を生産し、販売することに成功する場合にのみ、存続することができる。⑷商品としての生活手段の生産過程と消費過程から放出される廃棄物が自然界にそなわっている自浄作用の範囲内に留まる場合にのみ、人間の存在は可能となる。

三　人間問題に対する経営学の視点
――「企業の視点」と「人間の視点」――

さて企業が「人間の問題」を自己の問題、すなわち「企業の問題」として把握して、問題の解決に主体的に取り組むのは、私見によるならば、生産者問題にしても、消費者問題にしても、地域住民問題にしても、まず第一に、人間の側の抵抗が強いために企業活動が企業の企図したとおりには進捗しない場合である。この場合には、企業は、みずから人間の側の抵抗のメカニズム（仕組み）の分析を試みるとともに、阻止的要因を探し出し、その除去に努めることとなる。それのみではない。企業の業績不振が、人間問題に対する企業の側の対応の不適切さに起因していることを、企業自身が認識する場合、さらには企業の業績の一層の向上のためには、人間の協力、人間の能力と意欲の一層の向上が不可欠であることを企業自身が自覚する場合に、人間問題が企業の取り組むべき問題として、企業自身によって把握されることとなる。

ところで、人間問題に対する経営学の考察の視点には、私見によるならば、つぎの二つのものがある。その一つは、人間問題に対する企業の視点を経営学の視点とするものである。これは、企業の課題を経営学の課題として設定するとともに、企業と共に、あるいは企業に代って、その克服に努めるものである。こうした視点をもつ経営学を、以下においては、「企業の視点に立つ経営学」とよぶこととする。

他の一つは、企業の存続と繁栄ではなくて、「人間の生活」に焦点をあてた上で、人間の基本的権利と考えられるものが、現実には企業活動によって侵害されているとする問題意識のもとに、何よりもまずこうした事態を引き起こす企業活動のメカニズム（仕組み）そのものを解明することを、経営学の課題として設定するものである。こうした視点をもつ経営学を、以下においては、「人間の視点に立つ経営学」とよぶこととする。

この二つの経営学のうち、現在までのところ、支配的なものは、企業の視点に立つ経営学である。そこでつぎに、企業の視点に立つ経営学における人間問題の理論的変遷をたどることとする。

四　企業の視点に立つ経営学における人間問題

資本主義社会における企業活動は、市場環境と企業間競争の変動に常に対応しながら、事業内容と生産方法とを自己の責任において確定し、実践していく活動である。ここではこうした企業活動を、まず大きく⑴生産管理活動ないし供給管理活動と、⑵市場管理活動ないし需要管理活動とに分けて、企業の視点に立つ経営学における人間問題の理論的変遷をみていくこととする。

1　生産管理（供給管理）と人間問題（生産者問題）

生産管理（供給管理）の領域において企業が最初に直面した人間問題は、したがってまた企業の視点に立つ経営学が解決することをもとめられた人間問題は、生産過程に関する実質的管理権が工場の熟練工の掌中にあるために、充足をもとめる市場需要に企業の生産能力（供給能力）がおいついていけない状態を何とかして改めなければならないというものであった。このために、生産過程に関する熟練工の主観的熟練の客観化、分業の導入、「作業と管理の分離」（労働者から管理者への熟練の移転）、生産手段の機械化（労働者から機械への熟練の移転）が、企業と企業の視点に立つ経営学とによって探究された。ここに展開されたものが、テイラーシステムであり、フォードシステムであり、職能化原理にもとづく生産組織の編成であった。

ついで生産能率および作業能率が企業の期待する水準以下にありとする情況判断にもとづいて、作業能率の向上が企業の課題として設定されて、作業能率の規定要因の分析、さらに人間の動機づけに関係している諸要因に関する分析が企業と経営学とによって試みられるとともに、その分析結果が労働力の能率的利用に応用されることとなった。ここでわれわれが想起するのは、ホーソン工場での実験にもとづく人間関係論、欲求階層理論、マグレガーのY理論、「動機づけ・衛生」理論、期待理論、リーダーシップ論、参加型管理論等の展開である。

さらに市場変動への適応が企業の競争力を決定的に左右することを企業が認識するようになるにつれて、生産管理（供給管理）の領域においては、弾力的生産体制（供給体制）を構築することが、企業と企業の視点に立つ経営学とにとって緊急の課題となり、機械的生産組織から有機的生産組織への生産組織の再設計、個人責任制度から集団責任制度への移行、自律的作業集団の導入に、努力が傾注された。ここでとくに注目されるべきは、生産組織としての企業を閉鎖的体系ではなくて開放的体系として把握しなおした上で、生産過程の境界条件に関する管理については、これを経営者の担当する職務として規定する一方で、生産過程の内部の管理については、これを企業構成員の自主規制に委ねるかたちで、作業職能の中に再び管理職能の要素を注入することが試みられたことである。これらの点についてわれわれが念頭においているのは、状況適応（コンティンジェンシー）理論、および開放的社会・技術体系論、職務再設計論、労働人間化論等の展開である。

また市場変動に対して高度の適応能力を有する生産体制として「トヨタ生産方式」が注目されるとともに、トヨタ生産方式の企業への導入と、トヨタ生産方式を円滑に稼働させうる能力と意欲をもった人材の調達と育成とに、企業の努力が傾注されることとなり、日本的生産システム論、あるいはリーン生産方式論の展開をみることとなった。これと合わせて、日本においては、画一的性格をもつ年功主義管理から、個人の職務遂行能力のより一層の活用をめざす能力主義管理への移行が企業のもとめるところとなり、能力主義管理論の展開をみた。

このようにして、変動する市場に迅速かつ弾力的に適応できる能力と意欲をもつ人間が企業によってもとめられる一方で、他方では企業自体が積極的かつ能動的に市場を創造していく必要性、したがってまた需要を企業自体が創造していく必要性も、企業によって看取された。そして市場創造・需要創造の源泉が「個人知」にあることが、あらためて再認識されるとともに、この個人知に「暗黙知」と「形式知」の二種類のものが存在していることを踏まえた上で、この個人知を企業自体の所有する資源としての「組織知」に転換していく必要性、さらに「個人知」と「組織知」の相互促進的関係を育成していく必要性が力説され、これを可能にする組織の構築が、「組織的知識創造論」の名称のもとに探究された。

2　市場管理（需要管理）と人間問題（消費者問題）

市場管理（需要管理）の領域における企業にとっての最初の人間問題（消費者問題）は、企業の生産した商品を企業が期待したとおりには買おうとしない消費者に直面して、諸種の販売方策を考案するとともに、それをもちいて消費者に買わせるようにすることであった。その次に現われた人間問題は、消費者需要の調査を通じて、消費者の需要そのものを明らかにするとともに、その需要を充足する商品を確定することであった。

さらに、消費者の需要の中身が身体的ないし物理的なものから精神的ないし文化的なもの、すなわち個人もしくは集団の「個性」を確認したり、主張したりするものに移行するにつれて、消費者の需要を分析する方法、および製品開発の方法には、論理実証主義的方法から民俗学的方法ないし解釈主義的方法への移行が現われた。

このように変動する市場ないし需要に適応した商品を企業が確定して必要性が強調される一方で、他方では、消費者の需要の変動に左右されるだけではなくて、企業が生産した製品が必ず売れる仕組みの構築、さらには企業自らが保有する資源と知識とを用いて、新しい生活様式ないし異文化を展開させることとなる商品を企業が能動的に創造していく必要性、したがってまた企業が市場創造ないし需要創造に主体的かつ能動的に取り組む必要性も、マーケティング論および製品開発論においては論じられている。

また欠陥商品による人間の生命と健康の破壊が歴然となり、欠陥商品に対する消費者の批判に対して何らかの是正措置を企業が講じなければ、企業の存続そのものが危うくなることが企業にとって認識されるようになるにつれて、製造物責任の問題も経営学において論じられるようになった。

以上が、生産管理（供給管理）と市場管理（需要管理）の領域における人間問題に対する企業の視点に立つ経営学による考察の変遷の概要である。

3　環境管理と人間問題（地域住民問題）

人間問題のうち、地域住民の問題が企業と経営学とによって取り上げられるようになったのは、企業活動に起因する自然環境の破壊、生態系の破壊、さらには人間の生命と健康の破壊が誰の目にも明らかとなり、これらを惹起させている企業活動に対する人々の批判に対して何らかの対応を企業がとらなければ、企業活動の円滑な遂行に支障が生ずるようになってからである。

他方、企業による自然環境保全活動の積極的取り組みが企業にとって採算の面でも十分に引き合うことが企業自体によって認識されるようになるにつれて、自然環境の保全に配慮を払った商品の研究・開発と生産・販売活動に関する研究も、環境管理論という形で、進展をみるようになっている。

4　企業活動の主体としての経営者に関する人間問題

企業の最高管理職能が資本家によって直接担当される段階、すなわち機能資本家の直接管理の段階から、「支配者」としての資本家のもとで「専門経営者」によって企業の最高管理職能が担当される段階、すなわち機能資本家の間接管理の段階へと移行するのに伴って、一方で、この専門経営者の能力と意欲を高揚するとともに、他方でこの専門経営者の独走を牽制する問題が発現をみることとなった。すなわち、専門経営者に対しては、企業の最高管理職能、なかでも「企業者職能」の遂行が期待されているのであるが、この期待に応えうる能力とそれを支える意欲を高めるために、特別の工夫が必要となり、連邦制組織ないし事業部制組織の構築、専門経営者に対する報償制度の改善等が試みられた。また専門経営者が、資本家の利益を犠牲にして、場合によっては、企業の利益、消費者の利益、被用者の利益、さらには地域住民の利益を犠牲にして、自己の利益を追求する事態も発現するようになり、こうした専門経営者の専断的活動を抑制する仕組みを構築することが必要となり、経営者の社会的責任論、および企業統治論の展開をみることとなった。しかもこの問題は、結局、専門経営者が責任を負担する企業自体の社会的職能の内容にかかわる問題となり、企業の社会的責任論、企業市民論、「企業と社会」論、経営倫理論等の展開をみることとなった。

以上において、企業の視点に立つ経営学による人間問題の研究の変遷を跡づけたので、次に節を改めて、企業の視点に立つ経営学による人間問題の研究の特徴とその問題点を明らかにしていくこととする。

五　企業の視点に立つ経営学による人間問題研究の特徴と問題点

1　特　徴

まず、生産者としての人間についてみるならば、作業者であれ、中間管理者であれ、経営者であれ、一定の市場環境と競争状況のもとで、必要とされている人間労働の内容を確定することが、最初に試みられる。その上で必要とされる人間労働を担当しうる人間がいない場合には、企業みずからか、あるいは他の機関を通じて、人材の育成に努める。能力があると判断されるにもかかわらず、現実には期待されたとおりの人間労働が遂行されていない場合には、その場合に限って能力の発揮を阻止している要因の探究とその除去に努める。しかもその際、人間労働力の売り手の所有する主観的・個人的能力に企業が依存するような事態の出現については、極力これを回避して、企業の所有する客観的・組織的能力に変換することに努める。その結果、企業という生産機構が必要とする職能ないし仕事を忠実に遂行する人間のみがその存在をみとめられることとなる。こうした課題を達成するための方法としては、市場環境・競争状況、製品特性、生産方法（生産技術・生産組織）、職務内容、動機づけといった要因と、企業業績との間の相関関係を明らかにする方法が採用される。

つぎに消費者としての人間についてみるならば、企業は、一方では、消費者の需要の調査に努めて、この需要を他の企業よりもよりよく充足する商品を生産・販売する。他方で企業は、消費者教育を手段として新しい生活様式を創造する商品を、他の企業に先行して生産・販売する。いずれの場合においても、企業が生産したものが消費者によって必ず買い取ってもらえるようにする方策が探究される。こうした努力にもかかわらず、企業の期待どおりには消費者が商品を買おうとしない場合には、その場合に限って消費者の購買行動を左右する仕組みが分析されて、阻害要因の探究とその除去に努力が注がれる。ただし企業の理想とするところは、企業という生産機構が押し出す商品を忠実に購入してくれる消費機構の一構成員としての消費者を創造することである。

地域住民としての人間についてみるならば、地域住民が経営学において考察の対象として取り上げられるのは、それが企業批判の運動を介して企業活動の阻害要因として機能する限りにおいてである。

2　問題点

企業の視点に立つ経営学による人間問題の研究の問題点としては、まず第一に、企業の視点に立つ経営学においては、「生産者としての人間」は、企業が割り当てた仕事の担当者としてしか考察の対象とはならないことが挙げられねばならない。しかも常に考察の対象となるわけではけっしてない。それは、生産者としての人間が、期待されたとおりには仕事をしようとしない場合に限定されている。企業が割り当てた仕事を核にして展開される生産者としての人間の生産生活・労働生活・職業生活の質、および生産者としての人間が潜在的にもっている可能性に対して、企業が割り当てた仕事が及ぼしている「望ましくない作用」は、それ自体としては、企業の視点に立つ経営学の考察の対象とはならない。人間の生産生活の質が考察の対象となるのは、せいぜい、それが企業にとっての逆機能となってからである。

企業の視点に立つ経営学による人間問題の研究の第二の問題点は、企業の視点に立つ経営学においては、「消費者としての人間」は、企業の生産した商品の購買者としてしか考察の対象とはならないことである。しかも常に考察の対象となるわけではけっしてない。購買者が企業の期待どおりには買ってくれない場合に限定されている。企業が生産した商品を生活手段として営まれる人間の消費生活・文化生活・家庭生活の質、および生活様式の内容に対して、企業の商品が及ぼしている「望ましくない作用」は、それ自体としては、企業の視点に立つ経営学の考察の対象とはならない。人間の消費生活の質が考察の対象となるのは、せいぜい、それが企業にとっての逆機能となってからである。

企業の視点に立つ経営学による人間問題の研究の第三の問題点は、企業の視点に立つ経営学においては、地域住民の生活の質の問題も、企業活動が地域住民の生活に及ぼしている「望ましくない作用」も、それ自体としては、経営学の考察の対象とはならないことである。それが企業の視点に立つ経営学の対象となるのは、それが企業にとっての逆機能となってからである。

これを要するに、企業の視点に立つ経営学による人間問題の研究の問題点は、企業にとって逆機能を生み出す場合にのみ、人間問題が考察の対象として取り上げられ、しかも人間問題の解決が、どこまでも企業にとっての順機能との関連において探究されることである。

六　経営学による人間問題研究の未来展望

これまでの考察から明らかになることは、企業と企業の視点に立つ経営学においては、人間の問題、すなわち人間の生活の質の問題は、たとえ企業活動によって人間の生活の質に「望ましくない作用」が及んでいようとも、それが、企業以外の人間にとっての望ましくない事態にとどまっているかぎり、すなわちそれが企業にとっての逆機能を意味するものでないかぎり、考察の対象とは、けっしてならないことである。しかしながらこれは、つぎのような一連の現象の展開を視野に入れる時に、われわれが等閑視することが許されない問題点をなす。

(1)人間の生産生活の場所の多くが企業の内にもとめられるようになるにつれて、人間の生産労働の質、なかんずく熟練の質とその方向が、生産方法、とくに生産手段と生産組織に関する企業の決定によって左右されるようになる。ここでわれわれにとって特に問題となるのは、「機械化」と「分業」に関する企業の決定によって、「人間が生産生活を営む上で身につけることの必要な熟練」の質と方向が規定をうけることである。

(2)人間の生活手段のますます多くのものが商品という形で企業によって創造されるようになるにつれて、人間の生活労働の質とその方向、とくに「人間が消費生活を営む上で身につけることの必要な熟練」の質とその方向が、企業の商品創造に関する決定によって大きく左右されるようになる。ここでわれわれにとって特に問題となるのは、企業の主導のもとに大量に生産される商品としての生活手段の消費生活への導入によって、企業主導の画一的生活様式が展開をみることである。

(3)人間の消費生活は、同時に企業に買いとってもらうことのできる労働力を商品として生産する過程でもあり、したがって人間が消費生活の中で生産するべき労働力の中味は、これまた商品と、その生産方法とに関する企業の決定に大きく依存する。ここでわれわれにとって特に問題となるのは、企業が必要とする労働力の内容と、人間の消費生活とが無関係ではありえないことである。

(4)企業の生産過程と人間の消費過程から放出される廃棄物が、自然環境の破壊を介して、人間の生命と健康に非常に大きな影響を及ぼす。

以上の一連の現象を視野に入れる場合には、経営学における人間問題研究の課題は、一方で人間の生活に企業活動が及ぼしている作用、なかんずく人間の生活に企業活動が及ぼしている「望ましくない作用」をそれ自体として確認するとともに、他方で人間の生活に対して「望ましくない作用」を結果として及ぼしているにもかかわらず、それが企業自身にとって逆機能とならない限りは、企業の問題として取り上げようとしない企業の行動の基本原理、否、人間の生活に「好ましからざる作用」を企業をしてとらしめる企業のメカニズム（仕組み）そのものを解明することを置いて他にはないこととなる。いまこうした課題の克服を志向する経営学を、ここで「企業の視点に立つ経営学」から区別するために、「人間の視点に立つ経営学」と称するならば、経営学による人間問題研究の未来展望としては、「人間の視点に立つ経営学」による人間問題の研究の一層の進展が望まれることとなる。

この「人間の視点に立つ経営学」による人間問題の研究の一層の進展のためには、われわれは、さらにつぎの一連の事項について再確認をしておかねばならない。すなわち、

(1) 企業活動から生ずる結果には、企業によって意図された結果と、意図されざる結果とがある。

(2) 企業によって意図された結果は、企業にとっては当然のこととして望ましい結果であり、順機能をなし、したがってまた企業活動の目的をなすものであるが、しかしながら企業以外の人間にとっては、望ましい場合と、望ましくない場合とがある。

(3)　企業によっては意図されざる結果には、偶然にも企業にとっては望ましい順機能をなすものと、企業にとっては望ましくない逆機能をなすものとがある。このうち順機能の方は企業によって意図的に目的として取り上げられ、これに対して逆機能の方は、その出現を未然に防止することが企業自身によって自主的に試みられる。

(4)　企業によっては意図されざる結果にも、企業以外の人間にとっては、望ましいものと望ましくないものとがある。

(5)　企業にとっては順機能であっても、他者にとって望ましくない結果は、やがては他者の反感と抵抗とを喚起して、企業にとって逆機能となる。企業にとって逆機能となる結果については、企業はその出現を未然に防止することに努める。

(6)　企業にとっては逆機能であっても、他者にとって望ましい結果となるものは、やがては他者の好意を獲得して、企業にとっても順機能となる。

(7)　企業が他者に及ぼす望ましくない結果には、企業が事前に予知することの可能なものと、予知することが不可能なものとがある。

この一連の事項から、われわれが知りうるのは、他者にとって望ましくない結果をもたらすような企業活動は、やがていつかは企業にとって逆機能となり、この場合には、企業みずからその出現を未然に防止することに努めるので、したがって、やがては他者にとっても望ましい結果をもたらすようになる活動を企業がとることである。しかしここでわれわれが看過することができないのは、やがてはいずれ他者にとっても望ましい結果をもたらす活動を企業がとることとなるとしても、非常に長期間を要する場合が現実には多く、その間に人間の生命、健康、および生活に多大の犠牲が強いられることである。それであるからこそ、企業以外の人間に企業活動が及ぼしている望ましくない作用を十分に把握した上で、こうした望ましくない作用を結果として生ぜしめるような企業活動を企業をしてとらしめているメカニズム（仕組み）の解明に、われわれは努めなければならないのである。

七　結

本稿の課題は、経営学における人間問題の理論的変遷をたどるとともに、これを踏まえて経営学における人間問題研究の未来展望を試みることであった。

われわれが、経営学における人間問題の理論的変遷をたどる作業の中から導き出した、経営学による人間問題研究の最大の問題点は、経営学においては、人間の問題は、それが企業にとっての逆機能とならないかぎりは、考察の対象としては取り上げられないこと、これである。企業活動が人間の生産生活、消費生活、さらには社会生活に与える影響がこれからますます増大していくことを考える時に、これは、等閑に付すことの許されない問題点である。この場合にわれわれが特に重要視するのは、個々の人間の生活能力を企業活動が萎縮させる作用をもっていることである。ここに生活能力としてわれわれが理解しているものは、生産生活においても、消費生活においても、追求すべき課題、あるいは解くべき問題を、自力でかつ自己の責任において設定するとともに、さらに自己の設定した問題を、自力でかつ自己の責任において解いていく能力である。ところが企業活動は、生産生活においても消費生活においても、追求すべき課題、あるいは解くべき問題を、一方では「職務」として、他方では「生活様式」として与えるとともに、さらに課題の達成の方法、あるいは問題の解き方についても一定の方向を人間に強要することによって、人間が自力で生活能力を維持し、向上させていく必要性と可能性とを人間から奪っている。人間が自力で自己の生活能力を維持し、向上させる必要性と可能性が欠如している場合には、人間の生活能力は萎縮する以外にはない。

そこで、経営学における人間問題の研究の未来展望としてわれわれが提示しようとするものは、人間の生活能力の維持と向上という視点に立脚した上で、企業活動がわれわれの生活に及ぼしている作用の実態の究明と、こうした作用を及ぼしている企業活動のメカニズム（仕組み）の解明、さらには、企業が従来の活動を改めて新しい活動を展開していく際のメカニズムの解明に、経営学が一層邁進していくこと、これである。

参考文献

万仲修一・海道ノブチカ編『利害関係の経営学――生活と企業――』税務経理協会、一九九九年。

三戸　公『随伴的結果――管理の革命』文眞堂、一九九四年。

三戸　公「随伴的結果――環境危機の真因と克服」『現代の学としての経営学　第六章』文眞堂、一九九七年。

藻利重隆「企業と環境」『国民経済雑誌』第一四二巻第二号、一九八〇年、一―一八頁。

村田和彦『労働人間化の経営学』千倉書房、一九八三年。

村田和彦「企業活動と市民生活」『日本経営学会編、現代経営学の課題（経営学論集第六七集）』千倉書房、一九九七年、九一―一〇〇頁。

村田和彦「経営学への招待」『生産合理化の経営学、付録』千倉書房、一九九三年。

村田和彦『市場創造の経営学』千倉書房、一九九九年。

田島壮幸「企業と社会」『中村瑞穂教授還暦記念論文集編集委員会編、現代経営学の基本問題、第一章』文眞堂、一九九三年。

七　経営学における技術問題の理論的変遷と未来展望

宗像正幸

一　技術問題の特異性と経営学

技術問題をどのように把握し、処理するかは、経営学の成立以来現在に至るまで、一貫して理論上の大きな課題であり、多くの研究者の挑戦の的となり、また悩みの種であり続けてきた。その理論的処理の変遷は、経営学の理論的発展、高次化を推し量るに適切な一つのバロメーターであると言っても過言ではない。

技術問題の特異性は、そもそも技術事象自体がわれわれの社会において、したがってまた企業経営において極めて重要な意義をもつ要因であることは万人の認めるところにあるにもかかわらず、いざ本格的に捉えようとすると、およそ不確実性を特徴とし、したがってその低減、確実性の確保を志向する人間の実践のどのような領域にも見いだされ、輪郭が不明確で、対象確定のむつかしい、曖昧な特性を帯びていることが判明するというやっかいな性格に基因しているように思われる。このことは技術問題が、一般に自然科学、社会科学、人文科学といった科学の系統をこえて、どのような視点からも、いかなる対象においても把握・処理可能である、ということを意味する。かねてより「技術論」という分野が洋の東西を問わず生起し、その特異性が、多様な見解の並立と不断の激しい論争の展開に求められた背景も、一般的にはこの点に求められるであろう[1]。

経営学における技術問題の理論的処理も、このような技術をめぐる一般的困難性を逃れることができず、それを引きずってきたのであるが、とくに経営学において事態を一層困難、複雑にした事情もある。それは、経営学の経験対象とする産業、企業経営事象ないし実践は、およそ学問の対象としては、人間の社会的営みの中ですぐれて個別的に具体的で、身近な利害とかかわる領域であり、経済上の理由で誰もが各自の多様な立場からその実践に参加することができ、また参加せざるをえず、誰もが、それぞれの視点から、個別経験に基づいていかようにも語りうる資格をもつ、ということである。この事情が、他の学問分野に比べ、われわれの生み出す学問命題、研究成果に、きわめて直接的に重要な社会的意義を与えるとともに、また時事的・世俗的議論・評論と学問上の議論との峻別に、特別に深刻な意義と問題性を付与し、われわれの学問の展開において、方法論、理論性に関する議論に、殊のほか多大のエネルギーを注入・消費せざるを得なかった背景にある。したがって技術問題の特異性との関連で経営学上一般的に留意すべき点は、①「技術」が人間の実践にかかわる事象であり、産業、企業経営の実践が人間実践の内で基礎的に重要な領域であるため、技術問題は経営学的な議論において、論者の明確な意識性の有無、「技術」という用語の利用の有無にかかわらずその内容に入り込むこと、②それゆえ技術問題の取扱いは方法論上、理論上不可避の問題となること、③その切実性・深刻さは、経営学の学問的理論的厳密性を重視する程度に応じて高まる内的論理をもつこと、に求められよう。

二　伝統的思考における経営学と技術問題

以上のような事情から、経営学はその成立以来、技術問題の理論的処理とかかわってきた。経営学のルーツは常識的にはアメリカとドイツに求められるが、プラグマティズムの影響下で、「科学的管理法」に象徴されるように産業、企業経営に密着する広義の「技術」が実質的に著しく発展し、その経験内容の整序が、斯学の学問的性格論議の制約から相対的に自由に展開していったアメリカと比較し、経営学の学問的、理論的性格についての論議は、大学における研究・教育にアカデミズムの視点から厳しい条件をつける傾向のあるドイツにおいて、相対的により活発であった。新興の学問領域が生起するごとに、それが大学ないし高等教育・研究制度にふさわしい学問的性格があるか否かが厳しく問われたのである。技術問題との関わりにおいては、自然科学系で実践的性格の強い工学と社会科学系で同様の位置にある経営学（「経営経済学」）が、とくにそれぞれ自然科学（理学）、経済学との関係において、その学問的性格が問われた。十九世紀後半以降、技術学（工芸学）、工学分野においては、「科学」、「社会」との関係で「技術」の性格が理論的に論議され、その成果が蓄積されるようになり、その後今世紀にいたり経済学からの相対的独立性と関連して、経営学の性格をめぐる学問論争、方法論争が盛んになったのは周知の事実である。

昭和期以降、わが国で学問としての経営学が本格的に誕生して以来、経営学における技術問題の取り扱い方は、「技術」の内容に関しては、主としてアメリカにおける発展を重視しながら、その理論的処理は、ドイツにおける技術学、工学、経済学、経営学の論議とその知的遺産の強い影響下で展開されていった。この傾向は、以来大戦を挟み、昭和期の後半まで存続した、と見られる。その際、「技術」をめぐる経営学の理論上の問題は、経営学自体の学問的性格の系統の区別と関わり、相互に密接に関連しながら、形式論理上は区別される二つの問題群から構成されていたといえよう。その一は、経営学自体の学問的性格論議と直接にかかわる議論であり、経営学は「技術論（Kunstlehre)」か否か、という問題とかかわる。「技術論（K)」であるとすれば、経営学の対象領域は「経営技術（Betriebskunst)」（あるいは「経済技術（Wirtschaftstechnik)」）で覆われるとともに、認識目的も実践性と密接にかかわることになる。この場合には「技術論」がどのような意味で学問的に高次の内容を保持しうるかが問われ（Schmalenbach, 1911/1912）、自然科学系、工学系の分野で「近代技術（Technik : Technologie）」を対象に、技術の意義、目的、理論的基礎（科学との関係）、技術と社会との関連を焦点とし、その科学性、客観性、価値的中立性等をめぐって展開された議論（Reuleaux, 1884 ; Zschimmer, 1913 ; Dessauer, 1927）と同型の議論が、社会科学上の、とくに経済学との関係における経営学的認識の独自性と関係して展開されることになる。その二は、経営学を「技術論」としてではなく「理論科学」と見る場合の技術問題の処理をめぐる議論であり、「技術的経済（technische Ökonomie）」という用語に端的に示唆されているように、経営学の認識対象に「技術」が含まれるにしてもその核心は「技術」ではなく、その対象と「技術」との関係の理論的認識が問題となり、領域的、次元的に「技術」の位置づけが問われ、「技術」の意義の限定、その企業経営現象への作用のあり方の明確化がよりクリティカルな重要性をもつことになる。

昭和期以降のわが国において、ドイツ流のアカデミズムの影響下で、当初経営学は「理論科学」としての性格を重視して成立、発展する傾向が強かったため、経営学上の技術問題の理論的処理は、この第二の系を起点に展開され、それが大戦後は、アメリカからの豊富な「管理技術」と経営学の実践性重視志向導入を契機に、第一の視点ともつれ合いながら展開し、その展開過程で、経営学上の技術概念と技術把握の精緻化が試みられていった、というのがこの段階でのおおまかな展開図式であろう。そこで特徴的なことは、技術をめぐる経営学上の理論的処理が、先行の自然科学、社会科学分野にまたがる系で展開された、より一般的に「技術」の意義、構造、作用を問う議論、すなわちわが国では「技術論（T）」として総括されるにいたった領域での多様な議論の成果、とりわけ「技術概念」を、自己の経営学の性格規定の視点に応じて選択、摂取、変形する形で試みられ、したがってこの領域での主要な意見の対立、論争の影響が理論内容に反映する傾向が強かった点である。

これを大戦前のわが国経営学の先駆の業績で見れば、唯物史観における「労働用具の体系」としての技術観、ドイツにおけるゴットル（v. Gottl）に代表される「経済目的の手段」としての技術観、デッサウエル（F. Dessauer）に代表される「発明における人間目的と自然法則の統一」としての技術観が、それぞれ、個別資本説としての経営経済学における経済事象に対する技術の作用認識の契機（中西寅雄、一九三一年）、経済目的に奉仕する「経済技術」としての主要な産業合理化実践を貫徹する技術的合理性の説明原理（宮田喜代蔵、一九三一年）、経営体における組織と技術の関係の理論的把握の際の社会的技術に対する自然的技術の相対的自立性把握の契機（馬場敬治、一九三三、一九四一年）、として導入、利用されている。

大戦後においては、技術の問題は、経営学を基本的に経済認識を志向する理論科学として把握する立場を堅持する個別資本説、批判経営学において、経営学のアイデンティティ問題と関連して、方法論、基礎理論上の問題としてとくに活発に議論されるようになった。その際唯物史観に基礎づけられた社会科学の理論問題と関係して生じた、「技術論（T）」における「労働手段体系説」と「意識的適用説」との対立と論争（中村静治、一九七五年：嶋　啓、一九七七年）が、その展開に多くの影響を与えた。その際経営学の枠内における議論において特徴的なことは、「意識的適用説」は、本来自然科学系における自然科学との関係における（自然）技術の規定として、そこでの科学者、技術者の主体的実践のあり方を問う視角から想定されたものである（武谷三男、一九四六年：星野芳郎、一九四八年）のに対し、むしろ企業主体、経営主体の目的意識的行動、とくに具体的な管理的実践をどのように理論内に取り込むかという、社会技術としての「管理技術」の理論的処理のための媒介論理として利用される傾向が強かった点であり、したがって、「理論科学」VS「技術論（K）」（さらには「規範論」）という経営学上の根本問題が、「個別資本と経営技術」（馬場克三、一九五七年）という命題に象徴されるシェーマへ引き直されて議論されたことである。「技術論（T）」における両説の相違は、経営学の場においては、技術を「労働過程」における媒介的客体要因においてとらえる「労働手段体系説」の立場は、企業経営現象を「個別性」を特徴としつつもあくまで客観的な経済現象の一環として、純理論的に捉えようとする経営学志向と結びつき、その動態的発展の契機としての物的な「生産技術」の発展の把握を基軸に、技術を次元的にも、領域的にも限定的に取り扱う志向と結びついた（上林貞治郎、一九五一：一九五八年）。「意識的適用説」の立場は、企業経営現象における客観的過程論的把握よりは、それをめぐる経済的諸主体間の経済的に社会的な諸関係の構造論的・運動論的把握を重視し、技術を次元的にも、領域的にも、総括的には社会技術として広く把握する流れと結びつく傾向を示した（片岡信之、一九七三年）。そしてこの両軸の間に、技術把握の多様な折衷説が提示され、多彩な議論と理論的営為が展開されたのは周知のごとくである。

この両軸を挟んだ多様な技術把握の基底に伏在し、それを制約していた理論認識、現実認識上の重要な要因は、資本主義体制と社会主義体制の並立と対立という歴史状況である。技術概念の選択が、技術の社会における基本的位置づけと結びつき、したがって技術の社会体制との関連性・非関連性問題の解釈、具体的には「生産技術」、「管理技術」における体制関連性のあり方、資本主義体制と社会主義体制間での技術の構成・機能の相違、体制間での「技術移転」の可能性、態様等の解釈と関わらざるを得なかったことである。技術規定は、両体制それ自体とその相互関係についての理解・認識と連動しつつ、その解釈を左右したのであり、両体制の識別を重視する程度に応じて、経営学上の技術のあり方の理解、および技術の次元、領域、他の企業経営事象との識別と関連づけは、より深刻でクリティカルな意味をもったのである。

昭和期とともに始まり、昭和期後半に至るこの時期の経営学における技術問題の理論的処理に共通する特徴を、現時点からあえて「伝統的思考」という表現で、極めて一般的に総括すると、普遍的・抽象的・形式的・静態的・自己完結的視点重視志向をあげることができよう。すなわち「技術」事象は、概して時空的に普遍的な次元で問題とされたのであって、たとえば「技術」事象の理論的処理に、ドイツにおける諸議論が移入され、援用される場合、そこで把握される「技術概念」に、技術をめぐるどのようなドイツ的状況が意識的、無意識的に反映されているかという次元の問題は捨象され、一種の普遍的命題として、その形式的意味連関において自己完結的な体系性を意識した理論構築に利用される傾向が強かった。また戦後において、経営学者をも巻き込んで展開された「技術論論争」においても、なぜそれが不必要なまでの激しさを帯びたかを規定した一要因は、多様な技術見解が、そのもつ相対的な有意性、コンテキスト関連性においてではなく、その意義の普遍性という次元で接触した点に求められよう。経営学分野においても、技術問題が技術の意義の解釈問題、その意味での「技術概念論」に過度に傾斜する傾向を示し、注入されたエネルギーと議論の繊細さに比して、必ずしもそれに相応する、企業経営現象のオペレーショナルな次元での研究の展開に広く貢献し得なかったかに見える一因は、この辺りにあるように思われる。(2)

三　技術をめぐる理論問題の新展開

こうした状況に変化が生じたのは、昭和後期、一九七〇年代以降である。その変化を規定した主要因は、①「新技術（new technology)」と表現される制御系、情報系の革新を核とする技術変革の加速化と普及、②社会主義体制の崩壊に象徴される市場経済の一層の拡大と普遍化、経済の国際化、グローバル化、③人間とかかわる地球環境問題の深刻化、である。その意義は、①客体的連関では、それが、従来経営学が一般にその議論展開の明示的、ないし暗黙の与件としていた産業、企業経営の技術的基礎、技術体系自体に大きな変動を与え、技術の適用領域を著しく拡大したことであり、経営の労働や組織その他あらゆる要因との動的な作用連関と適合性を再検討せざるをえなくなったこと、また主体連関では、企業経営において利用しうる技術の選択肢を増大させ、技術の基本構成を企業経営の与件とする見方から、技術、技術革新のマネジメント、企業独自の技術構成のデザインと在り方自体を、企業経営の中核問題へと押し上げたことである。②体制、国境のカベの漸次的解消による企業間競争の激化、競争力維持条件の平準化と高度化にともない、技術をめぐる体制対立と関連した規定要因、制約要因の意義が低下し、企業の国際的競争力構成要因として技術の「国際標準」維持がより重視されるとともに、他方技術蓄積と経済的発現に、国別、地域別のローカルなコンテキストが作用することがより明確に認識されるようになってきたこと、③このような展開による産業活動の肥大化と累積効果が、地球の生態系に脅威をおよぼすまでにいたり、より根元的な「共生」の視点から、技術の在り方に、生産・消費の総循環系を視野に入れた再検討を迫るようになり、この視点から、従来所与とされてきた近代以来の技術の展開様式の在り方の再検討機運が強まり、その意味での「代替技術（alternative technology)」問題が表面化し、技術の社会的統制の現実的緊要度が高まったこと、である。

このような情況変化は「技術論（T)」および「経営学」関連領域での技術をめぐる理論問題の議論のスコープと水準を拡大、拡散させ、また高次化させた。近年の展開において報告者が注目している変化は、さしあたり以下の点である。①技術と関連する産業、企業経営分野の研究が、従来の「経営学」の狭い枠を超えて、多様な展開を示すようになり、研究の国際的な相互交流の下、生産管理、研究開発管理から技術・技術革新のマネジメント、生産システム、生産・製造戦略等、従来技術と経営の関係を本来的に扱っていた工業経営や経営労務分野のみならず、労働過程論、コンティンジェンシー理論、組織革新論をはじめとする組織科学、社会・技術システム論、産業・労働経済学、産業組織論、ミクロ経済学、産業・労働・技術・科学・知識社会学、システム工学、情報科学、エコロジー論等々、多様な分野からの参入が見られるようになった。②この過程で、研究の学際化、認識視点の多元化、「実践科学」化傾向（「理論科学」対「技術論」問題、さらには「規範」問題への意識の希薄化傾向）が生じ、多様な「技術」要因が無媒介的に研究対象に組み入れられる傾向が強くなった。③これらの研究の「技術」規定においては、産業活動における物的要因、属人的能力、知識形態、システム形態、組織形態にいたる多様な要因が把握されているが、それらを自己完結的な体系内での排他的規定と見る傾向は少なくなり、むしろ研究目的の特徴に対応する相対的な規定として位置づけられる傾向が強まった。④従来普遍的と見られていた技術関連概念や規定に反映され、その背後に伏在する技術をめぐる各国の歴史的、経済的、社会的状況への理解が深まり、「技術の社会的構成（social construction of technology）」（Bijker et. al., 1987）等のシェーマに象徴されるように、客観的な技術存立形態にも浸透する技術の社会的特性への認識が強まり、ミクロ次元での技術とその機能する単位の社会特性との相互連関をより精密に把握し、その適合性の経済的機能への作用を重視する傾向が強まった（Thomas, 1994）。⑤「技術の社会的形成（social shaping of technology）」構想（MacKenzie, 1996）に代表されるように、「技術」を社会、経済現象における外的な独立変数とみたり、逆に特定の経済体制や固定した経済的諸連関の従属変数と見たりする一元的決定論的志向の限界を指摘し、批判するアプローチが発展し、技術の存立形態や発展方向を、"the one best way" 的発想法による、必然的自然的な直線軌道においてのみ把握するアプローチの限界を指摘し、多元的な社会的要因の作用による技術発展の軌道の変更可能性を予定したり、また相対的な合理性をもつ多様な技術形態の選択可能性と並存を予定し複線的な軌道を想定する議論が展開されるようになった（Piore/Sabel, 1984；Jones, 1994；宗像、一九九八年）。⑥こうした議論の基底において、「近代技術」の核心にある「機械」、「機械化」、「機械原理」の意義が、「機械の可能性・限界（"What machines can, can't do".）」論の新展開、に象徴されるように、「制御技術」、「情報技術」の新展開をふまえ、より根元的な視点から多様な次元で問い直されるようになり、「機械原理」のシステム編成原理としての適用の限界、延長と変質可能性、機械化を核とする技術発展の連続性と断絶性、機械システムと人間、有機的世界との interface 問題等が、よりクリティカルな基本問題として浮上した（Hirschhorn, 1984；Thomas, 1994；Collins/Kusch, 1998）。⑦技術を知識形態で把握する視角と関連しては、知識を「形式知」のみならず「暗黙知」へと延長して捉える発想法（Polanyi, 1958, 1965）を援用し、後者の示唆する属人的能力の技術の創造、形成、機能領域での意義を強調するアプローチの展開（Manwaring/Wood, 1985；野中、一九九〇年；野中／竹内、一九九六年；MacKenzie, 1996；越出、一九九八年）に示唆されているように、技術事象を把握するにあたって、客観的、客体的、科学的な形態としての「近代技術」形態を当然の与件とし技術理解の原点とする技術観の妥当性と限界を問い直す気運が高まるようになった。(3)

四　展　望

以上素描した近年における展開は、技術をめぐる理論問題の、形式的・普遍的・一元的・静態的処理志向からより現実近接的・実践的・微視的・多元的・動態的処理志向への焦点の推移として把握することもでき、全体としては研究の著しい進展と水準の高度化が実現したと見られるが、多くの問題も残され、新たに発生している。来るべき世紀におけるこの分野での斯学の一層の発展にむけて、さしあたり以下の三点を主張、指摘しておきたい。

①技術研究における「技術概念」論の制約からの解放傾向は、経営学における技術関連研究の多様な展開と成果の enrichment をもたらしているが、他面で研究内容の拡散は、その相互の位置づけと客観的評価を困難にさせてもいる。この状況改善の一つの途は、多元的に拡散した技術理解を相互に関連づける、緩やかで、しなやかな

技術の対象諸規定の共通理解の構図を構築することであろう。私見ではその原点は、技術事象把握の原点を「近代技術（Technik, technology）」ではなく、より原初的な「技芸(art, Kunst)」としての「技術」(4)に求め、この視点から「近代技術」と関連する技術諸要因の普遍的のみならず特殊的意義、抽象的意義のみならず歴史的、社会関連的意義とその相互連関を確認することから開けるように思われる。「脱近代」を展望する二十一世紀の技術と企業経営の在り方の展望は、西欧的な「近代性（western modernity）」の普遍性のみならず特殊性をもより明確に把握する視角を起点に開かれるであろう。(5)

②技術関連事象の経営学的処理における認識視点の多元化は、現代における社会変化の加速化とその作用因の複雑化の反映であるが、アカデミズムの側での理論的整序にあたっては、近年認識が急速に進んでいる、技術事象の自然科学的、工学的基礎の変化、その社会的基礎、とくに社会の階層的秩序形成の多様な在り方との相互関係の理解が基礎的に重要であり、ミクロレベルでの研究の掘り下げが期待される。しかし「経営学」の認識拠点として終局的に重要なのはその「経営経済的」意義であり、これらの複雑な作用連関を、終局的には、経済認識の次元へと引き寄せてその理論的意義を解明・評価する視点を維持する態度は、依然として維持されるべきであろう。(6)

③社会主義体制崩壊後の社会科学、とりわけ「経営学」の研究情況における一傾向は、その学問的性格、命題、成果の科学性への方法論的吟味の厳しさが薄れ、内容的には、「普遍性」をおびてきた現体制の内在的基礎特性認識がかえって希薄となり、この認識と関連した、企業経営事象ないし実践のあり方への批判機能が低下しているかに見える点である。この点と交差する特殊な問題性をつねにはらむ「技術」をめぐる経営学研究は、伝統的思考が重視したこの精神と認識を、研究志向、視角、機会、内容展開、研究成果・情報の交流の可能性、自由度が飛躍的に増大した今日、他律的、外的規制の様相においてではなく、むしろ節度ある、自律的、自己規制的態度

において他分野以上に維持し、アカデミズムの立場からの積極的貢献の意義を明確にすべきであろう。

注

（1）技術の基本的意義および技術をめぐる一般的理論問題については拙著、『技術の理論』、とくに一〇〇―一一七頁を参照。
（2）経営学との関連におけるこれらの技術論の展開については、前掲拙著、一一―三〇頁、参照。
（3）こうした近年における技術把握の新展開とその意義については、拙稿「『近代的』技術観とその克服志向について」龍谷大学経営学論集三九巻一号、一六〇―一七四頁参照。
（4）前掲拙著、一一七頁以下参照。
（5）拙稿、「『近代的』技術観とその克服志向について」特に一六七頁以下参照。
（6）拙稿、「『日本型生産システム』論議考」、国民経済雑誌、一七四巻七号、八〇―八三頁、参照。

主要参考文献

日本文献
中西寅雄『経営経済学』日本評論社、一九三一年。

宮田喜代蔵『経営原理』春陽堂、一九三一年。

馬場敬治『技術と経済』日本評論社、一九三三年；『技術と組織の問題』、日本評論社、一九四一年。

武谷三男「技術論」一九四六年（同、『弁証法の諸問題』著作集1　勁草書房、一九六八年）。

星野芳郎『技術論ノート』真善美社、一九四八年。

上林貞治郎『生産技術論』三笠書房、一九五一年；同『現代企業における資本・経営・技術』森山書店、一九五八年。

馬場克三『個別資本と経営技術』有斐閣、一九五七年（同、著作集1、千倉書房、一九八九年）。

片岡信之『経営経済学の基礎理論』千倉書房、一九七三年。

中村静治『技術論論争史』上、下、青木書店、一九七五年。

嶋　啓『技術論論争』ミネルヴァ書房、一九七七年。

野中郁次郎『知識創造の経営』日本経済新聞社、一九九〇年。

野中郁次郎・竹内弘高『知識創造企業』東洋経済新報社、一九九六年。

越出　均『経営技術と学習』創成社、一九九八年。

宗像正幸『技術の理論』同文舘出版、一九八九年。

宗像正幸「日本型生産システム論議考」国民経済雑誌、一七四巻一号、一九九六年七月。

宗像正幸「生産システムの発展軌道をめぐって」国民経済雑誌、一七八巻二号、一九九八年八月。

宗像正幸「『近代的』技術観とその克服志向について」龍谷大学経営学論集、三九巻一号、一九九九年六月。

外国文献

Reuleaux, F., "Kultur und Technik", 1884, in Weihe, *C., Franz Reuleaux und seine Kinematik,* Berlin 1925.
Schmalenbach, E., "Die Privatwirtschaftslehre als Kunstlehre", *ZfhF.,* 6. Jg. 1912.（斉藤隆夫訳「技術論としての私経済学」会計、六七巻一号、一九五五年一月）。
Zschimmer, E., *Philosophie der Technik,* 1913, 2. Aufl. Jena 1919.
Dessauer, F., *Philosophie der Technik,* Bonn 1927.（永田広志訳『技術の哲学』科学主義工業社、一九四一年）。
Polanyi, M., *Personal Knowledge,* Chicago 1958.（長尾史郎訳『個人的知識』ハーベスト社、一九八五年）。
The Tacit Dimension, London 1966.（佐藤敬三訳『暗黙知の次元』紀伊国屋書店、一九八〇年）。
Hirschhorn, L., *Beyond Mechanization,* Cambridge/London 1984.
Piore, M./C. Sabel, *The Second Industrial Devide,* NY 1984.（山之内靖他訳、第二の分水嶺、筑摩書房、一九九三年）。
Manwaring, T./S. Wood, "The Ghost in the Labour Process", Knight, D. et. al. ed., *Job Redesign: Critical Perspectives on the Labour Process,* Aldershot UK/Brookfield US 1985.
Bijker, W. E. et. al. ed., *The Social Construction of Technological Systems: New Directions in the Sociology and History of Technology,* Cambridge/London 1987.
Thomas, R. J., *What Machines Can't Do: Politics and Technology in the Industrial Enterprise,* Berkeley/ Los Angeles/London, 1994.
MacKenzie, D., *Knowing Machines: Essays on Technical Change,* Cambridge US/London, 1996.
Jones, Br., *Forcing the Factory of the Future: Cybernation and Societal Institusion,* Cambridge UK 1997.
Collins, H./M. Kusch, *The Shape of Actions: What Humans and Machines Can Do,* Cambridge US/London, 1998.

八　経営学における情報問題の理論的変遷と未来展望
——経営と情報——

伊藤淳巳・下﨑千代子

一　経営学における「情報問題」の視点

経営学における情報問題を考える時、まずは二つの視点を区別しなければならない。ひとつは、コンピュータ等の情報技術が企業経営にどのような影響を与えるのかに焦点を当てた研究で、これを「情報技術論的視点」と呼ぶことにする。他のひとつは、経営学の中で「情報」をどのように取り扱ってきたかという研究で、以下では「経営情報学的視点」としよう。前者は、経営情報システム論・意思決定論・企業ネットワーク論などの研究領域を新たに生み出したのに対して、後者の視点からいけば、経営学は当初から「情報」を扱ってきたことになり、従来の経営学を情報的視点から再構築することになる。例えば、科学的管理法の時間研究とは、作業時間の「情報化」と捉えることができるわけで、当時は「経営情報学的視点」はなかったものの、それは原状のデータ化を目指したものであった。そして、これが科学的管理を推進する本質的要件となる。さらに歴史を辿れば、会計学も原状を金銭的データに投影したもので、これも代表的な情報化手法ということができる。要するに、原状の「情報化」が経営管理の推進力の原点となるというのが、後者の視点である。

多くの場合、経営学での「情報問題」というと、前者の「情報技術論的視点」が注目を浴びている。ここでは、経営情報システム論（Management Information System:MIS）を契機として、DP・OA・DSS・SIS・SCMなどが実践的かつ理論的に展開されていく。最近では、インターネットの普及により、EC・イントラネット・テレワーク・電子メールなどの影響についての研究も登場してきている。この情報技術論的視点の研究の対象領域としては、以下の三つ（水平的次元・垂直的次元・ネットワーク的次元）に分類される。

第一はDP（データプロセッシング）処理と呼ばれるもので、業務から発生するデータをいかにコンピュータ処理するかを対象とする水平的次元である。この分野は、それ以前の経営機械化論から受け継がれるものとなる。MISは、企業経営全般のコンピュータ化を目的とするものであったが、現実にMISで展開されたものはDP処理でしかなかったといわれている。

第二の研究領域は、業務担当者・管理者・経営者の意思決定の自動化を目的とする垂直的次元である。この自動化のためには、まず組織構成員それぞれの意思決定プロセスの分析が必要となる。意思決定プロセスが解明されると、それに必要なデータが明示され、各意思決定ポイントでどのデータが必要となるか、そしてそのデータに基づいていかに意思決定されるかのプログラムが構築される。反復的で不確実性の小さい意思決定であれば、それは理論的には自動化される。非反復的で不確実性の高い意思決定では、意思決定の自動化は困難であって、意思決定支援（DSS）の可能性が研究される。

第三の情報技術論的視点の研究領域は、企業間の情報システム（企業—消費者間等も含む）を対象とするネットワーク的次元である。これは、企業内のDP処理の延長線上にあるが、企業内の情報システム化と企業間の情報システム化との間には、質的な相違がみられる。なぜなら、企業間の情報システム化は従来の社会での慣行や約束事を新しく刷新することになり、様々な社会システムの変革をもたらすからである。ＥＣ・ＳＣＭあるいはテレワークなどは、従来の取引関係や業務プロセスあるいはワークスタイル等を大きく変えようとしているわけで、企業内の情報化とは異なる影響を社会全体にもたらす。

つぎに、経営学における経営情報学的視点での情報問題とは、企業活動全般を情報の収集・処理・伝達・加工・蓄積の観点から分析することである。要するに企業活動を情報という新たな切り口でもって分析し、その中から経営学あるいは企業経営に対する新たな意義や問題発見を目的とする。

経営学における情報問題とは、本来はこの経営情報学的視点からの分析が出発点となる。その上で、情報技術がいかに企業経営での情報の収集・処理・伝達・加工・蓄積の方法を変革させたかといった情報技術論的考察が可能となる。しかしながら、情報問題に対する議論の多くは情報技術論的視点に傾倒しており、その基盤となる経営情報学的視点からの考察が不十分といえる。以下で述べる理論は、経営情報学的視点から経営学全体を再構築し直したものであり、さらには、今後発生するであろう経営学上の問題点をも含意するものである。

二　産業社会の情報化

社会において「情報化」がクローズアップされる直接の契機はコンピュータの登場であるが、経済学の世界では、第三次産業（サービス産業、情報産業）に従事する人々の割合が高まってきたことを「情報化社会」として認識するようになる。それと同時に、企業においても「情報」が第四の資源として重視されてくる。企業が情報化社会に対応するには、企業自らが第三次産業のサービス商品等を取り扱う主体に業種転換するか、あるいは同じ製品でも付加価値の高い「知識集約型の製品開発」をおこなう必要が発生する。そしてこれは、ヒト・モノ・

カネの活用において工夫をこらす、すなわち付加価値を付与することであって、それには「知識集約型経営」が必要となる。

この知識とはまさに「情報」である。情報の処理・加工等をできるのは、人間の特質であるが、戦後登場したコンピュータも情報を処理・加工等のできる機器であるために、「知識集約型経営」を進めるにあたってコンピュータは、人間とともに重要な担い手として登場する。しかしながら、「情報技術論的視点」は「経営情報学的視点」による企業活動の分析を前提としたうえで展開されるべきものであって、情報技術の側面を強調しすぎることは、本来の経営における情報問題の焦点を曖昧にしてしまう。

企業活動を「経営情報学的視点」から分析するとは、企業活動を担うヒト・モノ・カネの流れを情報の流れとして捉えなおすことである。この三つの資源のうち、モノ・カネの動きを情報に置き換える研究は、会計やＩＥに代表されるようにすでに経営学の中でも展開されてきたのに対して、ヒトを情報の観点から分析する問題は置き去りにされてきた。そして、ヒトを情報的視点で捉え直すとは意思決定の問題として扱うことを意味する。すなわち、企業活動を情報の観点から分析する重要な分野として、人間の意思決定の集合体を対象とする研究が進められねばならないことになる。そして、その中でコンピュータに委譲できる部分を明確化すれば、「情報技術論的研究」と「経営情報学的研究」との統合化が可能となる。

三　環境認識と事実情報

1　環境の認知

まず、意思決定の出発点は環境の認知から始まる。環境の認知とは、環境からの刺激を人間の刺激処理プロセスを経て、その刺激に「意味を付与する」ことである。多くの刺激は、まず感覚器官によって生理的にふるいにかけられる。感覚は人間の生理的な感覚器官と環境からの刺激状態によって決定されるが、感覚された刺激が「これは○○である」と知覚されるためには、大脳の認知構造からの同定作業が必要となる。知覚は、人間の認知構造が大きく関わっており、感覚刺激と人間の認知構造の活性化状況とによって意味づけがなされる。さらに知覚された刺激は、精緻化リハーサルを経て人間の認知構造に記憶として組み込まれる。

このような感覚・知覚・記憶プロセスを経て、人間は環境を認知するわけであるが、人間には第一に知覚限界があるため、組織を取り巻く複雑な環境刺激を認知する際には、組織構成員で認知範囲を分担する。また人間が感覚できない外的刺激は、機器を活用して知覚限界を克服する。さらに、第二の記憶限界を補うために、メモや資料、最近ではデジタル化といった方法が利用される。

2　認知の伝達

組織内では組織構成員が認知した環境刺激を各種メディアを媒介として伝達しあい、組織認知として高めていく必要がある。それには認知したものを伝達できる形式に記号化しなければならない。認知したものを記号化したものが「データ」であり、データは他者に伝達され、そこで解読される。この際、認知の内容を正しく伝達するために、記号化の約束事が必要となる。

その代表は「言葉」である。それ以外にも、記号化・解読化の約束事の多くは不文律の形で存在しており、それが慣行や文化と呼ばれるものである。ゆえに、同じ言葉でも組織文化が異なれば、違う意味を表すようになる。いずれにしても、環境からの刺激の意味を読みとると、それが「事実情報」となる。組織では報告制度などのフォーマルなデータ化の約束事が決められているが、インフォーマルな会話の中で重要なデータのやり取りが行われることも多い。

3　状況の判断

こうして獲得された様々なデータから、人々は環境の原状を理解する。企業において、活動状況の記号化の約束事として、まず登場するのは複式簿記に始まる会計的手法である。また、時間研究に始まるIE的手法も、工場での現場状況をデータ化する方法だといえる。会計的手法やIE的手法は原状をデータ化する際の約束事であるが、原状全体を認知できない場合、我々は限られたデータから原状についての判断を下さねばならない。統計的手法はいかにすれば限られたデータから正しく原状を認知できるかを教えてくれる。原状だけではなく、将来的に状況がどう変化するかを推測するための方法として、デルファイ予測法やシナリオ作成法などがある。

四　目標設定と基準情報

1　基準の設定

環境を認知することで原状についての事実情報を獲得できるが、人間あるいは組織が環境適応していくためには、その原状が問題かどうかを判断し、問題であると認識されれば何らかの手段を講じなければならない。この問題発見のためには、事実情報と比較する基準情報が必要となる。この基準がどのように設定されるかで、同じ状況に置かれている人でも、それを問題と認識する人としない人との違いが出てくる。

組織内の個人は、自分自身の価値基準をもつとともに、組織の規範（価値基準）も受容している。個人の価値基準は、まずは個人の欲求レベルで違ってくる。マズローによると、人間の欲求は、生理的欲求・安全欲求・所属欲求といった低次欲求と、承認欲求・自己実現欲求といった高次欲求からなり、これらの欲求は階層性をもつとされる。一方で、組織に属する限り、個人は組織規範を受容しなければならない。個人が組織規範を内面化している場合には、組織と個人の価値基準が一体化することから問題はないが、内面化していない場合には、外的報酬などで外発的に組織規範を遵守させなければならない。これらの個人的な価値基準あるいは組織規範が基準情報となって、それと事実情報を比較することで問題が明確になる。

2　問題の発見

個人の欲求レベルと組織規範の内面化度の組み合わせで、問題発見の方法は従業員型・専門家型・管理者型・経営者型の四つに分類される。

従業員型では、個人は低次欲求の充足を優先させて、組織規範も内面化されていない。組織規範を受容するかどうかは、獲得できる外的な報酬（賃金や雇用の安定）によって決まる（外面的受容）。このような場合、人々は問題をやっかいなものと認め、できるだけ問題から回避しようとする。ゆえに、マニュアルなどを作成して、それに従えば問題が発見できるよう工夫しておかなければならない（外発的行動）。

専門家型では、個人は高次欲求の充足を価値基準として持っており、そうした個人の高次欲求を充足する限りにおいて問題を発見する。問題発見は内発的になされるが（内発的行動）、それはあくまで専門家としての高次欲求を充足してくれるからであり、組織の価値基準は個人の高次欲求を充足するという限りにおいて、外面的に受容されている（外面的受容）。

管理者型では、組織規範を内面的に受容しており（内面的受容）、まずはその基準に基づいて問題を発見する。しかし、問題発見の際に利用される基準情報は組織上層部などから外在的に設定されたものであって（外発的行動）、その基準を受容しているに過ぎない。

それに対して経営者型は、問題発見の基準そのものを内在的に更新する（内発的行動）。従来の組織の基準と事実とを比較して、問題がない場合でも、新たな基準を設けて問題を創造するのである。他社に追随するのではなく、組織の競争優位性を高めるための努力を行う。それは個人の高次欲求から生じるものであるが、単なる自己満足ではなく、組織の維持、発展を目的としているところが、専門家型とは異なるのである。すなわち、組織に完全に一体化している（内面的受容）。

以上のいずれかのプロセスを経て、組織内での問題が発見される。

五　手段設計と技術情報

1　課題の定義

問題が明らかになると、つぎは問題解決のための課題をいかに設定するかである。この課題設定の方法としては、差異調整・原因解消・基準更新の三つのレベルがあげられる。「差異調整」レベルでは、基準情報と事実情報との差異そのものが課題となり、基準を「目標」としてその達成に努力が向けられる。その際、差異の原因を究明して、根本的な原因を解消するならば、問題の「再発防止」となる。これが「原因解消」のレベルである。

例えば、売上高が減少し、目標が達成できないとしよう。売上目標の達成のために考えられる課題として、顧客への訪問回数を増やしたり、販売価格を割り引いて売上目標を達成しようとするならば、それは「差異調整」のレベルである。それに対して、売上高減少の根本的な原因を解明し、それを課題とするならば、それは「原因解消」レベルでの課題設定となる。売上の減少が他社の新製品投入によるものならば、根本的な課題としては、当該企業の新製品開発が課題となる。このように、差異調整レベルは短期的・表面的な問題解決であるのに対して、原因解消レベルは長期的・本質的な問題解決が行われる。

「基準更新」レベルの課題設定は、専門家型と経営者型の問題発見によく見られるもので、問題が発生していなくても、すなわち事実と基準間に差異がなくても、いろいろな角度から原状をとらえて、新たな基準を設定して、問題そのものを創造する場合である。開発型の企業では、問題がなくても次々と新たな課題を見つけ出していくケースがあげられる。Ｋ社のお客さま相談に寄せられたデータから女性用の育毛剤が開発されたが、これは「基準更新」レベルの課題設定の典型的な事例である。

２　知識の収集

課題がはっきりすると、つぎには課題解決案の考案となる。この場合、人間は三つの源泉から解決方法（技術情報）を探索・考案する。第一の源泉は、自己経験である。人間は自分の認知構造の中に、過去に経験した行動と結果の関係についての知識を蓄積している。第二の源泉は他人事例である。我々は、自己の直接経験だけではなしに、他人の行動を代理経験として学習する。直接に他人行動を観察できない場合には、話や文章などからの抽象学習によっても学習することができる。解決方法の第三の源泉は、社会や組織の文化である。「文化」と呼ばれるものの中には、何故そのような行動を取るかを説明できない場合が多いが、我々は問題がない限りにおいて、過去の先例を模範例とする。

そして、これらの課題解決方法は、伝承・文献などで時代を超え伝達される。最近では、データベースを活用したり、インターネットのホームページがこうした知識の蓄積手段として活用されれつつある。

３　解決案の設計

先に述べてきた知識の源泉の中に、適切な課題解決案があれば、我々はそれらを探索して適切な解決案を選択する。これは構造的意思決定と呼ばれていて、「ＩＦ……ＴＨＥＮ」で表現化でき、そのような意思決定の一部はコンピュータ化できる。さらに数式化できるものについては、ＯＲでもって最適解を求めることができる。

しかし、課題の原因が不明瞭で適切な解決方法が探索できない場合、我々は推論を働かせたり、新たな解決策を考案しなければならない。それには、ブレーンストーミングのような集団思考を活用したり、創造工学（シネクティクス）のような創造そのものを科学的に分析した方法などが活用される。こうした意思決定は非構造的意思決定と呼ばれる。

これらの中間として、半構造的意思決定があるが、これは解決案については探索できるが、それらの解決案を採用した場合の結果が不確実な場合である。こうした場合は、環境条件をいくつか設定して、それぞれの解決案がどのような結果をもたらすかをシミュレーションする。これは、コンピュータ上でも、人間の大脳上でもいずれでもよい。ここでは、いろいろな場合を想定して、発生するコストやリスクと成果との関係で、望ましい解決案を選択する。

人間は、一度にあらゆる場合をシミュレーションすることはできない。それに対して、コンピュータシミュレーションでは、いくつもの要因を設定して、それぞれのパラメータを変更しながら比較検討することができる。このような人間の意思決定をコンピュータが支援する場合、それは意思決定支援システム（ＤＳＳ）と呼ばれる。しかしながら、現実事象はプログラム化できない部分があり、人間の判断の方が良い解決案を選択できる場合も多い。

六　資源の割当と経済情報

１　解決案の評価

解決案が設定されても、重要な意思決定においては、単純にそれを実行案として採択できないことが多い。それには、三つの理由がある。第一は、将来の予測が不確実だという点だ。過去において、Ａという実行案が成果を得たとしても、未来は過去と同一ではない。第二には、資源の制約である。限られた資源の中で最大の成果をえるような実行案が選択されなければならないが、最善の選択肢を採択できるかどうかは、自由に資源を活用できるかどうかによって、制約を受ける。第三の理由は、価値観の相違である。あるグループの人にとっては最善とされる実行案であっても、他のグループの人にとっては最悪の実行案と評価される場合がある。資源が制約されたり、文化が異なる場合、対立するグループ間での実行案を巡っての意見の調整が必要になる。こうした場合、いわゆる玉虫色の実行案が採択されることも多い。

解決案の評価にあたっては、それぞれの解決案の費用と便益とを算出する。費用・便益とは経済的なものだけではなく、心理的コストや失敗リスク、心理的報酬や副次的効果など、多様な要因を含めなければならない。また、企業内だけの費用ではなく、環境問題などの社会的費用や製造物責任法やＹ２Ｋ問題にみられる未来費用なども考慮しなければならない。さらに、投入費用だけではなく、同じ資源を他の用途に活用した場合に獲得できる便益を「機会費用」として計上することもできる。政策科学での「費用―便益分析」「ゼロベース管理」などがこうした評価に活用される。

2　実行案の決定

実行案の決定については、それぞれの状況に応じて、三つの選択基準がある。資源制約も利害対立もなく、その実行案を取り巻く不確実性も低い時は、いくつもの解決案を比較することなく、ある一定の満足基準を充足すれば、その実行案を選択する。例えば、電子メールが普及したとしても、従来の電話とＦＡＸでのコミュニケーションに満足している人は、すぐにコミュニケーション手段を変化させることはない。

しかしながら、ホワイトカラーの生産性が問題となってきた場合は、最も生産性の高いコミュニケーション手段の選択が求められる。この時には、いくつかの選択肢から最善の案を選択しなければならない。これは労働時間という資源の制約条件が発生することであって、電子メールがこの課題を解決する最善の選択肢だとすると、この新しいコミュニケーション手段が選択される。

どの案が最善であると決定できない時には、いくつかの案が並列的に提案される。価値観の相違という状況が発生する場合では、それぞれの人の意見を聞き、多数決や権力のある人の判断でもって、適当な案が選択される。このような場合、多数決が最善の案を採択するとは限らない。

3　関係者の合意

先に述べたように、将来の不確実性が高くて最善策が人によって違う場合、あるいは価値観の相違によって、最善策がそれぞれのグループや個人の判断で異なる場合、我々は関係するグループや個人の利害の調整を計らなければならない。

たとえば、選択基準を競争条件にするか、共生条件にするかで、選択肢は異なってくるのである。例えば、企業収益を改善するという目標の解決策としては、賃金はそのままにしてリストラする方法と、賃下げをして雇用を守るという方法がある。競争原理が各人の分け前を結果的に大きくすると主張する人は、前者を主張するし、共生原理が公平な分配方法であって、それが結果的には成員を豊かにすると考えた場合は、後者を主張することになる。いずれの主張も正しいとするならば、最後に残された選択方法は、利害関係者がどちらを好ましく考えるかという判断である。この場合には、企業それぞれで選択肢は異なってくる。

いずれにしても、このような場合には、利害関係者がそれぞれの決定に参加しなければ、実行案を決定しても、実際にそれが進んでいかないことになる。

七　むすび

経営学における情報問題を考える前提として、これまでの経済成長が前提の場合には、最善の選択肢を容易に採択することが可能であったことを知る必要がある。何故ならば、低いコストで最大の成果をもたらす選択肢がそこには存在しており、さらに、構成員全員の分け前を増大させる選択肢が可能であったからである。そこでは、経済的な価値が優先されて、その費用と成果を金銭的に測定することが必要とされてきた。

しかしながら、今後の企業経営や組織運営を考えると、豊かさを経済的指標だけで判断することが不適切であるという事例がいろいろなところで現われだしている。経済開発優先ではなく環境優先の判断指標が望まれたり、ＮＰＯなどにみられる賃金だけではなく社会的貢献としての労働の捉え方の変化など、新しい判断指標が登場しつつある。

今後の社会の価値指標は多様化していくことから、経営学での情報問題は、これまでは意思決定の第三段階までの研究が中心であったのに対して、今後は、第四段階の資源割当と経済情報で述べた内容がより重要性をもってくると言えよう。すなわち、限られた資源と限られた成果をいかに配分することが、構成員の満足度を最大化できるのかといった視点から、問題解決案の最適な組み合わせを考えなくてはならない。

そして、そこで活用される「情報」の中で、価値基準に関する情報の重要性に今後関心が移っていくはずである。企業倫理等の問題が登場するのは、そうした傾向のひとつである。

九　経営学における倫理・責任問題の理論的変遷と未来展望

西岡健夫

一　六〇年代以降の理論的変遷

1　社会的責任論の本格化

経営学において「倫理と責任」の問題は、時代を問わず重要な問題であるが、本格的に大きく取り上げられるようになったのは六〇年代に入って社会的責任論が盛んになってからである（ここでは主にアメリカと日本の社会を念頭に置いている）。社会的責任論が高まりを見せた背景としては、企業が強大化して社会における影響力が増大したこと、それに対する社会の反作用も高まったこと、経済成長の裏面で企業が関連する公害問題や消費者問題などが発生したことなどが挙げられるが、所有と経営の分離が進行して専門経営者の発言力の比重が増したこと（株主本位の後退）も付け加えられるだろう。

社会的責任論においては、その意味や根拠を中心に論じられたが、実践の場では地域社会、消費者など利害関係者への対処方法の検討が進んだ。社会的責任の意味については、誰に対し（対象）、何に関して（内容）責任を負うのかが問題にされ、対象としては株主以外の様々な利害関係者、最広義にとれば社会一般にまで範囲が広げられた。内容としては経済的責任（財供給、利益確保）以外に雇用、環境保全などの社会的責任、さらには慈善にまで広められる一方、法的責任を超えて倫理的責任まで求められるようになった。(1)

根拠については、なぜ企業は上述のような社会的責任を持つのか？　が問われた。それに答えてDavis＝Blomstromは権力・責任均衡法則を提示し、「権力は責任を伴い、逆に、責任を回避すれば権力を失う」と説いた。社会的責任の根拠として、強大化した企業のパワーを考えたわけである。(2)しかし、この命題は後半の責任鉄則はうなずけるとして、前半に対してはバーナード理論に基づいた責任優先説による批判が出され、「責任を生じるのは権力ではなく、主体の持つ自由である」という修正がなされている。(3)

２　原点としてのバーナード

本論では理論的変遷の回顧を六〇年代から始めたが、先に名前を挙げたバーナード（C. I, Barnard）は、時代は古くとも、倫理と責任の問題を語るとき避けて通ることはできない先達であるから、ここで簡単に触れておく。バーナードは主著『経営者の役割』により経営学においてバーナード革命を引き起こしたと言われるほど有名であるが、同著第一七章「管理責任の性質」や論文「ビジネスモラルの基本的状況」において独創的な組織のモラリティ論を展開し、(4)また、同著第二章、第四章において行動のもたらす「求めざる結果」にも注意を喚起している。

この「求めざる結果」は企業活動の結果いわば宿命的にもたらされる副作用であり、近年のように資源・環境問題が深刻化しつつある状況下ではとりわけ、企業と社会の関係を本質から理解するうえでのキー概念である。ただ、バーナードの著作では個人の「能率」との関連から捉えられ、組織体レベルでは概念が曖昧になっている。この点を三戸公教授は指摘して、組織体レベルの求めざる結果を「随伴的結果」として明快に定式化し、目的合理性と随伴的結果の双方への配慮を合わせた複眼的管理の必要を唱えている。(5)

３　社会的責任への反対論

社会的責任論の高まりとともに様々な反対論も出された。それらは多岐にわたっているが、あえて一くくりにすれば自由経済主義の立場からのもので、アメリカではストックホルダー理論と呼ばれることが多い。その主張によれば、万人は生まれながらに自由かつ平等な存在として種々の権利を与えられているが、経済社会では私的所有権と経済活動の自由が何を措いても尊重されねばならない。従って、社会的責任論によってそれらの自由に制約を加えるべきでないということになる。

これは人権理論からの利己的経済活動の擁護論であるが、功利主義からの擁護論もある。それによれば、利己的な利益追求を自由放任しておけば、社会全体としても最善の結果（パレート最適）が得られるから、利己的行動を制約すべきでないと主張される。

また、上記の反対論と関連して、企業は経済的機能を担う専門的組織であるから、経済以外の領域に踏み出すべきでなく、そこに社会的責任をとるべきでないという論もある。これには上記の一般的論拠だけでなく、企業が経済以外の領域にも責任をとれば、企業の発言力が増して社会のバランスが崩れるという論拠も出されている。逆に、企業が社会的責任を認めれば、短期的には企業の影響力が大きくなるが、長期的には国家や社会からの介入を招く（何が社会的責任かは社会的に決まり、世論を背景に国家が介入するようになるから）、従って、社会的責任は認められないという主張もある。[6]

４　社会的責任論の発展とステークホルダー理論の登場

六〇年代に本格化した社会的責任論は、反対論との応答、経済・社会状況の変化（経済の成熟化、資源・環境問題の地球大化など）の中で発展を遂げ、七〇年代半ば以降一段と精緻化した。社会的責任（Social responsibility）論から社会的感応（Social responsiveness）論への移行である。論者によって多少の違いはあるが、社会的感応は、能動的・先取り的に社会環境に即応していく点で社会的責任より動態的であり、行為・管理のレベルで考える点で過程重視の概念だと言えよう。[7] ここでは、一連の議論を総合した形でA. Carrollが社会的パーフォーマンス三次元モデルを提示しているのが注目される。[8]

社会的責任論と関連して、八〇年代に入ってステークホルダー理論が登場した。ステークホルダーという用語は既に六〇年代初頭から使われていたが、まとまった理論として提示されたのはR. E, Freemanの著作（一九八四年）を嚆矢とする。[9] ステークホルダー理論は、企業は必ずしも株主だけのものではなく、種々のステークホルダー（利害関係者）が関与する組織体であり、経営者には各ステークホルダーの利害を調整・統合する責任がある、また、企業の目的は利益追求だけでなく社会的な目的も含まれると説く。同理論は、ストックホルダー理論のアンチテーゼとして、また従業員、取引先、顧客、地域社会などステークホルダーを具体的に明示しステークホルダー管理へと展開した理論として意義がある[10]（詳しくは後述）。

5　経営倫理論の確立

経営倫理自体は企業にとって古くからのテーマであるが、アメリカでは七〇年代末から多数の倫理学者が専門的に経営倫理を研究するようになり、経営倫理論が次第に学問として形を整えてきた。それは専門学会の設立、学会誌の発行、大学での経営倫理教育などに如実に現れている。[11] わが国では社会的責任の研究は従来から行われていたが、経営倫理論の学会設立は一九九三年まで待たねばならなかった。また、アメリカと異なり、倫理学者ではなく、経営学者が中核を担っている。[12]

アメリカの経営倫理論では、当初は倫理原理を企業経営や経済活動にいかに適用するかが課題であった。即ち、倫理原理を整理して明確化すること（功利主義と義務論に大別される）、経営上の現実の問題を識別し（組織外部では広告の倫理、環境の保護など、組織内部では雇用上の公平、内部告発の取扱いなど）、それらに倫理原理を的確に適用することが中心であった。しかし、次第に、⑴現実を一層踏まえた倫理理論（統合的社会契約論（ＩＳＣＴ）、徳理論（Virtue ethics）など）、⑵ステークホールダー理論などの根拠づけ、⑶組織体の責任能力論（Moral agency 論）などが取り上げられるようになった（これらについては次項参照）。

ここで、社会的責任論と経営倫理論の関連について見ておかねばならない。学説史上まとまって現れたのは社会的責任論は一九六〇年頃から、また経営倫理論は一九八〇年頃からである。内容的には前者は主に「企業は経済的責任以外に社会的責任を負うか？　また株主以外にも責任を負うか？　負うとすればなぜか？」を問題としたのに対して、後者は主に「企業の意思決定の際、経済性だけでなく倫理性の規準が必要であるが、その規準はいかにあるべきか？　また規準をいかに適用すべきか？」を問題とした。言い換えれば、社会的責任は企業が社会的存在として社会の中で、いかに責任を果していくかを取り上げているのに対して、経営倫理は企業が社会的責任を果たすために、意思決定においていかなる規準にいかに従えばよいかを取り上げており、両者は補完的なものと言える。[13]　また、経営学の社会的責任論、企業と社会論の歴史から見れば、従来の理論では不十分であった倫理規準の側面が経営倫理論によって補われて（アメリカでは多くの倫理学者の参加を得た）一段と完全なものになってきたと言えよう。[14]　これに関して、W. C. Frederick は CSR1、CSR2、CSR3 の流れを論じており、また E. M. Epstein は経営社会責任、経営社会即応性に企業倫理を加えた経営社会政策過程を論じている。[15]

６　経営倫理への反対論

先に述べた社会的責任への反対論はそのまま経営倫理への反対論にもなる。それは要するに自由経済主義からの反対論である。それとは別に、経営倫理に対しては価値相対主義に基づく反対論がある。それは社会によって倫理観や価値観は異なり、また倫理や価値の議論には主観が入るから、客観的な分析は難しいという主張である。状況倫理や情緒主義もこれに近い主張をしている。[16]　かくて、社会的責任・経営倫理に対する反対論は、大別すれば自由主義からのものと相対主義からのものと二つの系統にまとめられる。[16]

二　現代の理論的課題

1　ステークホルダー理論の展開

ステークホルダー理論（以下ＳＨＴと略称）は、企業を株主だけのものではなく、従業員、取引先、地域社会なども含めたステークホルダー（以下ＳＨと略称）が関与する組織体だと捉え、経営にあたって企業（その中枢を担う経営者）は各ＳＨに配慮し利害を調整・統合しなければならないと説く。また、企業目的は利益追求に限られるのではなく、各ＳＨの意向を反映した複合的なものになると考える。ＳＨＴは、株主本位のストックホルダー理論の反テーゼとして登場したのだが、その内容は社会的責任論（以下ＳＲ論と略称）と似通っている。但し、ＳＨＴの論者にも幅があり、提唱者 R. E. Freeman はＳＲ論は経済性本位から抜け切れていない（経済と倫理は切り放すべきでないにもかかわらず、ＳＲ論はまず経済的責任を果たした上で社会的責任を果たすべきだとしているから）と見て、ＳＲ論を批判している。

ＳＨＴをめぐっては、主に⑴理論の根拠、⑵ステークの意味、ＳＨの範囲、ＳＨ間の利害調整のありかた、の二点に関し論議されているが、ここでは特に⑴を取り上げる。アメリカでは株主の勢力が強く、それに伴いストックホルダー理論の信奉者も多いだけに、ＳＨＴの根拠付けには大きな努力が払われてきた。まず、一九八四年に記念碑的著作を出してＳＨＴの主唱者となったフリーマンは W. E. Evan との共著でカントやロールズの理論を援用して根拠付けをはかっている。[18] カントの「他者を手段に使うな」という原理を経営にあてはめれば、ＳＨを株主による利益追求の手段とみなすストックホルダー理論は誤りで、各ＳＨそれ自体を尊重するＳＨＴが正しいということになる。また、ロールズの原理を援用すれば、SH間の多角的契約から成るとみなせる企業において、各SHは契約の際、かりに「無知のヴェール」に包まれていると想定した場合、互いに尊重し意思決定に参加しあうことを認めあうはずであるから、やはり相互尊重と意思決定への関与を認めるSHTが正しいと言える。[19]

フリーマンがどのSHにも同等の扱いをすべきだと主張したのに対し、K. E. Goodpasterは、それは行き過ぎで、株主とそれ以外のSHは分けるべきであり、そうしなければ公企業と私企業の区別がつかなくなる、そして経営者は株主には受託責任、株主以外のSHには非受託責任を負うと言う。しかし、株主以外のSHが単なる手段にされてはならないのは当然で、そのことは良心のある株主（プリンシパル）からの信託に含まれており、経営者（エージェント）はプリンシパルの良心を代行すべきものだと説く。[20]

T. DonaldsonはT. Dunfeeと共に社会契約論によりSHTを擁護する。それによれば、企業は社会から切り放された存在ではなく、社会に組み込まれて社会と様々な交換を行う社会的存在である。社会との間には、社会から種々の恩恵を受ける代わりに、社会に対し寄与して社会的責任を果たすという暗黙の了解がある。これは社会との約束、社会契約と見ることができるが、この社会契約からして、SHとの権利・義務関係を認識してその履行を主張するSHTは正しいことになる。但し、同じく社会契約論を用いてもドナルドソンとダンフィーとには違いがある。ドナルドソンはフィクションとしての社会契約（Quasicontract 準契約）の機能を評価し、大部分の人々がかくあるべしと思うことを内容とする契約を、企業と社会があたかも結んでいるかのように企業は行動すべきだと言う。[21] 一方ダンフィーは、現に存在する規範、価値、倫理、信念などを現存社会契約（Extant social contract）として認め、企業はそれに従うべしと言う。その場合、現存の規範類がそのまま社会契約になるのではなく、多面的に収集した多くの事実を総合的に評価し一般的倫理原理に照らしてテストした上で社会契約の内容とするわけだから、自然主義的誤謬も相対主義も避けることができる。また、フィクションとしての社会契約に比べ、自分達が参加して結ぶ契約であり、しかも仲間の目もあるから、コンプライアンスが得やすいという利点もあるとされる(22)。

ドナルドソンはまた、L. E. Prestonとの論文で所有権理論も用いている。それによれば、所有者に無制限の権利を認めるわけではない現代所有権理論から見て、株主だけでなく他のＳＨにも権利を認めるＳＨＴは正しいということになる(23)。

最後に、比較的新しい論文からR. A. PhillipsとA. Ethioniを取り上げる。フィリップスは公正の原理によりＳＨＴの基礎付けを行い、ＳＨの定義、ＳＨ間のウェイト付けを解明する。公正の原理とは、互いに利益となる協力枠組（Cooperative scheme）に自発的に参加すれば（その枠組にフリーライドの恐れのある場合は特に）、享受する利益に比例して貢献する義務があるとの原理である。企業は全体社会の中で自発的に協力枠組に参加しているため、公正原理から見てＳＨへの配慮が欠かせず、ここにＳＨＴが根拠づけられる。これは社会契約のような議論を呼びやすい契約概念を持ち出さなくてもよい点で優れているとフィリップスは言う。ＳＨの定義、ＳＨ間のウェイト付けについては、公正の原理から見れば、ＳＨは協力枠組への参加者であり、またウェイト付けは受益と貢献のバランスから明らかになる(24)（バーナードの誘因―貢献が想起される）。

エツイオーニはコミュニタリアニズムの見地からＳＨＴを擁護する。彼は企業は社会的構築物（Social constructs）であり、そこへ投資している者（ＳＨ）すべてが持つ資産だと言う。投資者には株主だけでなく従業員、地域社会、債権者、顧客なども含まれる。従業員は長期に亘る継続的労働やロイヤリティ、地域社会は社会資本や公共サービス（時に特定企業のためだけの便宜）を投資している。投資は、一元の販売とは異なり、長期間固定的関係が生じ、見返りが不確定かつリスキーである。また、販売は売ればそれで関係は終るが、投資は将来の見返りに影響するようなことに対しては発言権（Voice）を残している。このように、企業はＳＨという投資者で構成されると見れば、ＳＨにコーポレート・ガヴァナンスへの発言権を認めるＳＨＴは妥当だということになる。[25]

以上、様々な観点からのＳＨＴの基礎付けを見てきたが、それらは社会的責任（ＳＲ）の基礎付けにも適用できる。また、ＳＲは一言で言えば責任優先説で根拠付けできると言ったが、それはＳＨＴにも言える。即ち、社会的存在（全即個のシステム的存在）としての企業が、自由な行為主体として関連する外部、具体的にはＳＨに責任を負うのは当然である。それをアメリカではあれこれと細かく議論されるのは、ストックホルダー理論の根強さを反映しているように思う。もう一つ、これは極めて重要なことだが、ＳＨＴは結局は企業目的観、組織観を根底から問いなおしている点である。それは、目的は必ずしも利益追求ではなく社会的ニーズも反映したものではないか、また会社は株主だけのものではなくＳＨすべてのものではないかという主張だからである。しかし、これとてバーナードの企業観、組織観に既に現れていたことであるから、バーナードの原点に戻ったという解釈もできる。

２　倫理原理志向から徳倫理（Virtue ethics）へ

ＳＨＴは、企業とは何かを根本から問い直しながら、どの範囲で何につき誰に対し責任を負うべきかを問題とするが、もう一つ重要なこととして意思決定の際どんな規準に則るべきかという問題がある。前者には J. Hasnas によると Stockholder theory→Stakeholder theory→Social contract theory という流れがあるが、[26] 後者については少なからぬ研究者が Principle-based ethics から Virtue ethics への移行の必要を唱えている。ここでは後者をテーマとする。Principle-based ethics（原理志向倫理、以下ＰＢＥと略称）は功利主義や義務論といった普遍的原理を経営にも適用する立場で、当初はよく試みられたが、次第に欠陥を露呈するようになった。即ち、あまりに一般的過ぎて現実の意思決定には使いづらいこと、普遍的原理内部にも対立があること、相対主義に対抗できないこと、モチベーションにつながらないことなどがそれである。それはＰＢＥがアトム的個人観に立ち、行為レベルでの善悪判別のための絶対的規準を追求する点に起因している。[27]

これに対しVirtue ethics（徳倫理、以下ＶＥと略称）は、コミュニティ（企業もその一つ）の中で何らかの役割（Role）を担う個人（の人格）に焦点を当て、個人がいかによく（Excellentに）役割を果たすか、そのためにいかに人格を磨きVirtueを高めるかを重視する。ここでVirtueというのはExcellenceと同じ意味で、具体的にはアリストテレスが挙げた勇気、自制、誠実、謙虚、機知などを指す（これらはいずれも「中庸」を行くもので、全体を統合するVirtueとして高潔Integrityがある）。R. C. SolomonはＶＥをCommunity, Excellence, Role identity, Integrity, Judgment（Practical wisdom), Holismの六つのキーワードにまとめている。[28] 最後のHolismは、コミュニティというシステムの中で周囲との関係・取り合わせにおいて機能するものとして個人を理解する点を指している。これは、周囲から切り離されてひたすら理性により絶対的倫理原理に則って行動する個人を想定するＰＢＥと対照をなしている。

ＶＥの利点は以下の通りである。⑴企業を含めコミュニティに立脚するため、実状を反映して経営の現実に適用しやすい。⑵コミュニティをベースに考えることは相対主義への対応にもなる。⑶身近な人（ＳＨ）ほど大事にするという人間の性向は、無差別に倫理原理をあてはめるＰＢＥでは理解できないが、コミュニティを基盤にするＶＥなら説明がつく。⑷ＰＢＥのように時の流れや一定の場から行為だけ切り放して、その善悪を判断するのは難しいが、時空間の文脈の中で行為する個人の人格を取り上げるＶＥはわかりやすい。⑸ＶＥには、各人がVirtueを高め、互いの幸福を目指すという「目的」が含まれており、それはモチベーション効果を持つ。⑹ＶＥではRole遂行が利益追求などの手段ではなく、それをExcellentにやり遂げること自体に目的が置かれ、そこに喜びを見いだすことが重視されており、これもモチベーションにつながる。⑺ＶＥは倫理を考える際にコミュニティでの人間の役割行動に着目しているため、経営組織論と結合しやすい。

最後に、ＰＢＥとＶＥを図式的に対比すれば、普遍的原理—コミュニティ原理、アトム的個人—関係の中の個人、個人主義—集団主義、行為の善悪—人格の陶冶、外部からの倫理—内面からの倫理、冷徹な原理—慈しみ（Caring）、最大化・最善—中庸・バランス、機械論—システム論、反目的論—目的論、手段的価値—即自的価値となるであろう。

３　合意形成に向けて（相対主義への対応）

意思決定における倫理規準には絶対的なものはない。それは、自然科学的な法則のように人間を離れて存在し、人間による発見を待っている知ではなく、人間社会の中で相互作用を通じ弁証法的な方法によって、次第に「構成」される合意に基づくものである。[29] 従って、規準を設定するための合意がいかに形成されるかが大きな問題となる。その上、倫理規準をめぐっては相対主義への対応という難問もある。

これに関しヒントを与えてくれるものに T. Donaldson = T. Dunfee の統合的社会契約理論（Integrative Social Contract Theory, ISCT）がある。[30] ＩＳＣＴはもちろん倫理規準の中身についても論じているが、グローバル化の中でますます重要となる合意形成、相対主義克服のための考え方として注目すべきだと思う。[31]

４　制度化とチェック機構

経営倫理に関しては、規準が確立し、それが適用される範囲が明らかになっても、その実行が担保される仕組みがなければ、絵に描いた餅に終ってしまう。そこで必要となるのが制度化、チェック機構である。これにはミクロ面とマクロ面とがある。ミクロ面のそれは組織内における制度化、チェック機構である。マクロ面のそれとしては、法による規制とともに、市場競争によるチェックも重要である。

三　今後の展望

1　市場システムの荒々しさへの対応

経営学における「倫理と責任」論は、これまで主として、企業がステークホルダーに社会的責任を負うべきだとすれば、その根拠は何か？　責任負担の当事者と範囲（誰が、何に関し、誰に対して）はいかに捉えるべきか？　意思決定に際し、いかなる倫理規準を使えばよいか？　その規準はいかに形成されるのか？　を取り上げてきた。しかし、そもそも、なぜ「倫理と責任」を問題とせねばならないようなことが起こるのか？　それにいかに対応すべきか？　ということ（いわば原因療法）をもっと考察すべきではないか、と考える。

原因は人間、組織、市場の三つのレベルに分けることができるが、とりわけ市場システムの問題が重要である。[32]市場は商品を「売らねば」、そして売る競争に「勝たねば」どうにもならない世界で、それらはそれぞれ物質主義、競争主義と結合しているが、近年グローバル化、自由経済化とともに市場システムは一段と「荒々しさ」を加えている。それはマネーゲームの猛威、それによる経済危機、収穫逓増に伴う寡占化、一人勝ち現象などを見れば明らかだろう。そして、こうした市場システムの特質が資源・環境問題や様々な企業不祥事の背景にあることを思えば、それの是正が大きな課題であることは言を待たないであろう。私は、経営倫理の面での是正策として「知足・共生倫理」を提唱しているが、それは物質主義を知足に、また競争主義を共生に替えること、即ち物質主義―競争主義を「知足―共生」に替えることであり、今後経営においてもっと考慮すべき倫理規準だと思う。[33]なお、倫理学説の中で言えば、Virtue ethics と関連づけられる。知足は中庸に通じ、共生は他との関係において Excellent に生きることであり、またコミュニティを念頭に置き、人格のレベルで考えているからである。

2　今後ますます重要になる問題領域

「倫理と責任」の領域においては、市場や組織にまで遡って考察することとともに、何が重要な問題なのか？をよく考え、重要な問題に焦点を絞ることが肝要である。

今後ますます重要になると思われる問題領域としては、第一に、情報化、グローバル化、マネー経済化との関連で経営倫理を考えてみることが挙げられる。情報化に関しては、情報の質（俗悪情報）、画一化、情報操作、プライバシー、知的所有権侵害などが問題となる。次に、グローバル化に関しては、いかに多様性を尊重しつつ市場経済化を進めるか（ある国の経済システムを他の国に押しつけるようなことがあってよいのか）とか、市場経済化とともにますます先鋭化する「効率と公正」という古くて新しい問題にいかに答えるかとかを検討しなければならない。また、マネー経済化に関しては、投機などが経済を攪乱することにいかに対処するかという経済的問題だけでなく、倫理上は、そもそもマネーゲームで大きな所得格差がつくことや、小学生に株式投資を教えることが果たしてよいことなのか、地道な努力との関係をいかに捉えるかが重要な問題であろう。

第二に、二十世紀から来世紀に持ち越す問題として地球環境・資源枯渇・人口増大の問題が、また、来世紀に入ると一段と困難になるであろう問題として、バイオテクノロジー・生命科学と倫理の関係がある。ここでは、後者についてだけ素描しておく。遺伝子の解明が進み、遺伝子操作（ＤＮＡ組み替え）の技術が発展すれば、楽観的に見ると、積年の環境・資源・食料（人口）問題が根本的に解決できるかもしれない。有毒物を分解する微生物、再生資源となる植物、生育の速い食糧資源などの生産がＤＮＡ組み替え技術によって可能となるかもしれないからである。また、いわゆる遺伝病の克服も夢ではないであろう。しかし、その反面でＤＮＡ組み替えによってどんな有害物が生まれてくるか予測がつきかねるうえ、ヒトの遺伝子解明はプライバシー侵害や差別につながる危険性もはらんでいる。

バイオテクノロジー・生命科学には、倫理的に見て、さらに根元的な問題がある。それは、一言で言えば、人間からアイデンティティーを奪い、人間社会のあり方を根底から変えてしまう可能性を秘めていることである。まず、ＤＮＡ操作、臓器取り替え、クローン技術により人間は同一性・アイデンティティーを失う恐れがある。また、血のつながり、血族が無意味となり、家族の解体に拍車をかけることになるだろう。次に、ＤＮＡ組み替えにより、かりに頭の良い子や音楽に才能を持った子が自由に生み出されるようになれば、人間社会から努力という言葉は消えてしまい、また、好みの子供を生み出すことが裕福な家庭においてだけできるというのであれば、ますます「お金」万能の社会になり、新たな階級社会が生まれる危険がある。さらに、ＤＮＡ操作により男女の産み分けや、好みの子供をもうけることが一般的になれば、多様性が失われ画一化する恐れや、流行により社会のバランスが崩れることも予想できる。最後に、ＤＮＡ操作技術を駆使して、かりに長寿・不老不死が実現すれば、人間のライフサイクルが根本的に覆るため、我々は社会システム（例えば、雇用や福祉の設計）を抜本的に変えなければならなくなるだろう。

以上、経営倫理との関連において、今後ますます重要になると予測できる問題領域について概観した。経営には事実判断のみならず価値判断が不可欠であり、従って、経営学においても倫理・責任の問題に対しては今後とも一段と深い考察が要請されている。

注

（1）ここでは、主に次の文献を参考にした。
高田　馨『経営者の社会的責任』千倉書房、一九八〇年。
桜井克彦『現代企業の社会的責任』千倉書房、一九八〇年。
対木隆英『社会的責任と企業構造』千倉書房、一九八二年。
G. A. Steiner, *Business and Society*, Rondom House Inc., 1971.

（2）K. Davis and W. Frederick, *Business and Society*, McGraw-Hill Book Co., 1984.
K. Davis and R. L. Blomstrom, *Business and Society*, McGraw-Hill Book Co., 1975.

（3）飯野春樹『バーナード研究』文眞堂、一九七八年。
C・I・バーナード『経営者の役割』（山本安次郎・田杉　競・飯野春樹訳、ダイヤモンド社、一九八〇年）。

庭本佳和「バーナードの社会的責任」『大阪商業大学論集』、一九八二年六月。

吉原正彦「バーナードにおける道徳の理論」『千葉商大論集』、一九七五年。

岩田　浩「経営の社会的責任序説」『大阪産業大学論集』、一九九四年三月。

（4）C・I・バーナード「ビジネス・モラルの基本的状況」、W・B・ウォルフ・飯野春樹編『経営者の哲学』文眞堂、一九八六年、第一一章。

（5）三戸　公『随伴的結果』文眞堂、一九九四年。

（6）社会的責任に対する肯定論と否定論は、前掲の注（1）の邦語各文献にうまく整理してある。社会的責任、経営倫理にわたる反対論とそれへの反論については、西岡健夫『市場・組織と経営倫理』文眞堂、一九九六年、第一二章を参照。

（7）主に参照したのは、
E・M・エプスタイン『企業倫理と経営社会政策過程』（中村瑞穂・角野信夫・梅津光弘他訳、文眞堂、一九九六年）。
岩田　浩「経営の社会的責任論の新展開」『大阪産業大学論集』一九九七年六月。

（8）N. S. Peery, *Business Government, and Society*, Prentice Hall, 1995.
A. B. Carroll, *Business and Society*, South-Western Publishing Co., 1989.
Corporate social performance 理論のその後の展開については、岩田　浩「経営の社会的責任論の新展開」『大阪産大論集』一九九七年六月が詳しい。

（9）R. E. Freeman, *Strategic Management*, Pitman Publishing Inc., 1984.

（10）J. W. Weiss, *Business Ethics*, International Thompson Publishing, 1994.
T. Ambler and A. Wilson, Problems of Stakeholder Theory, *Business Ethics* (A European Review), Jan. 1995.

（11）R. T. DeGeorge, "The Status of Business Ethics : Past and Future," *Journal of Business Ethics* (以下 *JBE* と略称), Apr. 1987.

（12）水谷雅一『経営倫理学の実践と課題』白桃書房、一九九五年。

（13）社会的責任と経営倫理との関連については、
O. C. Ferrell and J. Fraedrich, *Business Ethics*, Houghton Mifflin Co., 1994.
D. P. Robin and R. E. Reidenbach, *Business Ethics*, Prentice Hall, 1989.

（14）高田　馨『経営の倫理と責任』千倉書房、一九八九年。

（15）注（7）のエプスタインの文献参照。

(16) C. M. Horvath, "Excellence vs. Effectiveness: MacIntyre's Critique of Business," *Business Ethics Quartery* (以下 *BEQ* と略称), Vol.5, Issue 3.

(17) 前掲、西岡健夫『市場・組織と経営倫理』第一二章参照。

(18) W. E. Evan and R. E. Freeman, "A Stakeholder Theory of the Modern Corporation: Kantian Capitalism," in *Ethical Theory and Business* (T. L. Beauchamp and N. E. Bowie eds. 1993.)

(19) 本稿をほぼ書き終えた時、次の文献を著者よりいただいた。
宮坂純一『ビジネス倫理学の展開』晃洋書房、一九九九年。この中には、ステークホルダー理論、社会契約論など最先端の理論の詳細な考察がなされている。

(20) K. E. Goodpaster, "Business Ethics and Stakeholder Analysis," *BEQ*, Jan. 1991.

(21) T. Donaldson, *Corporation and Morality*, Prentice Hall, 1982.
T. Donaldson, *The Ethics of International Business*, Oxford Univ. Press, 1989.

(22) T. Dunfee, "Business Ethics and Extant Social Contract," *BEQ*, Jan. 1991.

(23) T. Donaldson and L. E. Preston, "The Stakeholder Theory of the Corporation," *Academy of Management Review* (以下 *AMR* と略称), Vol.20, No.1, 1995.

(24) R. A. Phillips, "Stakeholder Theory and A Principle of Fairness," *BEQ*, Vol.7, Issue 1, 1997.

(25) A. Ethioni, "A Communitarian Note on Stakeholdr Theory," *BEQ*, Vol.8, Issue 4, 1998.

(26) J. Hasnas, "The Normative Theory of Business Ethics," *BEQ*, Vol. 8, Issue 1, 1998.

(27) Virtue Ethics の主な参考文献は以下の通りである。概略については、
J. R. Des Jardins, "Virtue and Business Ethics," in *Moral Issues in Business* (W. H. Shaw and V. Barry eds., Wadsworth Publishing Co., 1992.)
W. H. Shaw, "Business Ethics Today," *JBE*, 1996.
Virtue ethics とアリストテレス倫理学の経営への適用については、C. M. Horvath の前掲注 (16) の論文 S. M. Mintz, "Aristoterian Virtue and Business Ethics Education," *JBE*, 1996. がよくまとまっている。アリストテレス倫理学については、『ニコマコス倫理学』(高田三郎訳、岩波文庫) を参照。
また、Virtue Ethics と Communitarianism を絡めた文献としては、R. C. Solomon, *Ethics and Excellence*, Oxford Univ. Press, 1992. Chap. 10-16. A. Ethioni ed., *New Communitarian Thinking*, Univ. Press of Virginia, 1995.

(28) R. C. Solomon, *op. cit.*, Chap. 16.

(29) 塩野谷祐一『価値理念の構造』東洋経済新報社、一九八四年、五四―五九頁参照。

(30) T. Donaldson and T. Dunfee, "Toward A Unified Conception of Business Ethics: Integrative Social Contract Theory," *AMR*, Vol.19, No.2, 1994.

(31) ＩＳＣＴについては紙幅の関係から、ここでは詳しく述べられない。詳しい検討については、前掲注（6）西岡健夫『市場・組織と経営倫理』第一三章で行った。高　巌「統合社会契約論の新展開」（日本経営倫理学会　第三回研究発表大会予稿集、一九九五年）、宮坂純一『ビジネス倫理学の展開』第五章も参照。

(32) これについて詳細は、西岡健夫『市場・組織と経営倫理』第一部、第二部参照。

(33) 知足・共生について詳しく述べる紙幅が無かった。西岡健夫「地球環境問題と知足・共生経営」経営哲学学会編『経営哲学論集』第一四集、一九九八年を参照。

十　経営の国際化問題について

赤羽新太郎

一　経営の国際化問題の位置づけ

経営の国際化問題を考察するにあたって、二十世紀最後の四半世紀の国際的歴史事件を確認することが、重要であるといえる。それは、経営の国際化問題を認識し、位置づけ、方向付ける点で、必要欠くべからざる作業であるといえる。それは、二十世紀から二十一世紀へのベクトルを知るうえで、また現時点から未来に向けての展望をする上で欠くことのできないフォウカスである。

一九八七年一〇月二〇日の資本主義株式市場の暴落、ブラック・マンデー、一九八九年六月四日の北京天安門事件、一一月九日のベルリンの壁の崩壊、一二月三日のソヴィエト連邦とアメリカによるマルタ会談という、一連の歴史過程で第二次大戦後の東西冷戦構造が崩壊していくと同時に、一九九〇年八月二日イラクのクエート侵攻、一〇月三日の東西ドイツの統一をはさんで、一九九一年にはクエート侵攻から多国籍軍による湾岸戦争へと展開し、ソヴィエト社会主義連邦の崩壊への現代世界史の流れ、社会主義の後退の中で、アジアＮＩＥｓの経済成長、ＡＳＥＡＮの経済成長、中国の社会主義市場経済の推進、ベトナムとアメリカの国交回復、一九九五年ベトナムのＡＳＥＡＮへの加盟、そしてアジア経済成長のダイナミズムからアジアの通貨危機、ロシアの経済危機へと二十世紀最後の四半世紀の劇的な歴史事件は、経済・経営のグローバリゼーションに伴う社会、経済の構造的変化の急激な展開、経営構造のパラダイム転換であったといえる。さらに、一九九三年マーストリヒト条約の発行による欧州連合（EU：European Union）とその展開としての一九九八年の欧州中央銀行（ECB：European Central Bank）の創設、それに伴う欧州通貨、ユーロの誕生は、長年のヨーロッパの夢であり、その夢の実現である。これも、経済、経営の国際化に伴うグローバリズムのリアリティーであり、新たなパラダイム・シフトといえる。かてて加えて、ＩＴ（information technology）の進化に伴う情報通信は、インターネットを基盤にして国際経営を根底から変化させつつある。まさに、二十世紀最後の四半世紀は、国際経営、国際経営管理にとってパラダイム・シフトの連続といっても過言でないだろう。

経営の国際化問題は、アメリカ経営学、ドイツ経営学という狭義の経営学の範囲で考察する場合には、多国籍企業（multinational corporation）あるいは国際企業（world enterprise）という用語が、経営学の問題として展開された時点として捉えると、一九六〇年前後ということになる。(1) その後、一九六五年に開始されたハーヴァード大学の多国籍企業研究プロジェクトの諸成果が、出版されてから、多国籍企業論、国際経営論の研究は、体系的な研究が進展したといえる。それと共に、経営の国際化の問題が、経営学や経済学の問題として活発に展開されるようになるが、アメリカの大学で一九七〇年前後に貿易論に替わって国際経営論（international business, international management）の学科目が、教授されるようになった。日本では、一九七二年末多国籍企業研究会（会長、入江猪太郎教授）が組織され、幾多の研究成果が出された。(2) Ｒ・ヴァーノン教授（Raymond Vernon）を中心とするハーヴァード大学多国籍企業研究プロジェクトも、日本の多国籍企業研究会も何れもが、学際的研究であり、必ずしも経営学プロパーの研究であったとはいえないだろう。それは、主要な研究対象が多国籍企業というリバイアサン（Leviathan）であるということに由来するかもしれない。多国籍企業のそうした学際的研究の中にあって、多国籍企業の問題を経営学の問題として体系化され、国際経営論として位置づけられてきてもいる。

日本における多国籍企業研究は、特に経営学視点からの研究は、七〇年代に入ってからと言っていいであろう。一九七二年、第四七回日本経営学会大会の統一論題「経営国際化の諸問題」の一〇本の報告は、それを如実に示している。また、その統一論題の構成は、経営の国際化の問題が何であるかを昭示している。それは、多国籍企業の諸問題、経営行動の国際比較、そして経営学の国際比較の三部門に区分されている。[3]

多国籍企業研究の経営史の視点から、M・ウイルキンス（M. Wilkins）は、十九世紀末のアメリカ多国籍企業の誕生と国際経営の存在を指摘している。[4] さらに、国際経営の起源を遡れば、フェニキア商人の国際取引というように紀元前のルーツとなるとも指摘される。[5] そうした点を考慮すると、経営の国際化、国際経営の歴史は、人間の歴史とともにあると指摘できよう。以上の諸点を踏まえて、二十一世紀へ向けて経営の国際化、国際経営が、どのように展開されているかを明らかにしてみたい。

二　経営の国際化問題研究の諸展開

経営の国際化問題を最も狭義に捉えて、それを多国籍企業論ないし国際経営論と捉えると、ここでの問題は比較的論じやすいが、すでに指摘したように、経営史の研究から多国籍企業のルーツが論じられ、さらに国際経営のルーツに依れば人類の歴史と共にある現象として捉えられるこの問題は、非常に厄介な問題といえる。しかしながら、経営の国際化問題の端緒から説かれるように、地球規模の企業活動、経営活動が問題となってきたのは、二十世紀の最も著しい現象として位置づけていいであろう。特に、一九七〇年代の初期、石油危機、第三次中東戦争、R・ニクソン（R. Nixon）の新経済政策以後の問題として経営の国際化問題を位置づけることが、凱切といえよう[6]。勿論、この点については少なからず異論もあるだろうが、少なくともその時期を境に経営の国際化、多国籍企業の問題が、経営の問題として一般化したといえよう。それは、国際経済の相互依存化によるものとして把握することもできる。

第四七回日本経営学会大会の統一論題の構成に看られるように、経営国際化の問題は、多国籍企業の経営、経営の国際比較、経営学の国際比較の研究領域に分類される。それらの研究領域は、それぞれが別の問題意識により展開されているといえるが、それぞれを経営学という学問の研究と位置づけるときに、その神髄、真理、原理を捉えようとする一研究領域と位置づけられる。経営の国際化問題を狭義に捉えて、国際経営と位置づけたとしても、問題は簡単ではない。経営資源移転論を展開したJ・フェアウエザー（J. Fayerweather）は、国際経営の研究を国際経営の詳細な実例研究、機能別実践と政策の研究、そして国際経営の理論研究に区分している[7]。かてて加えて、「国際経営」に限っても、国際経営論（international business）と国際経営管理論（international business management）の問題がある。経営国際化の問題として経営と管理のそれぞれの問題が展開されているが、それが必ずしも截然と区別できない問題を孕んでいる。同一編者による経営論と管理論の分厚い手引き書がある。それは、Ingo WalterとTracy Murray編、「Handbook of International Business」一九八八年と「Handbook of International Management」一九八八年である[8]。二十世紀最後の四半世紀を多国籍企業の時代として位置づけると、経営の国際化の問題は、極めて新しい問題領域といえるし、ホットな問題でもある。そのために、多角的視点からそれが問題にされることは、内容の豊かさを示すと同時にその難解さをも示している。

R・ファマー（R. Farmer）は、国際経営管理論（international management）を三区分して、国際財務管理や国際マーケティングのような機能別経営管理論、A国とB国の経営管理を比較するような比較経営管理論、そして多国籍企業経営管理論との三分類をしている。[9] 経営の国際化を論じるときに、経営の国際化自体とは直接関係しないけれども、それと関わりのある、密接な問題として比較経営管理（comparative management）の問題を看過するわけにはいかない。それは、経営学とは何かというアイデンティティの問題でもある。そこでは、経営学の理論や技術が国境や文化を越えて移転可能か、あるいは適応可能かという問題が含まれる。一九六〇年代に展開された比較経営論からは、文化横断的（cross-cultural）な問題や多国籍企業の問題と関わって国際比較経営管理論（international comparative management）が展開されている。[10]

すでに指摘したように、経営の国際化を問うときに経営学の国際比較の問題がある。ここでは、アメリカ経営学、ドイツ経営学、フランス経営学、社会主義経営学などを比較して、経営学の基礎理論を根本から問う研究を比較経営学という。それは、それぞれの経営学の特異性や独自性を問い、進んでその根本を問い、更なる真髄を究め、それぞれの統一、一般性をも目指すものである。[11] 比較経営学という視座は、それぞれの経営学の時代別、学派別、学理別、国別の比較により、経営学に真面目に対峙する研究方法である。

交通手段の進化、通信手段の進化により、より具体的には、コンピュータの進化・普及、インターネット・通信、モータリゼーションの進展、ジェット旅客機による海外交流の普及などによってグローバリゼーションの進展は、刻々と変化している。その変化のスピードの速さは、一〇年前のものを遠い過去のものとしてしまうかのようである。経営の国際化問題を問うときに、二十世紀末のグローバリゼーションの進化、変化、浸透を問わないわけにはいかない。それに関係して、一九八〇年代後半の日本企業の国際競争力、本格的国際化があり、世界経済における日本企業のプレゼンス、日本型経営システムの進化がある。また、アジアＮＩＥｓの台頭、韓国のＯＥＣＤ加盟、ＡＳＥＡＮの成長、中国の社会主義市場経済の成長というアジアの世紀がある。そこには、ＥＵや北米経済圏に比肩するアジア経済圏の成立があり、しかもその三極経済圏が相互に緊密に依存しているので国際経営は、アジアでの競争を国際競争の核心に位置づけざるを得ない状況にある。[12]しかしながら、さらなる情報・通信技術の進化によって世界の相互依存関係がさらに緊密化することによって、一九九七年に始まったタイの通貨危機からアジアの経済危機へと展開し、アメリカを核とするサイバー資本主義へとパラダイム転換している。グローバリゼーションを前提とする企業は、こうした状況からグローバル経営からトランスナショナル経営への転換が要請されている。

三　トランスナショナル経営論

経営の国際化は、企業の成長の国境を越えた展開として捉えられる。手工業から現代企業が成長してきたように、多国籍企業、国際企業は、現代企業から成長してきたメガコーポレーション（mega-corporation）であるといえる。C・キンドルバーガー（C. Kindleberger）は、経営の国際化の主体を国内企業（national corporation）、多国籍企業（multinational corporation）、そして国際企業（international corporation）の三者としている。国内企業は、ある特定国の市民であり、国際経営を行うけれども、海外業務のウエートは小規模であり、海外に所有の利害を持つが特定の一国が主要な関心である企業である。多国籍企業は、事業を行う国々での良き市民であろうとし、現地のエグゼキュティブを雇用し、現地の管理者を採用し、場合によっては現地の資本をも受け入れる企業である。国際企業は、どの国に対しても忠誠心を有しないし、リスク調整後に各国における投下資本の収益を均等化する企業である。[14]ここには、現代企業の成長段階論がある。多国籍企業の組織構造段階論として、J・ストップフォード（J. Stopford）の組織論がある。J・ストップフォードは、企業の管理組織を機能部門組織構造から半自立的事業部組織構造への展開を踏まえて、さらに国際化に対応する管理組織構造の展開を論じた。

企業の国際化に対応する管理組織構造として、J・ストップフォードは、第一局面に自律的子会社（autonomous subsidiary）、第二局面に国際事業部（international division）、第三局面にグローバル組織構造（global structure）という企業の組織構造発展段階論を展開した[15]。

このような多国籍企業に関する発展段階論の嚆矢は、H・パールミュッター（H. Perlmutter）の多国籍企業経営者三類型、本国指向（ethnocentric or home-country oriented）、受け入れ国指向（polycentric or host-country oriented）、世界指向（geocentric or world oriented）の分類と展開である[16]。後に、H・パールミュッターは、世界指向の前段階として地域圏指向（regiocentric oriented）の経営者を位置づけている。こうした多国籍企業経営者論を受け継ぐ段階論として、C・バートレット＝S・ゴーシャル（C. Bartlett & S. Ghoshal）の最高管理責任者論が、比較管理論や国際経営の比較文化論を摂取した統合理論と位置づけられる。C・バートレット＝S・ゴーシャルは、多国籍企業の経営をインターナショナル経営（international mentality）、マルチナショナル経営（multinational mentality）、グローバル経営（global mentality）、トランスナショナル経営（transnational mentality）の四分類にしている[17]。

1　インターナショナル経営（International Mentality）

国際化の初期の段階で、多国籍企業の経営者は、国内の製品ラインの販売増加に貢献するとか、国内の製造拠点への原料や部品の供給というような異なった方法で、本国親会社を支援する主要な役割を持った、遠隔地の前哨部隊のようなものとして海外経営を考えているだろう。インターナショナル経営では、そのアプローチから暗黙に前提される多くのことが、国際プロダクトサイクル論から引き出されているといえる。そこでは、製品は、国内市場のために開発され、次第に海外に販売される。技術などの経営資源は、親会社から海外工場に移転される。そして、海外製造は、親会社の市場を守る手段として位置づけられる。

2　マルチナショナル経営（Multinational Mentality）

海外環境への組織対応や海外からの売上や利潤の増大とともに、経営者は国際経営が限界的な重要さ以上の機会を提供していると認識するようになる。こうした機会を利用するためには、経営者は国内で開発された従来の設備、技術、そして製品ラインを輸送する以上のことをしなければならないと認知するにいたる。

そして、海外市場の現地の競争者や受け入れ国政府は、長年にわたり好ましからざる国際経営をする、企業を認識するようにもなる。マルチナショナル経営は、国内市場と海外経営環境との相違を認識し、強調することにある。マルチナショナル経営は、国ごとに製品、戦略、経営実践を修正し、国際経営に一層柔軟な方法を適用することである。ローカルな環境にますます敏感にして、かつ適応的である国内企業を展開するときのように、こうした多国籍企業は、文字通りマルチナショナルな各国ごとの戦略を展開する。その世界戦略は、世界的規模の子会社の多角的、かつ国別の適応戦略の基礎の上に編成されることになる。

3　グローバル経営（Global Mentality）

マルチナショナル経営は、結果的に異なる国別の市場で非常に適応的なマーケティング・アプローチをとる。そうした場合に、企業全体として非効率の製造インフラが生じたりする。製造設備は、しばしば生産効率を最大化するというよりも、現地のマーケット優位を提供したり、あるいは政治的関係を改善したりするために、建設されたりする。輸送やコミュニケーションの改善、貿易障壁の低下という経営環境の変化の中で、多国籍企業は、世界市場の製品の開発やかなり高度な効率性を有する工場でグローバル規準での製品製造を企業の中枢で計画するようになる。このように世界市場を経営の単位体として分析する経営をグローバル経営という。

グローバル経営では、国ごとの嗜好や選考で差異より類似性が優位となり、従来の国別の多様性を凌駕した、適正費用や品質優位を持った標準化された製品を顧客に提供することで、類似性が提供される。グローバル経営戦略は、中央の調整やコントロールが著しく要請され、世界的規模の製品責任を持った製品別経営管理者や事業部経営管理者を有する組織構造と結びついている。

4　トランスナショナル経営 (Transnational Mentality)

グローバル経営は、七〇年代、八〇年代を通して成功してきたといえよう。急激にグローバル化する経営環境の中で、グローバル経営は、現地企業だけでなく、インターナショナル経営、マルチナショナル経営にも優る成果を達成してきている。しかしながら、そうした成功こそが、現地化への一連の対抗諸力を生成し、強化してきたといえる。グローバル経営は、多くの受け入れ国政府にとって、単純なインターナショナル経営の初期の非適応的企業と比較して一層強力であり、さらに驚異であったといえる。特に、多くの国が、海外債務や増大する貿易赤字による膨大な利子負担に直面していた時期では、グローバル経営の本国輸出や中央統制それ自体が、問題となってきていたといえる。それに対して、多くの受け入れ国政府は、グローバル経営に投資、技術移転、ローカルコンテンツ条項などに関して、そうした規制や要請を強化させてきたといえる。

また、顧客は、グローバル製品が提供する高品質水準や低コストの期待を低下させることなく、同質化したグローバル製品を拒絶し、国民的選好を再要求し、そして現地化諸力の強化に貢献したといえる。結果的に、国際政治、経済環境の増大する不安定性、とりわけ外国為替の急激な変化は、集権的なグローバル経営の効率を浸食したといえる。

こうした展開過程の結果として、多国籍企業は、現地市場、政治的要請、そしてグローバル基準の競争効率を向上するための要請に適合するためのそうした諸要請が、同時的であり、ときには対立的であるということを認識するようになったといえる。こうした状況では、マルチナショナル経営やグローバル経営の両者の何れかを反映したような経営は、ますます不適切になったといえる。こうした要請は、グローバル効率を維持しながら現地要請に一層適用するということであり、こうした世界的規模の経営をトランスナショナル経営と位置づけられる。

グローバル経営に比して、トランスナショナル経営は、柔軟で、適用的な各国ごとの経営の重要性を認識することにある。マルチナショナル経営と比較すれば、それは、競争的有効性や経済効率を維持するために、経営のネットワークや管理調整を提供する相違がある。高度な組織全般に及ぶ調整や委譲された意思決定に関する諸要請は、トランスナショナル経営が多国籍企業経営管理のさらに一層高度化した、デリケートなアプローチであるということを意味しているといえる。その経営とは、親会社に集権化されるのでもなく、分権化されるのでもなくて、それぞれの子会社が、現地のための現地基準で課業を遂行することができることにある。トランスナショナル経営では、主要な経営活動と諸資源は、特化されることなく分散されるので、効率と柔軟性とを同時に達成できる。それは、世界的規模の経営の相互依存ネットワークに統合されているといえる。

C・A・バートレット＝S・ゴーシャルは、以上のように企業の国際化、あるいは多国籍企業の経営を四分類、すなわちインターナショナル経営、マルチナショナル経営、グローバル経営、そしてトランスナショナル経営に区分し、その変化、展開を詳述しようとしたといえる。C・バートレット＝S・ゴーシャルの多国籍企業の経営発展モデルは、螺旋的発展段階論として以下のように図示して把

図１　多国籍企業の経営モデルの段階的発展

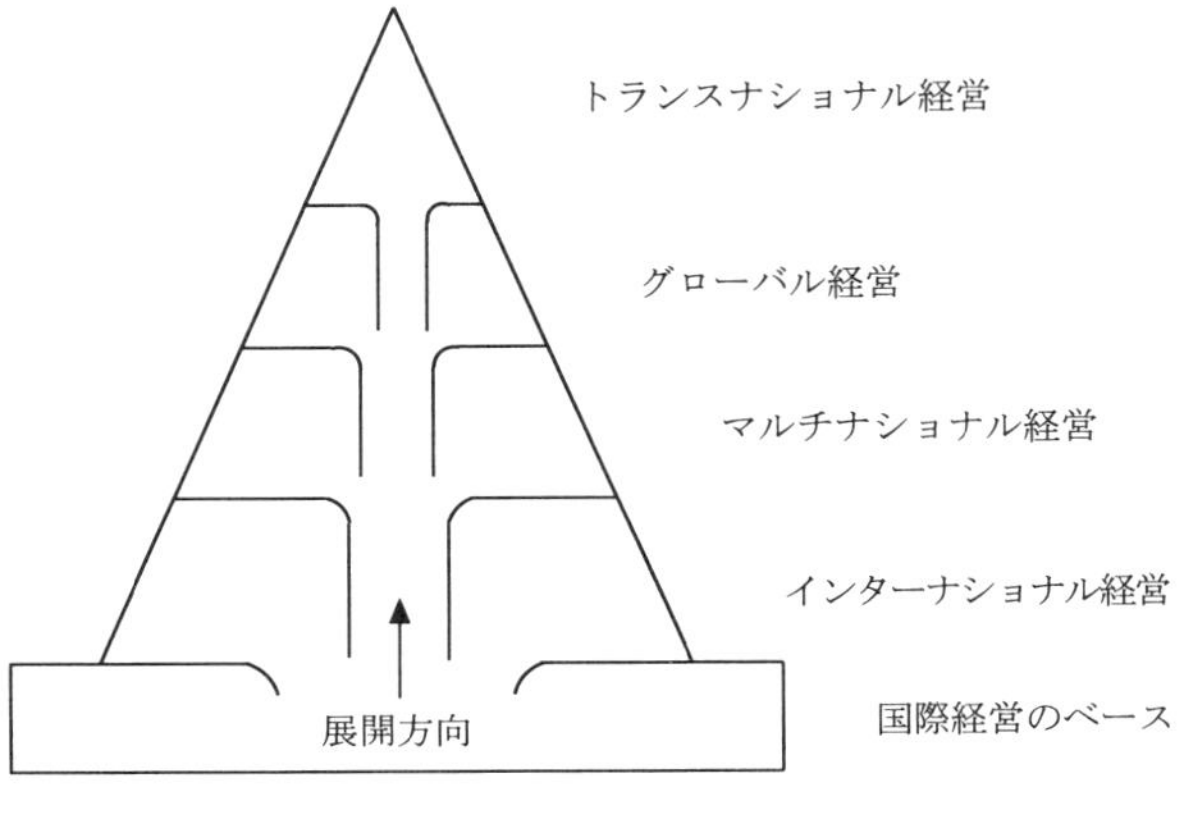

握することができる。この多国籍企業の最高管理責任者論を発展段階論と捉えると、C・キンドルバーガーの国際企業の概念を越える理念型としてトランスナショナル経営を位置づけることができる。トランスナショナル経営は、グローバル経営やC・キンドルバーガーの国際企業のようにグローバルな生産効率やグローバルな市場収益を追求するだけでなく、同時に現地要請にも適応しようとする世界的規模の経営である。国際経営環境が、と言うよりもポスト冷戦構造に象徴されるような資本主義の基本構造がパラダイム変化する中で、多国籍企業の経営は、そうした変化を認識でき、かつそれに対応できるような経営を要請されている。そうした状況の中で、経営の国際化の諸問題は、その中核のインターナショナル・マネージメント、インターナショナル・ビジネスだけでなく、クロスカルチュラル・マネージメント、コンパラティブ・マネージメントそしてファンクショナル・マネージメントにかかわる豊かで複合的な展開を要請されている。それは、経営の国際化の諸問題が引き起こしたインターナショナル・マネージメント・ジャングルのようであるが、そうした展開を突き動かしてきた主要因は、経営の国際化と情報・通信技術を中核とするIT（infomation technology）との螺旋的相互作用であり、その結果としてのサイバー資本主義（cyber capitalism）への、二十一世紀への、そして現代世界への変化であり、それへの対応としてインターナショナル・マネージメントに要請される統合への変化とみることができよう。

四　二十一世紀への展望

現代経営学は、即国際経営論であるならば絶倫の体系である。特に、その経営者論は、即国際経営管理論なれば抜群である。真に新たなグローバル市場が眼前に展開されている。石油危機以後資本主義世界は、世界経済の相互依存体制をサミットを通じて促進し、維持してきたといえる。経営戦略論は、コンティンジェンシー・セオリーのもとに経営の国際化と組織の問題を主要なテーマとしてきた。[18] 二十世紀末、世界成長のセンターとしてのアジア経済は、危機に瀕している。アジアをリードしてきた日本企業の国際競争力は、八〇年代後半先進国世界を震撼させて、世界の注目を集めてきたが、世界屈指の金融機関である日本長期信用銀行、日本債券信用銀行そして北海道拓殖銀行が破綻するほどに低下しており、経済・経営の根幹である「信用」を失墜している状態にある。日本企業の国際競争力は、本物であったのか、アジア的クローニー資本主義経営（asian crony capitalistic management）でなかったのか、本当に近代的合理性を有する没主観的経営（nichtpersönlich, sachlich Betriebsführung）だったのか。[19] 他方でトラベラーズ・グループとシティー・コープの合併によるシティー・グループの誕生、ダイムラー・ベンツとクライスラーの国際的合併などが進展している。グローバル市場のプレーヤーとして現代日本企業は、真の国際競争力を問われている。二〇〇〇万台に達する世界自動車の生産過剰設備の中で、ルノーと日産の国際的提携の展開、そして富士銀行、第一勧行銀行、日本興業銀行の合併、あさひ銀行と東海銀行の提携、住友銀行とさくら銀行の連合への都市銀行再編への展開は、現代日本企業の真骨頂を問うクリティカルポイント（critical point）である。まさに、現代経営学は、国際経営論、国際経営戦略論であるといえないだろうか。

ここに現代経営学の一書がある。それは、Noritake Kobayashi ed., Management：A Global Perspective, The Japan Times, 1997. である。これは、日本の多国籍企業研究会の現時点での総括といってよいであろう。この書こそ、経営の国際化の問題を見事に総括した書といえる。これに対比できるもう一冊の書がある。国際経営管理論の研究分野に常に問題を提供してきた、C. Bartlett & S. Ghoshalの「The Individualized Corporation：A Fundamentally New Approach to Management――Great Companies are Defined By Purpose, Process, and People――」[20] である。それは、動態的なグローバル環境における国際経営者の役割が、組織的人間（organization man）をベースとするモデルから人間の創造性や人間のイニシアティヴ（human creativity and individual initiative）という人的資源をベースとする経営モデルに変化していると主張している。そして、これを株式会社における出資の有限責任制度の出現に匹敵する画期的な状況と説いている。そこには、国際競争の経営基本モデルが、マネージメント一般（adminstration générale）として収斂しているかのようである。[21]

しかしながら、国際経営論は、現代経営学ではないといえよう。国際経営論は、それ固有の諸問題を有しているし、その概念枠組みを提示する必要があるだろう。とはいえ、経営の国際化、国際経営論の認識なしには現代経営学は、未然であるだろう。そこに、現代企業の現代経営学があり、グローバル市場を前提とすれば、現代経営を変革する国際経営のファンクションがあるけれども、それとは切り離された国際経営のフレームワーク、国際経営論、国際化の位置付けがなされなければならないといえる。

注

（1）Gilbert H. Clee and Alfred Di Scipio, Creating a World Enterprise, *Harvard Business Review,* Vol.37. No.6, 1959 and David Lilienthal, “Management of the Multinational Corporation”, in *Management and Corporation 1985,* ed. by Melvin Anshen and George Leland Bach, McGraw-Hill, 1960.

（2）入江猪太郎編『多国籍企業――一二人の経済学者がえがく未来像――』ダイヤモンド社、一九七四年及び多国籍企業研究会監修『多国籍企業の経営――日本企業への指針――』ダイヤモンド社、一九七六年、i-v頁参照。

（3）日本経営学会編『経営国際化の諸問題』（経営学論集、第四四集）千倉書房、一九七三年。

（4）Mira Wilkins, *The Emergence of Multinational Enterprise: American Business Abroad from the Colonial Era to 1914,* Cambridge Mass.: Harvard Univ. Press, 1970, pp. 65–69.（江夏健一・米倉昭和訳『多国籍企業の史的展開――植民地時代から一九一四年まで――』ミネルヴァ書房、一九七三年、八三―八七頁。）

Mira Wilkins, *The Maturing of Multinational Enterprise,* Cambridge Mass.: Harvard Univ. Press, 1974, p. 436.（江夏健一・米倉昭和訳『多国籍企業の成熟』下巻、ミネルヴァ書房、一九七六年、二二四頁。）

（5）R. D. Robinson, *International Business Policy,* Holt, Rinehard & Winston, Inc., 1964.（小沼敏訳『国際経営政策』ぺりかん社、一九六九年。）

(6) Peter F. Drucker, *The New Realities: In Goverment and Politics / In Ecomomics and Business / In Society and World View*, New York, Harper & Row, 1989, pp. 115-139.（上田惇・佐々木実智男訳『新しい現実』ダイヤモンド社、一九八九年、九章。）
(7) J. FayerWeather, *International Business Management: A Conceptual Framework*, Mc-Grow-Hill, Inc., 1969, pp. 1-2.（戸田忠一訳『国際経営論』ダイヤモンド社、一九八〇年、四―五頁。）
(8) Ingo Walter & Tracy Murray ed., *Handbook of International Business*, John Wiley & Sons, 1988 and *Handbook of International Management*, John Wiley & Sons, 1988.
(9) Richard Farmer, ed., *International Management*, Dickson Publishing, 1968.（高橋達夫・松田武彦監修、江夏健一・中村元一ほか訳『国際経営管理論』好学社、一九七〇年、一―二頁。）
(10) Richard Farmer, ed., *Advances in International Comparative Management*, JAI Press Inc., 1984.
(11) 田杉競・鈴木英壽・山本安次郎・大島國雄『比較経営学』丸善、一九七〇年。
(12) 渡辺利夫『華人ネットワークの時代――アジアの新潮流――』日本放送協会、一九九七年、一四五―一五三頁参照。
(13) C. Bartlett & S. Ghoshal, *Transnational Management*, Irwin, 1992, pp. 11-16.
(14) C. P. Kindleberger, *American Business Abroad: Six Lectures on Direct Investment*, Yale Univ., 1969, pp. 179-210.（小沼監訳『国際化経済の論理』ぺりかん社、一九七〇年。）
(15) J. M. Stopford & L. T. Wells, Jr., *Managing the Multinational Enterprise*, New York, Basic Books, 1972.（山崎清訳『多国籍企業の組織と所有政策――グローバル構造を越えて――』ダイヤモンド社、一九七六年。）
(16) H. Perlmutter, "The Tortuous Evolution of the Multinational Corporation", *Columbia Journal of World Business*, January-February 1969, pp. 9-18.
(17) C. Bartlett & S. Ghoshal, *ibid.*
(18) J. Galbraith & R. Kazanjian, *Strategy Implementation: Structure, Systems, and Process*, 2ed., West Publishing Co., 1986, p. 145ff.
(19) 青山秀夫『マックス・ウエーバー――キリスト教的ヒューマニズムと現代――』岩波新書、一九五一年、一〇二―一三四頁及び大塚久雄『社会科学の方法――ウエーバーとマルクス』岩波新書、一九六六年、一四六―一五二頁参照。
(20) C. Bartlett & S. Ghoshal, *The Individualized Corporation: A Fundamentally New Approach to Management: Great Companies are Defined By Purpose, process, and People*, Harper Collins, 1997.
(21) Henri Fayal, *Administration Industrielle et Générale*, Dunod, Paris, 1931 and H. Fayal, Constance Storrs trans., *General and Industrial Management*, Sir Issaac Pitman, London, 1949.

十一　日本的経営論の変遷と未来展望

林　正樹

二十一世紀を展望する今日、日本的経営論を研究する意義はなにか。日本的経営論に関するこれまでの研究を振り返ることによって、日本的経営論がこれまでに明らかにして来たもの、つまりその研究成果を確認することが必要であり、また、逆に、明らかにすることができなかったもの、つまり従来の日本的経営論の限界や問題点を確認することも必要である。その研究成果と問題点を解明して初めて、日本的経営論の研究の未来展望が見えてくるからである。

藻利重隆は、すでに二〇数年前に、日本的経営論は歴史的研究と理論的研究に分類できると同時に両者は相互補完的なものであり、両者を相互媒介的に活用することによって、経営学の一般理論を確立することが可能となると、指摘している（藻利重隆、一九七七年）。

しかし、実際の研究史としては、日本的経営論の研究においては、歴史研究と理論研究とが「相互補完的」に行われることは少なかった。そればかりではなく、日本的経営論は、従来、主として「(日本企業の経営の中の)日本的なものとは何か」をめぐって研究されており、「(日本企業の経営の中の)経営とは何か」に焦点を当てた研究はほとんどなかったと言っても過言ではない。だが、「日本企業の経営」とは何かを明らかにせずして日本的経営論を論じ得ようはずはない。そこで、「日本企業の経営」がどのようなものであるかに付いては、ほとんどの場合において、日本的経営論の論者が各自で設定することとなる。したがって、ある論者は日本企業の文化的特性に注目し、他の論者は企業集団や系列関係に、さらには金融システムに、政府との結合関係に、あるいは労使関係や労務管理、生産管理など各種の管理のあり方に、経営組織や経営意思決定のあり方に、注目する。こうして、「百人百通り」の「日本的経営論」ができあがる。それが、これまでの日本的経営論の研究状況である。

日本的経営の研究としての日本的経営論は、これまでのところ、歴史的研究と理論的研究の相互補完的活用によって「経営学の一般理論を確立する」には到達していないのである。

本論の課題は、従来の日本的経営論を歴史的に回顧し、未来展望を示すことである。その視点は、日本的経営論の歴史的研究と理論的研究との相互補完的活用によって、「経営学の一般理論」の確立がはたして可能となるのか、否か、今日までの日本的経営論の研究を回顧することを通じて明らかにすることである。

一　日本的経営論の変遷

まず、「日本的」という言葉（形容詞）の意味の吟味からはじめる。

「日本的」については、従来は主として二通りの意味に解釈されてきた。第一は、諸外国には存在しない「特殊日本的な」（制度ないしその性質）という意味の「日本的」であり、第二は、同種のものが諸外国にも存在しその機能＝目的は似ているが形態が異なるために「日本型」という意味で使われる場合の「日本的」である。ところが、この二通りの意味では説明できない第三の使い方がある。それは、第二の「日本型経営」の研究が高度成長期の日本型とか低成長期の日本型、というような特定の時期の「理念型」を国際比較の視点から抽出するのに対して、一九九〇年ごろから主としてグローバルに活動する日本企業の経営を歴史的かつ理論的に研究し、その研究成果が国際的に注目されるケースが現れてきたが、それが「日本企業の経営」研究であるゆえに「日本的経営論」と呼称される場合の「日本的」である。

次に、「日本的経営」の「経営」の中身に関する研究について年代順に、きわめて大まかに整理してみよう。

一九六〇年代までの日本的経営は前者の「特殊な経営」という意味で使用されることが多かった。その代表的なものが、「終身雇用」、「年功賃金」、および企業別組合である(J. C. Abegglen, 1958, OECD, 1973)。ところが、七〇年代以降になると、欧米諸国にも同様の制度や組織があるという研究(Dore, 1973, 小池和男、一九七七年)が現れ、また、法人による株式の相互所有を基礎とする「法人資本主義」論(奥村宏、一九七五年)や、銀行と総合商社を中核とする「企業集団」とその企業経営における役割に関する研究(野口祐、一九七九年、奥村宏、一九七八年、など)が発表されたために、日本企業の経営構造に関する研究に関心が高まった。これらの研究が基礎になって、一九八〇年代には、日本的経営の研究領域が、もっぱら労務管理・労働慣行の研究から、研究開発・生産・購買・販売・財務・経営分析・等の経営管理の広範な個別分野の研究に広がり、さらに、資本・企業グループ、経営者による会社支配の構造分析の研究と結合していくのである(中央大学企業研究所、一九八二年)。

日本的経営の研究領域の拡大は、海外においても徐々に進んだ。一九八〇年代の初期には、日米企業の組織原理を比較して「日本に学び、日本を超える」とした『セオリーZ』(William Ouchi, 1981, など)、通産省などの行政指導こそ日本復活の鍵だという「日本株式会社」論(C. Johnson, 1982)、およびトヨタ生産方式がコスト・品質・納期という競争力で優れているという研究(Schonberger, 1982; Monden, 1983)、八〇年代後期には、日本的生産方式が欧米先進工業国の企業競争力の回復手段として有効であるとする研究(M・ダートゾス他『Made in America』、ウォマック他『リーン生産方式が世界の自動車産業をこう変える』、B・コリヤ『逆転の思考』、ほか）などが次々に発表され、まさに、海外における日本的経営ブームとも言える状況であった。したがって、日本企業が海外進出を増大させるにつれて、日本的経営は根本的な変革を迫られるという指摘（M. Porter, 1985）は、当時においては、ほとんど注目されなかった。

海外からの高い評価を受けて、わが国でも日本的経営は海外で通用する「普遍性」を持っているという研究が発表され始めたが、その中には、日本的経営の文化的背景を「見えざる資産」としてそこに「普遍性」を見出すもの（安室憲一、一九八七年、加護野忠男、一九八九年）と、日本企業の経営システムを構成する人事・組織・経営目標・経営方式などのシステムと、長期的取引慣行と取引関係などの企業間システムにも経済合理性＝「普遍性」があるとする研究が現れた（安保哲夫、一九八八年、『経済白書（九〇年版）』）。日本的経営が海外で通用するという理論は、一般的には「普遍性」論といわれるが、「普遍性」の中身についての理解はせいぜい国際間で利用可能だという程度で、その後の平成不況のなかで日本的経営の影が薄れたためか、「普遍性」の中身に関する経営学的＝社会科学的検討がなされないままに、議論が止まってしまった。

一九九〇年代に入ると、アメリカ企業は八〇年代のリストラクチャリングを基礎に業績を改善したために、一転して、アメリカ発の新しい経営理論（「競争優位戦略」、「リエンジニアリング」、「コア・コンピタンス経営」、「戦略的提携」、「コンカレント・エンジニアリング」、「ナレッジ・マネジメント」、「アジル経営」、「バーチャル・コーポレーション」、「サプライ・チェーン・マネジメント」、「資源ベース・アプローチ」など）が注目され始めた。これらの諸研究は、通称では、「アメリカ的経営論」と呼ばれている。

これに対して、「特殊性」論の立場からの研究としては、国内の日本企業および海外の日系企業における労務管理や労使関係の実態に関する数多くの批判的研究が発表され、国際論争も展開された（加藤哲郎・スティーブン、一九九三年、丸山恵也、一九九二―三年、ほか）。これら「特殊性」論の多くは、労働・労使関係に重点を置いた分析、すなわち日本的特殊性の解明そのものに重点をおいており、ある論者はそれを日本企業の経営システム全体の特質と見なし、また他の論者は経営システム全体の特質の解明には関心が弱い。労働・労使関係は経営システムの特質を規定する重要な要素であることは間違いないとしても、唯一の規定要素ではないのであるから、労働・労使関係の分析結果を日本企業の経営システムのそれと同一視することはできない。

これらの理論が日本的経営論の研究に影響を与え、専門化・細分化した経営学研究の各分野において、「日本的（経営）とは何か」を重要視する研究から、購買・研究開発・生産・マーケティング・情報システムなどの「（個別）経営システムとは何か」という経営システムの中身を重要視する研究へと、研究の対象が移行し、日本企業の経営システムの研究、すなわち日本的経営論の研究が深まって行った。一九九〇年代の初めごろから「日本型経営」と言う概念が盛んに使用され出したのも、このような研究対象の「移行」と研究の深化を反映している。

二　日本的経営論の現状

企業活動のグローバル化と情報システムのネットワーク化が高度化した現在、「日本的経営」はいかなる意味を持っているのかがあらためて問い直されている。今日の日本における日本的経営の研究は、大きく四つの潮流に分類できるであろう。

第一の潮流は、従来からの日本的経営論の延長線上における研究の発展であるが、戦後改革を画期とする断絶と継承を日本独特の社会制度の変化に求める研究（間宏、一九六三年、津田眞徴、一九七六、一九七七年、岩尾裕純、一九九二年）は少なくなり、戦前・戦後を一貫する日本人の行動原理および日本のあらゆる集団・組織・

企業に共通する「組織原理」の研究が中心になってきている。たとえば、日本的経営の根底にある集団主義という価値志向は、日本の後進性をあらわす「封建遺制」などではなく「日本という国の民族文化の一特質」を反映するものとする研究（尾高邦雄、一九八四年）、日本の組織原理は戦後改革で断絶されているのではなく、戦前戦後を貫いて生きている「家の論理」であるということをヨーロッパ諸国との比較を踏まえた理論的・歴史的研究によって論証しようとする研究（三戸公、一九九一、一九九四年）、日本の社会システムの研究（ウォルフレン、一九九〇年）などである。他方では、日本的経営の根底にある価値理念は個人主義か集団主義かという欧米の概念で説明できるものではなく、人間の「共利共生」的な社会システムを目指す「間人主義」であるとする研究（濱口恵俊、一九八一、一九九八年）、戦後日本経済の高度成長を担った世代の「企業戦士」の「労働エートス」を「伝統的な日本人の労働倫理」と区別するだけではなく、戦後の団塊の世代を「会社人間」として区別して、戦後世代間の「労働エートス」の断絶を明らかにする研究（間、一九九六年）、日本のサラリーマンの行動特性はC・バーナードの「組織均衡論」を基礎とするH・サイモンの合理的「組織人」では説明できないとして、会社に過剰に貢献する「会社人間」の概念を提起する研究（田尾、一九九七年）、などが注目されている。

第二の潮流は、日本企業の海外進出の増加に伴って急速に強まってきたもので、日本的経営システムを作業組織とその管理運営、生産管理、参画意識、雇用環境、部品調達、親―子会社関係に分け、前の三者は日本方式を現地にほぼ「適用」できるが、後の三者は逆に現地の方式に「適応」させるべく修正する必要があるというように、経営システムを構成するサブ・システムごとにその利用可能性の程度を分析する研究が注目された（安保哲夫、一九八八、一九九一、一九九四年、市村真一、一九八八年）。これに、さきの『経済白書（一九九〇年版）』や「ヒューマンウェア」論（島田晴雄、一九八八年）が加わる。従来の研究が日本社会や日本人の一般的特性から直接的に経営システムの特質を説明するために、企業経営における組織的・文化的要因という同一の要因を特殊性と普遍性との相反する二つの特性の説明に利用するという矛盾を犯したのに対して、第二の潮流の研究は、考察のために不可欠の事実資料を数多く提供することに成功した。この潮流が現れてからは、特殊性論であれ、普遍性論であれ、事実資料に基づかなければ説得力がないということになり、研究の質的な発展をもたらす契機となった。また、外国企業の中には、ＪＩＴシステム、チーム作業方式、ＱＣサークルなど、日本的経営のサブ・システムを、日本的労使関係や日本文化と切り離して自国企業の経営合理化に利用するケースも増えてきた。しかし、イギリスでは、経営システムとその文化的背景とは簡単に分離できるものではなく、日本的経営方式の導入によってイギリス産業の復活を図ろうとするのは、日本の古くて遅れた社会システムによってイギリス社会の汚染を招くものであると警告する研究（「ジャパナイゼーション」論の一つ、N. Oliver & B. Wilkinson, 1988, 1992）が注目されている。外国企業による日本的経営システムの利用は、部分的には誤解に基づくものがあるとしても、基本的には日本的経営システムの利用可能性の拡大であり、少なくとも日本的経営研究に新しい研究材料を提供していることは否定できない。

第三の潮流として、日本的経営システムの具体的問題点を分析し、改革の方向を示す研究が現れる。まず、一人の開明的経営者が「『日本型経営』が危ない」という論文で、日本企業はこれまで利害関係者の犠牲によって利益を得てきたが、欧米先進工業国など諸外国と共生するためには他の犠牲の上に成り立つようなシステムを理念と制度の両面から改革しなければならないとした（盛田昭夫、一九九二年）。次に、財界からは、日本経営者団体連盟が「人間尊重」と「長期的視野の経営」という「普遍的な理念」を除いて具体的な雇用・人事・賃金・企業福祉などのシステムを再編成しなければならないという報告書（日経連、一九九五年）を発表した。この「報告書」によって、これまで「日本的経営」が多少とも持っていた雇用「保証」的機能は「廃止」される一方で、従来それを基礎として全従業員を教育と昇進の機会を獲得するべく競争させる「能力主義的」競争システム（木元進一郎、一九九八年、牧野富夫、一九九八年）は、日経連が自ら普遍性があるという「人間尊重の理念」の下により一層強化された形で適用されることが明言された。さらに、吉田は、日本型経営システムは外部に閉鎖的なシステムと会社に従順な「会社人間」とからなっているので、「個人が会社の犠牲になるだけではなく、会社人間しかいなくなった企業は活力を失って、やがて衰退」すると断じ、労働市場の流動化の必要を説いている（吉田和男、一九九六年）。しかし、雇用の流動化が従来からの雇用差別（正社員・非正社員、男女、等）と賃金などの処遇における格差を拡大し、派遣労働者の増大などによる雇用の不安定化を招来するとの批判は免れない。雇用の不安定化は市場経済に共通して見られる「普遍性」だとすれば、「普遍性」の中身（経済的合理性は常に社会的正当性を意味するとは限らない、など）が問われざるを得ない。

第四に、日本的経営システムの研究を基礎にして、新しい経営理論の創造を目指す研究が現れる。まず、野中らは、「暗黙知」と「形式知」の概念を基礎に「組織的知識創造という基本原理」を抽出した「組織的知識創造理論」（野中郁次郎・竹内弘高、一九九六年）を提起して、「日本から世界に向けて発信した『経営理論の真のフロンティア』」と、M・ポーターから評価された。また、八〇年代に確立した日本企業の競争優位性は、九〇年代には製造技術とその管理方式から「製品開発力」にその力点を移行させざるを得なくなり、グローバルに通用する新しい製品開発管理方式が開発されているが、その中に日本的特徴が生きている（藤本隆宏、一九九三年、延岡健太郎、一九九六年、圓川・安達、一九九七年）。さらに、すぐれた情報システムは「情報技術による情報システム」と「人間による情報システム」で構成されており、高付加価値の生産、地球環境の保全、働く人間の満足感の充足を目指す「エクセレントな情報システム」（島田・花岡・遠山、一九九六年）の中にも日本的特徴が継承されている。これらの諸研究は、グローバルな情報ネットワーク時代にふさわしいグローバル・マネジメント論を目指すものといえよう。

三　日本的経営論の未来展望

二十一世紀を目前にして、これら四つの研究潮流は、どのような未来を展望することができるのであろうか。

第一の研究潮流である伝統的な「日本的経営論」は、日本人あるいは日本社会の研究として、企業の経営組織的側面の研究においては成果をあげていくであろうが、これらの研究が経営システムの特質を日本人の行動特性や社会システムの特質から直接的に説明しようと意図するものであれば、企業の資本的側面の研究を欠いており、その経営学的研究としては限界があるといわざるを得ない。企業＝経営システムは、社会システムの構成要素でありそれに規定されるが、同時に資本単位として相対的には独自の原理を持っているので、企業＝経営システムの特質（＝原理）の解明が必要（林正樹、一九九五年）だと思われるからである。

第二の潮流である「普遍性論」や「適用」「適応」論は、企業の経営システムとは何かに関する研究を欠いている限りでは、現象論といわれても仕方がない。「普遍性」や「適用」「適応」にこだわることなく、経営システムを文化の異なる海外で利用しようとする（または、逆に、しない）経営の「意図」（＝経営合理化）、長期・短期の経営目標や経営戦略全体との関連（＝整合性）において理解する必要がある。たとえば、日本的経営システムのうち、どのサブ・システムがいかなる経営課題に対して「適用」できる（＝有効に働く）のか、また、それはなぜかという分析は、経営システムを受け入れる社会・文化構造の研究だけでは不充分であり、経営主体の「意図」の分析を不可欠とするが、この研究潮流のなかではこの点の分析はほとんど行われていない。また、特定の経営システムが文化の異なる社会で「適用」されているという事実（それを明らかにしたという功績は高く評価されるが）をいかに理解するべきかについても経営主体の意図の分析を不可欠とする。しかし、「異文化」社会での経営システムの「有効性」の研究は、従来は「異文化交流」の研究にとどまっている。

第三の潮流である「日本型経営論」であるが、それは国際比較を前提としていると同時に、具体的な「型」、例えば「理念型」の析出を前提にしている。グローバル化が著しく進む現在、しかも「コア・コンピタンス」「バーチャル経営」「スピード経営」が唱導される時代に、「日本型」なるものを析出する意義は相対的なものに過ぎないようにも思われる。しかし、それはアメリカ型の「コーポレート・ガバナンス」を前提にしているからそう思われるのであって、株主だけでなく、従業員・地域住民・消費者・取引業者など「共生型コーポレート・ガバナンス」（風間信隆、一九九六年）の構築や、地球環境の保全を前提とする「環境マネジメント」の実現に至る過程においては、アメリカ型やドイツ型などとともに「日本型経営」の意義は大きいし、その「発展」（むしろ、「進化」）を解明する研究は、北米・ＥＵ・アジアなどの地域経済圏の発展とともにますますその重要性を増すであろう。

第四の潮流は、今までのところでは、組織論、研究開発論および経営情報システム論など個別分野の理論にとどまっているが、日本企業の経営システムの研究を通して新しい経営理論の創造を目指すものである。九〇年代以降、世界の経営学の発展は日本企業を研究対象とするものの中から生まれているものが多い。かつて、事業部制の研究や多国籍企業の経営戦略の研究はアメリカ企業を研究対象とする研究のなかから発展した。しかし、リエンジニアリング、ナレッジ・マネジメント、サプライチェーン・マネジメントなど、九〇年代以降、経営学研究の成果の多くは日本企業の研究の中から出てきている。この潮流の「日本的経営論」は、日本的「特殊性」の探索や「日本型」の発見にその存在意義を見出すのではなく、各国経営学の成果を吸収するとともに日本企業の経営学的研究を通して、各国的経営学それぞれの有効性と限界を共通の理論的枠組みで説明できるような「経営学の一般理論」の構築（＝経営学研究の発展）に寄与するところにそれを見出すのである。

二十一世紀初頭の「日本的経営論」はこれら四つの研究潮流がどのように展開するかに尽きると言って良いであろう。さらに大胆に言えば、組織論と情報システム論およびコーポレート・ガバナンス論の統合という形で、グローバルな日本企業の歴史的研究と理論的研究を媒介することによる「経営学の一般理論」の確立が探求されるであろう。二十一世紀を展望する今日、日本的経営論をあらためて研究する意義がそこにある。

以上、日本的経営論に関するこれまでの研究を振り返ることによって、日本的経営論の研究成果と問題点を考察し、日本的経営論研究の未来展望を探ろうとした。

藻利重隆が、日本的経営論は歴史的研究と理論的研究を相互媒介的に活用することによって経営学の一般理論として確立される可能性があると指摘して以来、残念ながら、歴史研究と理論研究とが「相互補完的」に行われることは少なかった。その理由は、日本的経営論は、従来、「日本的なもの」の個別的な解明にとどまり、「日本企業の経営」とは何かを全体として解明する研究、および、そのための方法論を構築する研究が不足していたからである。

二十一世紀における日本的経営論は、歴史的研究と理論的研究の相互補完的発展に基づいて、日本企業の経営を全体として解明する方法論を構築することによって、「経営学の一般理論」として発展する可能性をもっと展望されよう。

(追記)

最後になったが、報告後に質問をして下さった村山元英教授、藤井一弘教授、また時間の制約のために休憩時間に個人的にご見解とご感想を述べて下さった三戸公教授に心から感謝申し上げる。また、本報告原稿に事前に目を通して貴重なご指摘をして下さった鮎沢成夫教授、高橋由明教授、国島弘行教授、英文のサマリーを読んでアドバイスをいただいた高田太久吉教授に深く感謝する。さらに、大学院生の鄭炳武君、飛田幸宏君、田中史人君、福本勝君、許充誠さん、伊藤博英君たちの質問や感想も文章表現の参考にしたことを感謝の意を込めて記す。

十二　管理者活動研究の理論的変遷と未来展望

川端久夫

一　経営学における管理者活動研究の位置

経営学は主に企業（自体およびそれを構成する個人・集団の活動）を対象とする実践科学である。実践から直接に得られる知見に各種理論科学の成果を加え、それらを混和・交配させることで目的合理的手段系列の編成に導く。諸学動員の範囲・程度は状況によって多様であるが、現状を見る限り、経済学（における企業研究）と社会学（における組織研究）が主柱となっている。――この事情を投影して、経営学の諸分科を企業行動論と経営行動論の二領域に大別しうる。前者の鍵概念は資本、後者のそれは組織であり、（図1）のような持続的循環・交絡の関係にあると想定する。

右上隅＝管理論の諸流派はみな規範的アプローチと記述的アプローチとを併用するが、含有率によって前者を主とするものと後者を主とするものに分れる。前者の代表が管理過程（ないし職能）論、後者の代表が管理者活動研究である。

'managerial work' を本質次元では管理労働、現象次元では管理者活動と仮訳する。管理労働（＝形相）は個

図1　経営学の対象，その構成

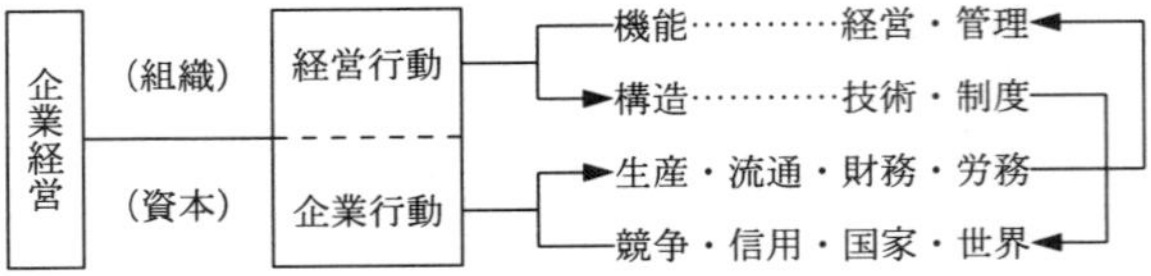

別資本の運動（＝実体）を担う。管理者活動の究極的実質は企業行動であり、両者は不可分一体である。経営学の端初をなすテイラー・システムは人間工学・労務管理・管理組織（と管理者選抜基準）の渾然一体であった。機能的職長制度が当時の職場風土に合わなかったために普及せず、ライン・スタッフ組織という折衷形態に帰したことは、管理論と企業行動論の分離、前者の独自展開の端初となり、管理職能の中で資本濃度の希薄な‚組織‘論の発展に導いた。高濃度の部分は水平・垂直に展開して企業経営の全面・頂点に及び、利益管理を経て遥かに経営戦略論に連なった。

早発的専門経営者ファヨールの著作は企業行動と経営行動との意識的分離の書であった。企業職能と連結しつつ社会体維持機能を果す管理職能の存在、その五要素POC^3の特徴、重点注意事項としての管理の一四原則等の論述は、米国版刊行と共に類書を圧倒して標準テキストの共通原版となり、管理過程論の黄金時代を開いた。

管理過程論の枠組はやがて硬直し、管理者活動の実態から乖離していく。テキスト改訂の度に内容は豊富になるが収納枠は5±αで変らず――この規範的アプローチへの心地よい埋没に対する反発がS・カールソンに始まる管理者活動研究の生成の土壌となった。

二　発進　カールソン：*Executive Behaviour*, 1951

実態観察に際してカールソンが準拠したのはバーナードの云う五種類の‚専門化の基盤‘であり、（図2）のような手直しを加えた。時間の要因は観察・記述の基本的計測単位に転生し、

図2　カールソンによるバーナード手直し

(Carlson, 1951. p. 33)

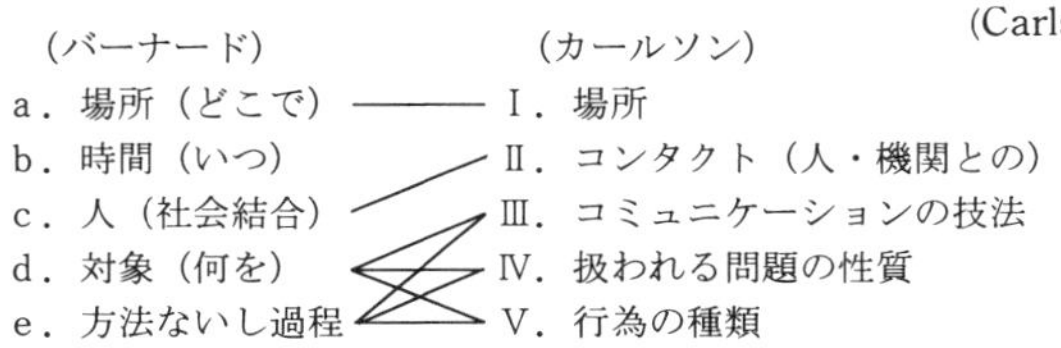

図3　執務の場所・態様の時間配分（%）

(24日間の平均)

(Carlson, 1951, p. 62)

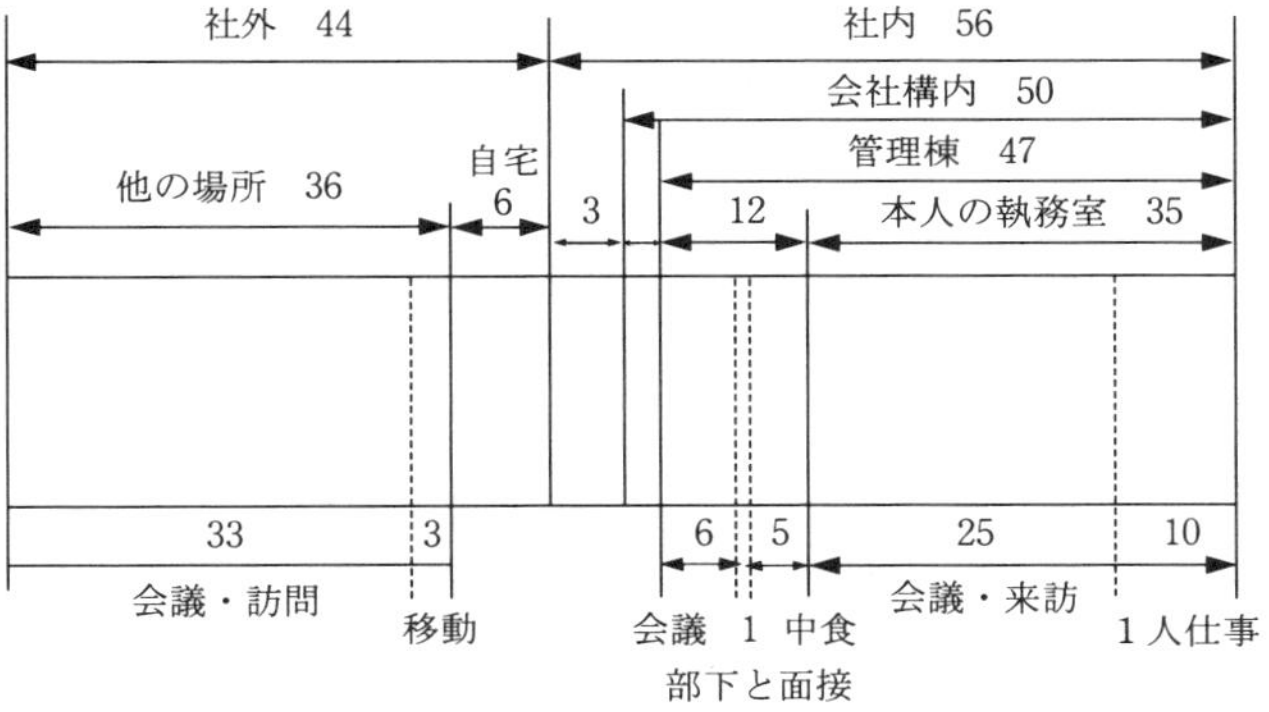

九人のCEOに対する二四日間の日誌記入と面接調査によって、執務の場所・態様別の時間配分の概略が明らかになった。(図3) 社外・室外で過す時間がかなり多く、在室時間の大部分は会議か来訪者との面談、総時間の一〇%にすぎない一人仕事はコマギレで一息入れる暇もなく、大多数は仕事を自宅に持ち越して一日平均約一時間を費やし、手紙はあまり書かず口コミに頼る……のちにミンツバーグが形容した、'brevity, variety, fragmentation' 態様の殆んどが早くも指摘されている。しかし、'行為の種類' と '扱われる問題の性質' については「観察事実を適切に配列すべき理論体系が欠けている」と自覚して計量分析を断念し、パーソンズの構造=機能主義に沿う動態分析〔管理者個人の〔知識・目標・態度に規定された〕行為から出発し、彼が属する組織・社会の文脈に位置づけて考察する〕の方法に将来を託すにとどまった。カールソ

ンはまた当時生成期にあったリーダーシップ・オハイオ研究（が駆使する種々の実験的・数理的手法）に対して大きな期待を表明している。

三　急進　ミンツバーグ：*The Nature of Managerial Work*, 1973

リーダーシップ研究は大規模長期持続・膨大産出にも拘らず、管理者活動の実相解明力に乏しいことが次第に明らかになった。この流れの中で注目に価するJ・ヘンフィルの管理職務記述の試みも、資料収集・次元設定の不適切、を免れなかった。(1)

基本的にカールソンの手法を継承する研究が一九五〇～六〇年代に主にイギリスで行われ、R・スチュアート（一九六七年）はその一応の到達点である。それは管理職務の差異性に焦点づけた態様の詳細な描出・類型化であって、管理者活動の内容（とその規定要因）の解明は殆んど視野外に置かれた。

他方、五〇年代後半以後、英米両国で中下級管理者を対象とした構造的観察法による研究が続出した。その流れに立ってH・ミンツバーグは上級管理者＝CEO五人の活動の態様よりは内容の解明をめざして〔二週間の構造的観察＋関連文書資料の徹底分析＋集中反復的面接〕調査を敢行し、管理者活動の本性を一〇種類の役割（の遂行）として特徴づけた。――公式の地位・権限に拠って組織を代表し、部下を指導し、内外に情報ネットワークを築いて神経中枢となる。業務の枠組や手続を創出・革新し、経営資源を配分し、内外の業務上の交渉やトラブル処理に当る……。反響は大きく多数の追従者と若干の批判者を生み、企業に限らず病院・警察・学校等で、同じ手法による調査が続出した。批判者の論点は①観察事実からの役割の導出手続の不明確、②役割別配分時間の計測困難、③個々の役割間の（具体的行為からの）抽象度のバラツキなど、いずれも微調整では対応できそうもなく、一〇役割が完成品でなく試作品であることを示唆している。スナイダー&ウィーレンは、「一〇役割理論は管理過程論より活動区分がやや詳細なだけで大差なく、両者は統合可能」という痛烈な批判を投げかけ、以後一〇余年、ミンツバーグは答えることなく過ぎた。

四　漸進　スチュアート（一九七六、一九八二、一九八九年）

スチュアートの前記著作は態様描出に終始する皮相性を批判されたが、彼女は直ちに内容指向的投企に奔らず、管理者活動の多面的な差異とその規定要因の析出という姿勢を堅持した。態様の分析を通して徐々に内容に浸潤していく漸進路線である。一九七六年スチュアートはCEOレベルを除外した上・中級管理者多数を対象に'demands-constraints-choices'（以下DCCという）枠組に拠る〔質問紙・面接・観察組み合せ調査〕の成果を発表した。専門技術的活動の面は避けて社会関係的側面に焦点づけ、対人コンタクトの一二の類型や'責任露出度'など管理職務の態様・類型の斬新な把握を提示した。さらに六年後、DよりはC=選択に焦点づけた三つの調査の結果を、J・コッターらの'アジェンダ設定・ネットワークづくり'枠組をも取り入れて分析し、管理者活動の主体的側面の描写と要因摘出は一段と躍動的になった。これを機にコッターとの交流が始まり、両者の戦略的パートナーシップ（?·）は現在も持続している。

同様の相補関係がJ・マシンらの期待（expectation）アプローチ（以下、EAという）との間にも形成された。元来EAは計画・統制システムの有効性を監査（→改善）する方法として発展したもので、企業全体の観点を堅持しつつ管理者自身による実態認識と改善策創出に焦点をおく。マシンらは管理者の役割を「組織内外の人々が仕事に関して彼に寄せている期待に応えること」と定義し、管理有効性向上の鍵を管理者相互の期待コミュニケーションの充実に求めて一連の手続を開発・実践した。――各自が抱く期待の表出と伝達→談合による調整→上級管理単位による修正・確認→当事者との協定（＝期待の課題への転化）→課題遂行実績の評定……。DCC枠組のC＝選択に管理者活動の有効性向上の焦点を置くスチュアートの含意はEAの監査・改善方策と共鳴して組織全体に拡延し、逆にEAの計画・統制システムは管理者各自の主体的コミットメントを駆動させる回路を見出す。

上記の相補関係を評価したC・ヘイルズは他方で両説における基本的な問題次元（パワー・資源の配分状態、管理者の属性やコミットメントの程度など）の欠落を指摘した。管理職務のD＝要件は誰が何処で決めるのか？C＝選択の範囲・方向は何処から影響を受けるのか？――企業が置かれている経済システムの規制力が管理者活動の範囲・内容を決定的に制約している、という視座からの批判は一九八〇年代に台頭した批判経営学派（Critical Management Studies）の人々によって繰り返された。その一人H・ウィルモットの矛先は、管理者活動にまつわる政治的脈絡への洞察を欠いて単なる即物的・技術的な活動とみなす傾向（＝非制度的把握）に向けられた。政治的次元に目を塞いでは管理の理論だけでなく実践も損なわれる――資本主義経済体制に内在する矛盾・対立を緩和するための行動的・制度的技術を改善・再生産する、という管理者の陰伏的職能の修得を妨げるからだ、というのである。

一九八六年、前記ヘイルズは管理者活動研究の永年の方法的未熟とそれに由来する発見事実の無秩序な堆積を抉り、向うべき方向を示唆した。①管理者がしていること（活動）となしとげるべく求められていること（役割・課業・職能など）を区別し、②かつ連続体として扱う。つまり裸の行為から出発して順次より広い文脈で捉えることで、発見事実の諸側面を適切に位置づけ体系化していくことができる。体系化の鍵は役割概念にある。その強味は期待と遂行の両面を補捉でき、かつその間に何ら必然的な連関を想定しない点にある……。（図4）

マルクス主義的言説を頭から排除しないで率直に受けとめ、有用と思えば活用し、当面扱い難い部分も留意は

図４　管理者活動記述の諸レベル

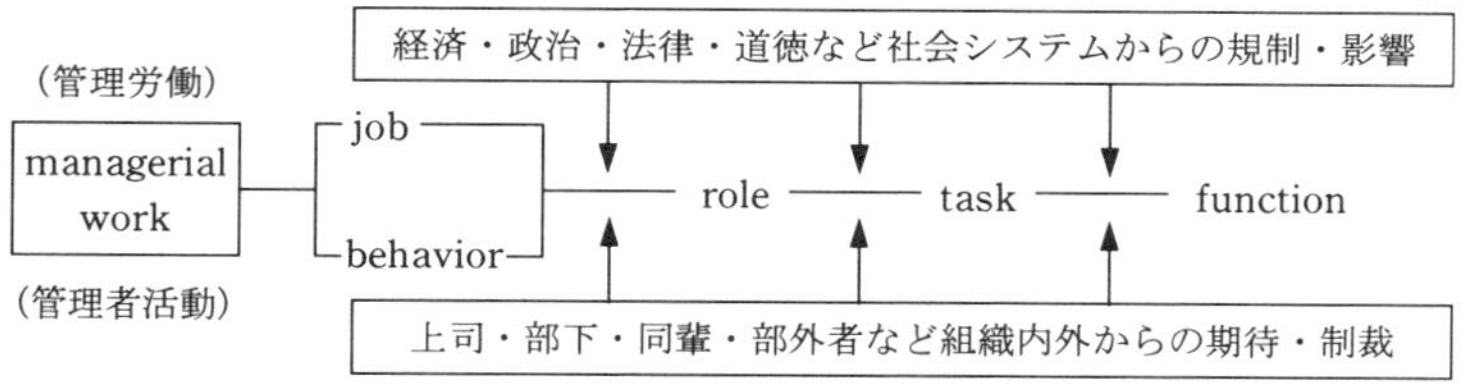

注：Hales, (1986) pp. 111 〜 2 を参考にして作成。

する、というのがイギリス社会科学の伝統である。ウィルモットらの批判に対するスチュアートの姿勢も、この伝統に沿うものであった。

五　四〇年の後

一九八九年、カールソン生誕八〇年集会でスチュアートとミンツバーグは記念講演を行なった。

スチュアートはカールソン以後の‘回顧’と展望を直前に発表したレビュー論文に譲り、最新の研究成果「トップレベル管理者間の役割共有」を実演した。彼女のレビュー論文は基本的に前記ヘイルズ論文を下敷にしている。——従来の研究は確たる理論的基礎を欠き、データの収集・分類が恣意的で研究成果の比較（を通しての視座・方法の進化）が困難だった。個々の管理職務に焦点を置きすぎ、管理がなされる文脈や制度的枠組への配慮に欠けていた……。こうした反省に立つ将来方向指針の要となるのは、役割理論などに基づく‘概念の開発’である。ただし、従来用いられてきた概念・範疇を直ちに廃棄するよりは、様々の批判に応えて次々と改良し、より包括的・凝集的な研究にしていけばよい。類似の職務を担当している管理者の活動を計測可能な業績に照らして比較するなど、管理有効性向上のための方策を探求せよ……。理論的批判に耳を傾けつつも、実践的含意を重視する漸進路線を彼女は堅持している。

他方、ミンツバーグは文字通り管理者活動研究の四〇年を回顧し、数多の欠陥指摘と現状慨歎を披歴した――。カールソンの著作は、四〇年後の今日なお古典と化すことなく‘完全に現時的かつ洞察に充ち’ている。彼が管理者の仕事の内容を概念化する点で難渋（→断念）したことは驚くに当らない。「驚くべきことは、後続の研究者がみなおなじトラブルに捉われていること、……要するにわれわれは、管理者が実際に何をしているか、を未だ把握していない」。この長期停滞の諸原因は多々あろうが、一口にいえば研究者の洞察力の欠如、managementを神秘化して裸の姿を暴き出すことに畏れを抱いていること、より特定的には古典的管理論＝POSDCORB的記述(2)の催眠術にかかっていることに在る……。

カールソン記念講演以後の管理者活動研究の展開を跡づけて、現時点での未来展望を試みることは至難の業である。ここでは、九〇年代の管理者活動研究のなかでひとつだけ、ミンツバーグによる注目すべき理論展開について、ごく簡単に論及するにとどめたい。

ミンツバーグの回想によれば、八〇年代始め頃から例の一〇役割理論が経営者の経験整理・能力開発にあまり役立たず、考え直す必要があると感ずるようになった。公式職位に発して対人関係→情報→意思決定に至る役割生成の因果系列が（容易に逆転可能で）必然性を欠くこと、一〇役割理論は実は理論というに価しない、単なる一覧表にすぎないと自覚した。そこでいくらかましなものの考案にとりかかり、一九九〇年秋になって新枠組が出来上った。（図5）以後ミンツバーグはこの枠組の有効性の検証と具体化を果すべく、一方では経営者へのコンサルタント活動での適用を試み、他方では多種多様に選択した管理者を対象として彼らの活動の‘一日観察’を重ねており、これまでのところ満足すべき反応を得ている、という。

新枠組の最大の特徴は、管理者活動の全体的かつ立体構造的把握にある。過去の著名な管理論者は、みな管理者活動の特定の部分（control, lead, do など）を強調して他の部分を無視した。長年の調査研究によって事実資

図５　ミンツバーグの新枠組（Mintzberg, 1994, p. 23.）

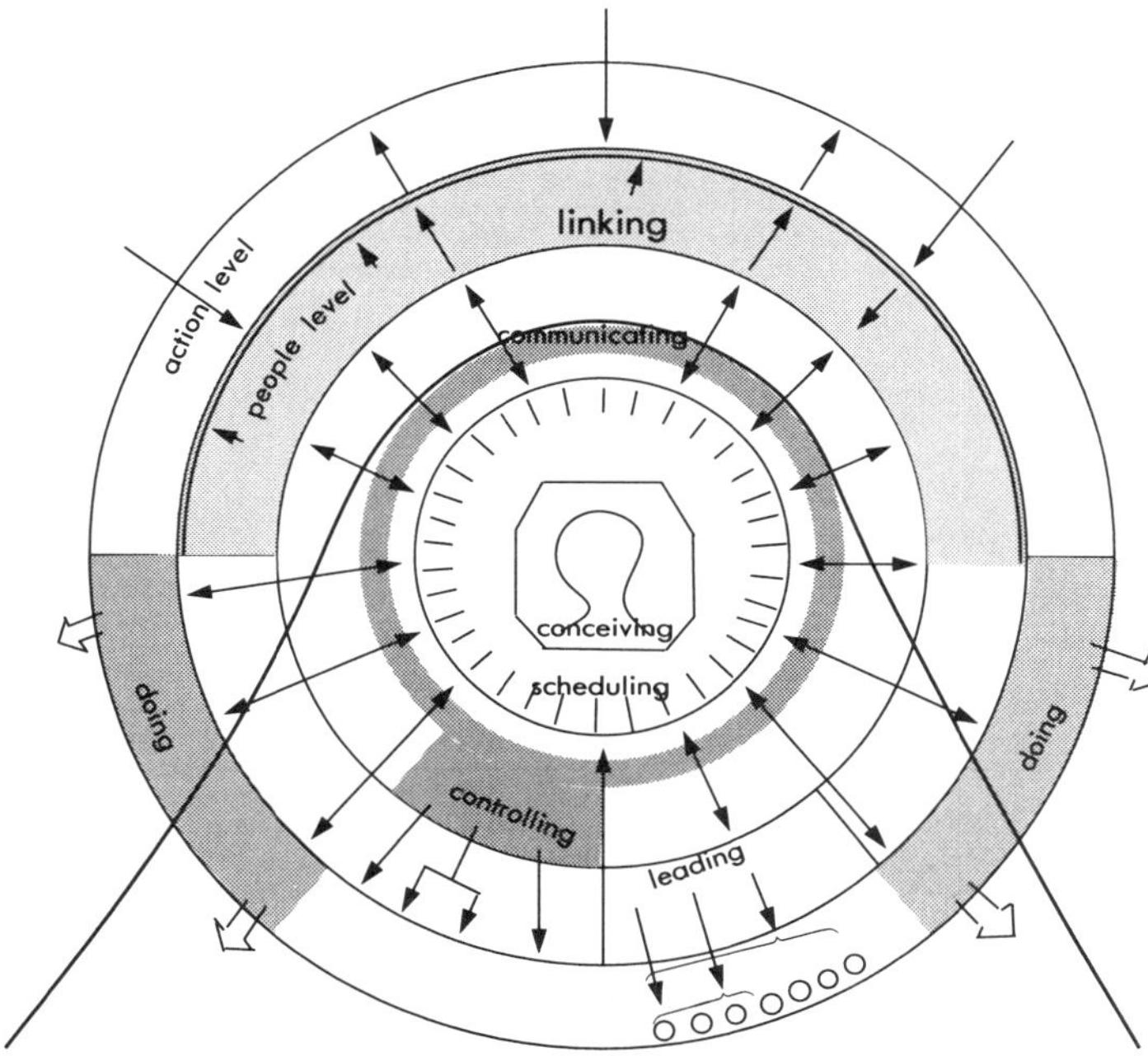

料は膨大に堆積しており、管理者活動について新たに発見すべきものは何もなく、それらを統合的に理解（→適用）できるモデルを作ることが研究を推進する当面の環である。胡桃の断面を連想させる同心円モデルでは、管理者活動が三つのレベルをもつ立体的構造をなして遂行される。一番外側は管理者が担当領域の目的を自ら遂行する〝行為〟のレベル、その内側に（部下に限らず）組織内外の人々を通して目的を果す〝人々〟のレベル、つぎに事実情報の授受と指令情報の授与を通して管理する〝情報〟のレベル。そしてこの立体的活動の中核に管理者の脳中で営まれる情報処理過程があって、価値観と経験・知識の累積的統合によって個々の管理者ごとに独自の活動の枠組とスタイルを作り上げ、全体を統合している。

　ミンツバーグの新枠組が旧枠組（＝一〇役割理論）に比べて格段に洗練されたものであ

図6　カールソン・ミンツバーグ・ファヨール対比

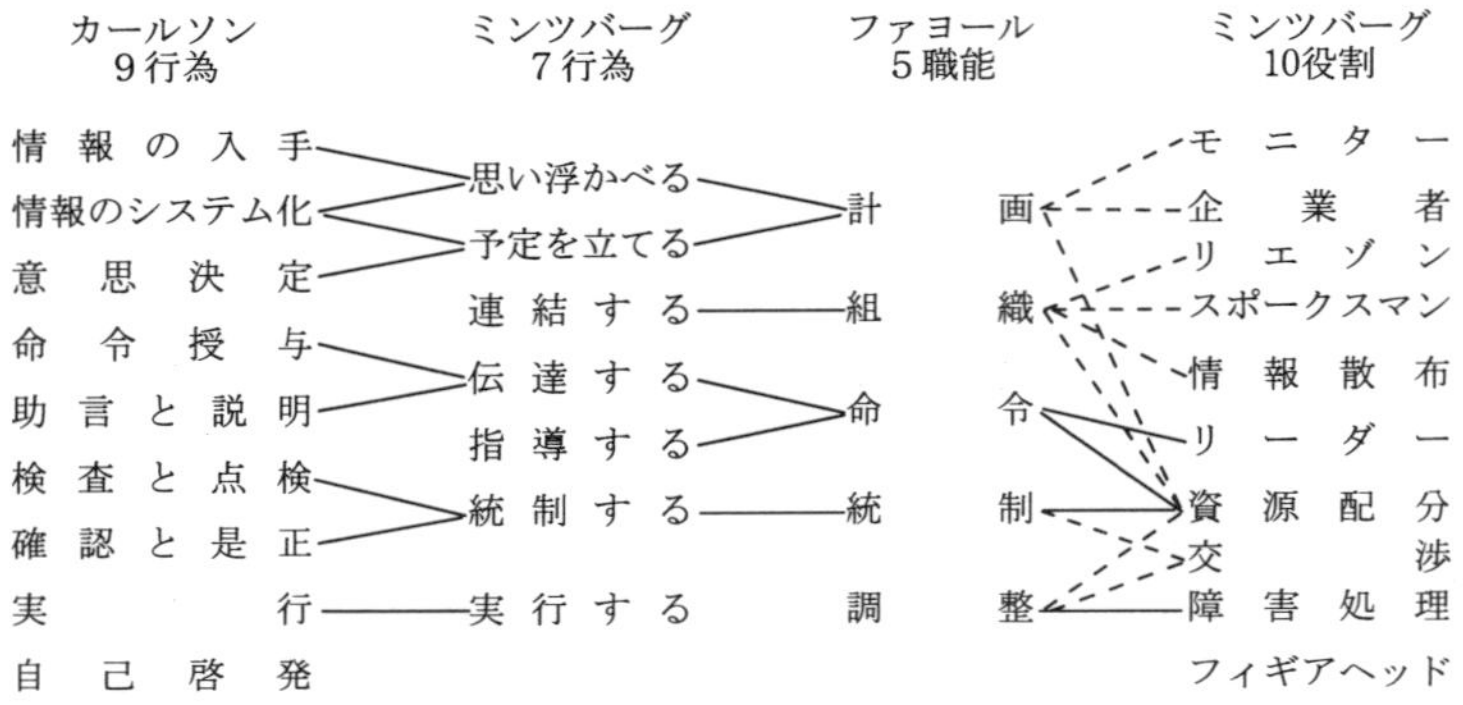

注：――は明確な対応，……は不明確な対応を示す。
Carlson, (1951) p. 38, Mintzberg (1973) p. 59, (1994) p. 23.

ることは一見して明らかである。具体的活動からの抽象度のバラツキ、という一〇役割理論の顕著な難点は払拭された。過去の諸学説(の中心的諸主張)が統合され、旧著が志向して成らなかった理論的透徹と実践的有効性の結合に到達したかにみえる。

ただし、その理論的透徹は、歴史的・社会的文脈を全く捨象した、管理者活動一般の骨格の描写に他ならない。それは、果して、ミンツバーグが志向した管理者活動の'態様でなく内容の把握'への到達といえるだろうか?――前記カールソンの体系化断念理由を想起し、ウィルモット・ヘイルズらによる(ミンツバーグを含む)管理者活動研究(の主流)に対する批判と提言に接するとき、筆者はミンツバーグの新たな達成に対して、一沫の批判的感懐を覚える。

新枠組を構成する七種の行為を四〇年前にカールソンが列挙した九種の行為と対比してみよう。(図6)九行為は殆どがアクチュアルな行為、現象次元の即物的な把握である。対するに七行為は三層(正確には四層)構成の一歩(だけだが)抽象的な概念である。そして両者とも行為の目的・内容ないし全社会的にみた機能を捨象した'態様'の分類である。かつての一〇役割は管理者活動の態様よりは内容の把握を志向して造形され、(その実、一〇役割の大半は態様を指すものだったが)少なくとも二つ、甘く見積もれば四つは内容に関連していた。[3] それらが消失して態様を基軸とする分類に純化したこととの意味は何か？

第一に、ミンツバーグの思考がより現実的になり、実践的有用性の重視に傾斜したのであろう。つぎに、内容と態様の雑居状態を清算した後の当座の住居は内容よりも態様本位に設計する方が現実的であろう。――けだし管理者活動の内容（の実質）は、いかに観察を重ね実態を知悉したところで全面的理解（→体系的記述）に達しうるものではなく、前記ヘイルズらの指摘のように、政治的・制度的文脈の広汎・深長な追求の成果（の過不足なき吸収）を俟って初めて可能だからである。ミンツバーグが現代組織社会（を貫流している経営原理）に強く批判的な価値観をもち、それを様々の害悪に毒されている諸組織の回生（のための処方箋づくり）に投入していることは夙に知られているが、そのことと新たな七行為枠組とは関係がない。ミンツバーグの理論構築の方法（的態度）は、善悪は別として、概して'一点突破→徹底追撃'趣向であり、長距離の論理行軍や広大な包囲網づくりの労（または愚）を避ける傾向があるようにみえる。

ミンツバーグは前記講演において管理者活動研究四〇年の停滞を慨歎し、その直接的規定要因を彼自身を含む殆んどの論者が管理過程論の呪縛にかかっていたことに帰した。にも拘らず、彼の新枠組七行為は図6のように旧枠組一〇役割よりも一段とファヨール POC^3 に接近し、文字通り大同小異の域に達している。この事態は？――恐らく自然の成行であろう。ファヨールもミンツバーグと同様に管理（者活動）の本性を把握すべく、及ぶ限り包括的・抽象的な範疇設定に努めたのであり、ミンツバーグが観察事実に引きずられて実行を付加したように、己れの実感に引きずられて調整を組みこんだのである。

かつてミンツバーグの追従者たちが一〇役割の肩の上に乗って現代の管理者活動における計画職能の不在を言い立てたのに対して、管理過程論に与みする人々は「管理職能とりわけ計画職能は精神的な仕事であって、物理的な時間とは異なるテンポで進行する。せわしない対話中にも、帰宅後でも、計画職能は遂行できる」と反論した。新枠組においてミンツバーグは、管理者の脳中で営まれる計画職能の実在を（言葉は異なるが）承認したことになる。[4]——両者の求める本性 nature が（真の内容ではなく）実践的有用性に直結する態様の本性であるかぎり、途中の行き違いはあっても、一点に収斂するが道理であろう。

ミンツバーグの新枠組に対する欧米学界の反響の如何は、筆者にとって目下不詳である。スチュアートについては、何種類かの中級管理職務に絞った英独比較研究プロジェクトを主導したこと、N・フォンダスとの共著論文「管理職務におけるイナクトメント」が管見内にある。——かれら以外の業績を含めて九〇年代における管理者活動研究の展開を追跡することは、残された課題である。

注

（1）これは、リーダーシップ研究に共通の欠陥としてミンツバーグが指摘するところである。①職務そのものでなく、それについての管理者の認知を収集している。②管理者行動を記述する多数の有意味な文章（に対する管理者の意見）を材料としながら、古典的管理職能分類に類似の、曖昧で無意味な、次元へと蒸留してしまう。最も重要な帰納結果を軽視し、ルーティンな数理的データ処理に凝っている。——Mintzberg, 1973. pp. 212-6.

（2）著名な管理論者L・ギューリックが規定した七種類の管理職能の頭文字を連ねた略称。plan—organize—staff—direct—coordinate—report—budget.

（3）少なくとも二つとは企業者と資源配分、甘く見積もれば内容に関連する二つとは障害処理と交渉を指す。

（4）どういうわけか、ミンツバーグは計画（立案）planning という言葉を徹底的に忌避する。その代りにプログラミング、スケジューリングなどを用いる。

主要参考文献

Barnard, C. 1938. *The Functions of the Executive.*『経営者の役割』

Carlson, S. 1951. (rev. 1991.), *Executive Behaviour.*

Fayol, H. 1916. *Administration Industriele et Générale.*『産業ならびに一般の管理』

Hales, C. 1986. 'What Do Managers Do?', Journal of Management Studies 23.

Hemphill, J. 1959. 'Job Descriptions for Executive', Harvard Business Review 37.
Kotter, J. 1982. *The General Manager.*『ザ・ゼネラル・マネジャー』
——& Lawrence, P. 1974. *Mayors in Action.*
Machin, J. 1980 *The Expectation Approach.*
——, Stewart, R & Hales, C. (eds.). 1981. *Toward Managerial Effectiveness.*
Mintzberg, H. 1973. *The Nature of Managerial Work.*『マネジャーの仕事』
——, 1991. 'Managerial Work: Forty Years Later', in Carlson op. cit. (rev.).
——, 1994. Rounding out the Manager's Job. Sloan Management Review. Fall 1994.
Snyder, N & Wheelen T. 1981. Managerial Roles : Mintzberg and the Management Process Theorists, Proceedings of Academy of Management.
Stewart, R. 1967. *Managers and Their Jobs.*
——1976. *Contrasts in Management.*
——1982. *Choices for the Manager.*
——1989. 'Studies of Managerial Jobs and Behavior : ways forward', Journal of Management Studies 26.
——1991. 'Role Sharing at the Top', in Carlson op.cit. (rev.).
Taylor, F. 1911. *Principles of Scientific Management.*『科学的管理法』
Willmott, H. 1984. 'Images and Ideals of Managerial Work', Journal of Management Studies 21.
——1987. 'Studying Managerial Work : A Critique and a Proposal', Journal of Management Studies 21.

Ⅲ　経営学の諸相

十三　M・P・フォレット管理思想の基礎
——ドイツ観念論哲学における相互承認論との関連を中心に——

杉田　博

一　はじめに

一九一八年にフォレット（M. P. Follett）によって著された『新しい国家』は、民主主義社会を実現させ得る集団形成過程論として多元論と一元論を統一化した、いわゆる、多元的一元論の立場から相互作用論と統合的統一体論を説くものであった。同書においてフォレットは、暗示と模倣に基づくアソシエーションの法則（群集の法則）を否定し、それに代わる相互浸透（interpenetration）に基づくアソシエーションの法則（集団の法則）を首尾一貫して主唱したのであった。

当初、政治思想として説かれたアソシエーションの法則は、後に彼女が取り組むことになった管理思想にも適用され、さらに展開されることになった。フォレットは、相互浸透に基づくアソシエーションの法則こそ、政治思想に限らず管理思想においても、個と全体の相即的発展を可能にするものであると確信していたのである。

フォレットによれば、アソシエーションの法則の全容は、人間把握に依存しているとされている。それでは、相互浸透に基づくアソシエーションの法則は、如何なる人間観に立脚しているのであろうか。また、彼女の人間観によって方法的基礎を与えられた相互浸透とは、如何なる意味を持つものなのか。フォレットは、自らの思想形成に際して多くの人物から影響を受けているが、とりわけ、ドイツ観念論哲学からの影響が大きいのではないかと筆者は考えている。(1) そこで、本稿では上述した点、つまり、フォレットの人間観と、その人間観を方法的基礎とする相互浸透の意味を、ドイツ観念論哲学における相互承認論との関連の検討から明らかにしたい。

二　間主体性と相互承認

フォレット管理思想における人間観は、他の管理論と比較すると一種独特であると言えるだろう。なぜなら、フォレットにあって、人間は他者との関係から切り離されては存在し得ず、他者との関係のなかでこそ、真の個人として把握されるからである。もっとも、こうした人間観は哲学界では特異なものであるというよりは、むしろ主流を占めてきたとさえ言える。そうしたなかで、人間のあり方を他者との関わりから本格的に論究した人こそフィヒテ（J. F. Fichte）だったのである。フィヒテは自己の自発性を強調する過程で、自己（自我）の他者（他我）に対する関係を根本的に問わざるを得なくなったという。そのことから、自己と他者の関係における主体相互の同一性、すなわち、自己は他の主体との相互関係から認識されるという間主体性が問われることになったのである。

「人間は共同的存在である」ということに根ざしている間主体性の論理は、観念論哲学において、相互承認（gegenseitige Anerkennung）と呼ばれる自他間による相互作用の過程で説明されている。そして、このような相互承認論の萌芽はカント（I. Kant）に見られる。しかし、それは両者間の関係よりも、個々人の道徳的承認という行為の是認や人格の尊重という視点が中心であるために、形式的であるという批判を受けている。そこで、主体としての自己と主体としての他者という両者間の相互主体的な諸自我の関係としての相互承認論は、フィヒテに求めなければならない。なぜなら、フィヒテこそ自己と同時に他者を論じ、両者の関係をコミュニケーション的な承認論として展開しているからである。

ただ、人間を共同的ないし社会的存在として捉えるフィヒテの相互承認論といえども、コミュニケーション過程が、双方の自由の自己制限という法概念に依存しているために、規範論的かつ形式論的であることも否めない。さらに、フィヒテの相互承認の過程における自由の自己制限という法概念は、個人レベルの間主体性についでは説明できるものの、個々の主体間によって形成された全体からの促しを説明しきれない。その意味で、個人主義的であると言わざるを得ないのである。同様のことはカントの承認論にも言い得る。

一般にドイツ観念論哲学は、カント―フィヒテ―シェリング―ヘーゲル、という系譜で把握されるが、相互承認論に限れば、カント―フィヒテ―ヘーゲル、という展開をたどることができよう。そのなかで、主体性を自己中心的に捉えたカントとフィヒテの承認論を個人主義的であると批判し、人間の共同体のあり方を強調したのがヘーゲル（G. W. F. Hegel）であった。ヘーゲルは、個人の実践的自由の実現を共同体（人倫 Sittlichkeit）に見出す。共同体は個人相互の密接な結合からなり、個人は共同体と離れて存在し得ない。ヘーゲルによれば、個人相互の関係は、個人が共同体という全体の有機的一環を担うことから派生する関係であるとされている。このような説明は、個人間の承認の実現よりも、個人が共同体によって承認されるという意味を前面に押し出すことになり、ともすれば、それが「ヘーゲル＝イデオロギーとしての全体優先主義」を生じさせることになる。しかし、ヘーゲルは、共同体を個人の相互承認の場として捉えることによって共同体中心の立場に立ちつつも、フィヒテの承認論を摂取して共同体を個人の側からも捉えていたのである。従ってヘーゲルは、共同体から個人への流れと同時に、個人から共同体への流れという双方を意識していたと言えよう。ここに、ヘーゲルの相互承認論に次のような特徴を確認し得る。

㈠共同体における個人相互の関係と、個人と全体の関係を同時に捉えていること

㈡自己の自由を、全体および他者との弁証法的連関において捉えていること

個人と全体の間での双方向的な流れは、フォレットの「状況の法則」に見られる。[2]「状況の法則を発見し、それに従う」というとき、それは一方で、個人が全体である状況に対して主体的に働きかけ状況の止揚を企図する場面を捉えている。これは個人から全体へという流れである。他方、全体状況に統合されるという場面では、全体から個人へという流れを認めることができる。こうした双方向的な一連の過程である状況の法則は、全体である状況の止揚と、個である個人の自由とを、同時に達成させるものとして論じられているのである。

三　相互作用の創造性

日常いたるところで生じる共同的活動とは、参加する個々人の活動から成る全体性である。それらは、個々人の活動を、単に寄せ集めた全体というものではなく、共同的活動を共同的たらしめている、いわば、有機関連的な活動である。フォレットは『新しい国家』のなかで、「集団としての考え方というものは、如何なる形によるものであれ、合計の過程によって得られるものではなく、私たち全員の相互浸透の過程によって得られるものである。そのような考え方が形成される、この微妙な精神的過程こそ、私たちが学びたいと願っている過程なのである[3]」と述べている。そこでフォレットは、創造する人として他者と共に自分自身を見るためには、新しいアソシエーションの法則が必要であるとして、「自他関係（self and others）」に代わる「自他―他自形成関係

(self-in-and-through-others)」、そして『創造的経験』で「円環的反応(circular response)」と呼称する相互浸透を強調するのである。

フォレットは、集団過程を作用と反作用の過程であると考えている。作用と反作用という相互作用の概念は、ドイツ観念論哲学の中心的テーマであった。カントやヘーゲルが生きた十八世紀後半は、自然科学の劇的な発展のなかで、反発力と引力、作用と反作用、プラスとマイナスといった相互作用が顕在している概念が特に注目されていたのである。

カントは十二のカテゴリー(範疇)を指摘した際に、関係のカテゴリーとして、実体性と因果性とともに相互性のカテゴリーをあげている。(4) 因果性では、原因となるものは能動的であり、結果となるものは原因によって産み出される受動的なものであるという理解がなされる。そのことから、因果性では、原因→結果＝原因→結果＝原因→…というトートロジーの関係が導かれる。しかし、実際には、原因が能動的に作用した結果は、単に受動的なものにとどまらず、最初に原因となったものへ反作用する。(5)

このような関係をフォレットは、テニスのゲームを例に説明している。(6) それは、AがBにサーブをする。Bはそのサーブをリターンするが、その際のBのプレイは、B自身のリターンの方法と、Aによるサーブの方向に大きく影響を受ける。さらに、AはBにボールを返すが、その際のAのプレイは、A自身のリターンの方法と、一番はじめのAのサーブと、それに対してBが行ったプレイに影響を受ける。このように、両者間でラリーが続く限り、AとBとの行為と対応行為は円環的に結合していくことになる。

カントは、そこで相互性カテゴリーを持ち出す。カントにあって、相互性は同時的共同性という言葉に置き換えられる。かかる同時的共同性は、ある空間に同時に存在する個々の実体間の相互作用を問う概念であるが、それは相互承認というコミュニケーション過程と同様、個人主義的な特徴を有するものであるために全体性という概念は希薄である。全体性とはフォレットの言う「状況」である。フォレットは、社会的過程の展開する関係性の各局面を状況と呼んだ。社会的過程とは、相互作用の円環的反応が全体性へと統合していく過程であるが、そこには個と個、さらには個と全体の間での関係がある。こうした関係は、フォレットによって「状況の法則」のもとに論じられている。

ところで、フォレットは状況の法則に従うことを「非人格化」と呼んだが、それは同時に「再人格化」の問題でもあるという。フォレットは、人間を常に状況から分離している抽象的な人間ではなく、状況のうちに理解される具体的な人間として把握する。状況が発展することによって変化すれば、相互の関係としての状況のなかに存在する人間の活動も変化するのは必然である。これが再人格化である。従って、状況の法則とは、状況自体から命令を受け取るという非人格化と同時に、発展する全体的関連の中で人間の活動も変化していくという再人格化を実現させるものなのである。個と全体の相即的発展は、こうした個から全体へ、また全体から個へという双方向的な相互作用によって実現可能なのである。

以上のことから、カントの相互性カテゴリーの特徴として、全体性の観点が希薄であること、相互作用の要素が常住の実体であること、この二つを提示することができよう。従って、個と全体の相互作用において、実体ではなく機能ないし活動の関係性を捉えるフォレットの状況の法則を、カントの相互性カテゴリーから見るのには限界がある。(7)

ただ、ヘーゲルはカントの因果性カテゴリーについては批判的ではあったが、相互性カテゴリーについては、カントを踏まえ積極的に展開している。相互性カテゴリーに関して両者の見解は同一なのであろうか。しかし、それでは相互承認についての見解の相違に対する説明がつかないのである。なぜなら、ヘーゲルにあっての承認には、前述のように個人相互の承認と、全体と個人との間の承認が含まれているからである。

フォレットは、ヘーゲルの弁証法的論理に基づく全体論の精神は全体的相互関連性（total relativity）であり、それはジェームズ（W. James）の自覚することの合成（the compounding of consciousness）の本質であると評価している。[(8)] イデオロギー的な全体主義として、プロシア帝国の絶対主義やナチスのファシズムへの影響が指摘されるヘーゲル哲学であるが、全体的相互関連性という上述のようなヘーゲル解釈は、フォレットにあって「真のヘーゲル主義」であるとされている。フォレットは、ヘーゲル哲学に何を見ていたのだろうか。

四　全体的相互関連性

諸部分を全体のなかで完全に生かし、全体は諸部分のなかで完全に生きるような連邦主義による民主主義社会の構想をフォレットは抱いていた。多者（個人）に対する一者（国家）の関係、および一者（国家）に対する多者（個人）の関係において、フォレットは両者の均衡ではなく統一を考えていたのである。そして、その実現は「全体の形（the “all-form”）」と「各々の形（the “each-forms”）」の両立を捉えた、自覚することの合成というジェームズ哲学の実践にあるとしたのである。[(9)]

ジェームズの自覚することの合成は、ヘーゲルの絶対知（absolutes wissen）の境地であろう。絶対知とは意識の自己認識過程の究極であり、個人的意識と共同的意識との統一、つまり、「我なる我々」、「我々なる我」という論理において成立する概念であるという。[(10)] それは、意識と対象、主観と客観、多者と一者、自己と他者といった二項対立を止揚し統一する境地である。

こうしたヘーゲルの絶対知の境地は、イギリスの新ヘーゲル主義の政治学者グリーン（T. H. Green）やボザンケット（B. Bosanquet）の福祉国家論にも見受けられる。グリーンやボザンケットの国家論は、真のヘーゲル哲学であるとフォレットによって評価されている。[11] それは自由放任を廃止し、しかも強制ではない、あらゆる人々が等しく善に貢献できるように万人を開放して、その力を十分発揮できるようにすべしとした、個人の道徳的生活と近代市民社会の国家が持つ民主国家としての共通利益の大切さを主張したものであった。[12]

ところで、イギリスの新ヘーゲル主義は、政治学のみならず生物学の分野にも多大な影響をもたらしていた。生物学者であるホールデン（J. S. Haldane）は、有機体内部の新陳代謝の活動は、全体の活動であるとする有機体論的生物学を唱えた。[13] また、同時代のドイツでは、要素主義的心理学から「組織」の概念、「統合」、また「人間個人の全体的活動」を中心テーマとするゲシュタルト心理学への移行があり、それはアメリカの心理学に大きな貢献をもたらすことになった。[14]

こうした時代状況のなかで、フォレットはホワイトヘッド（A. N. Whitehead）の有機体の哲学に影響を受けながら、自らの思想を形成していくことになったのである。それこそが、全体的相互関連性という弁証法的過程による統合的統一体論だったのであろう。「有機体、つまり、統一体に関心を持っている者（生物学者、哲学者、社会学者、あるいはその他、なんであろうとも）は、それぞれ創出（emerging）、流溢（overflow）、発展（evolving）、新しい価値の出現ということに関心がある」[15] とフォレットは言う。統一体を形成する社会的過程とは、相互作用、統一体化、創出という同時に起こり同時に進行している一過程である。それは個と個、そして個と全体の相互浸透であり、そこに個と全体の止揚がある。

五　おわりに

本稿では、フォレット管理思想を特徴づけている人間観の起源を、ドイツ観念論哲学の中心的なテーマである相互承認論に求めた。その結果、フォレットの人間観には、フィヒテの自己と他者における主体相互の同一性の論理、すなわち、間主体性の論理を確認することができた。しかし、こうした間主体性の論理も、個人と個人の関係のみならばフィヒテで説明がつくが、個人と個人の関係によって形成された全体と個人との関係、また、それらの弁証法的過程の説明には、ヘーゲルの全体論的な承認論が必要になった。つまり、間主体性の論理を持つフォレットの人間観は、フィヒテからの影響として把握し得るものの、そうした人間観を方法的基礎に持つ相互浸透の概念は、ヘーゲルの影響を受けていると考えられる。

しかし、ここで注意すべきことがある。それは、フォレットが影響を受けたのは、思想家としてのヘーゲルというよりは、むしろ方法論者としてのヘーゲルであったということである。イデオロギー的な全体優先主義として位置づけられがちなヘーゲル哲学に対して、フォレットは、その全体主義を方法論的カテゴリーとして把握し、その特質を全体的相互関連性にあるとした。そしてフォレットは、ヘーゲルの全体的相互関連性にプラグマティストであるジェームズの自覚することとの合成を重ね合わせていたのである。ヘーゲルの全体主義を、イデオロギーとして把握すると、それをジェームズのプラグマティズムに結びつけることは困難であるが、方法論的カテゴリーとして把握すれば、フォレットが指摘するようにその関連は濃厚になる。[16] なぜなら、両者は有機体論的方法につながる論理を包含していると考えられるからである。

フォレットは、統合的統一体を構想し、その統一体に関して「現存する哲学者の間では、ホワイトヘッド教授がこのような真理を私たちが理解するために、最も貢献していると私は思っている」[17] と述べている。フォレットの統一体論の理解には、ホワイトヘッドの有機体の哲学、とりわけ、ホワイトヘッドが、『過程と実在』において合生（concrescence）と呼ぶ統一体の過程の考察が必要であろうが、この点については筆者の今後の課題としたい。

注

(1) フォックス (E. M. Fox) は、フォレットをヘーゲルとの関連で把握し、新ヘーゲル主義者グリーンからの影響を検討しているという（三戸　公・榎本世彦『経営学—人と学説—フォレット』同文舘、一九八六年、二二一頁）。またレンは、フォレットの哲学的基礎にはドイツ観念論哲学者フィヒテの影響があると指摘し（D. A. Wren, *The Evolution of Management Thought*, 1979, p. 325. 車戸　實監訳『現代経営管理思想』《下》マグロウヒル社、一九八二年、三九四頁）、榎本世彦教授は、フィヒテに加えてアメリカのプラグマティズム、とりわけ、ジェームズからの把握の必要性を指摘しておられる（三戸・榎本、前掲書六二頁）。さらに村田晴夫教授にあっては、ホワイトヘッドの哲学にこそ、フォレットの有機体論的な管理思想の基礎があるとされている（村田晴夫『管理の哲学—個と全体・その方法と意味—』文眞堂、一九八四年、二〇五頁）。

(2) 「状況の法則に従う」ということには、積極的と消極的の二つの捉え方があると村田晴夫教授は指摘している。「積極的とは、全体の構成要素である人間が、主体的に状況に関与し、その状況の止揚を企図することである。それは必然、バーナードの創造的管理論へとつながる。一方、消極的の方は、人間が主体であるよりも客体として、全体状況の流れに統合される方向である」。村田、前掲書二〇三頁。

(3) M. P. Follett, *The New State : Group Organization the Popular Government*, Longmans, Green and Co., 1918, p. 24.（三戸公監訳・榎本世彦・高澤十四久・上田　鷙訳『新しい国家—民主的政治の解決としての集団組織論』文眞堂、一九九三年、二一一頁。）

(4) 有福孝岳監訳『カント入門講義』法政大学出版局、一九九四年、七〇—一〇八頁。

(5) 岩佐　茂・島崎　隆・高田　純編『ヘーゲル用語辞典』未来社、一九九一年、二二六頁。

(6) M. P. Follett, *op. cit.*, pp. 25-26.（前掲訳書二二一—二二三頁。）

(7) 村田晴夫教授は、システム論ないし有機体論的性格を備えているフォレットの相互作用論と、カントの相互性カテゴリーを比較検討されている。『管理の哲学』二〇一—二〇二頁。『情報とシステムの哲学』文眞堂、一九九〇年、一八一—一八二頁。

(8) M. P. Follett, *op. cit.*, p. 266.（前掲訳書二五八頁。）

(9) *Ibid.*, p. 265.（同訳書二五六頁。）

(10) ヘーゲルの絶対知の説明は、岩佐・島崎・高田、前掲書五五—五七頁が明解である。また、ヘーゲルの絶対知に関して、高橋公夫教授は、フォレットの集団過程との関連を示唆しておられる。高橋「フォレットとヘーゲル—『新しい国家』を読んで—」『FORUM』日本フォレット協会、No. 8, 一九九五年六月。

(11) M. P. Follett, *op. cit.*, p. 267.（前掲訳書二五八—二五九頁。）B・ボザンケットの国家論に関する著書には次のものがある。B. Bosanquet, *Politics and Philosophy*, Routledge/Thoemmes Press, 1996. この書物には、*Aspects of the Social Problem*, 1895. および *The Philosophical Theory of the State*, 1899. の二編が収録されている。

(12) 同訳書二六三—二六四頁。T・H・グリーンの功績は訳書のみに（訳注として）記載されている。

(13) H. C. Metcalf & L. Urwick, *Dynamic Administration: the Collected Papers of Mary Parker Follett*, Bath Management Publi-

cation Trust, 1940, p. 185.（米田清貴・三戸　公訳『組織行動の原理』未来社、一九七二年、二五五頁。）

（14） *Ibid.*, p. 186.（同訳書二五六—二五七頁。）ゲシュタルト心理学に関するフォレットの見解については次の書物を参照されたい。
M. P. Follett, *Creative Experience*, Longmans, Green and Co., 1924, pp. 91-116.（上田　鷲訳「M・P・フォレット『創造的経験』」『商経論集』北九州大学、第一六巻第二号、一九八一年、一〇七—一二八頁。）

（15） H. C. Metcalf & L. Urwick, *op.cit.*, p. 200.（前掲訳書二七六頁。）

（16） フォレットにしてもヘーゲルにしても、両者は近代市民社会を批判することから自らの論を展開している。従って、フォレットのヘーゲル解釈を問う場合に、ヘーゲルのイデオロギーを切り捨ててしまってよいのだろうか、という疑念が、常に筆者につきまとっている。なお、フォレットとヘーゲルとの思想的関連については、高橋、前掲論文、に取り上げられている。参照されたい。

（17） H. C. Metcalf & L. Urwick, *op.cit.*, p. 188.（前掲訳書二六〇頁。）

十四　科学的管理思想の現代的意義
――知識社会におけるバーナード理論の可能性を求めて――

藤　沼　　司

一　緒　言――問題の所在と視座の設定――

現代社会が工業社会段階から脱工業社会段階に入ったと言われて久しい。この脱工業社会をP・F・ドラッカーやD・ベルは「知識社会」と呼ぶ。それは、競争力の基盤が「肉体労働」から「知識労働」へ移行し、「知識の生産性」――どのような知識を創造するか、どのように知識を利用するか――が、個別企業や各産業、諸国の競争力の源泉となるからである。この「知識の生産性」向上の鍵を握る個々人には自律性・創造性の発揮が要請され、更に個々の組織には「階層組織」から「フラットな組織」への移行が求められている。知識社会の中核を占める「知識」を、ドラッカーは「手段としての知識」観に立脚するものと、またベルは経験主義に対する理論の優位ならびに抽象的シンボル体系への知識の集成（理論的知識の中心性）と特徴づける。ドラッカーは、F・W・テイラーの科学的管理が知識社会への最も重要な一歩をなすと言うが、一見すると知識社会としての現代社会においては、その源流とされるテイラーの時代とは様相が異なり、科学的管理は既に過去のものとして乗り越えられたかに見える。

しかし三戸公は、こうした社会段階移行の深層に科学的管理の論理の貫徹を見出し、その問題性を指摘する（三戸、一九九七年）。三戸は次のように述べる。「科学とは彼（テイラー）においては、蒐集し、分類し、分析しそこから規則・法則を導きだし、それを利用して有効な方式を作り出す、ということである。科学的管理がこのような科学に依拠した管理であるとすれば、テイラー以降の一切の管理は科学的管理ということになる」（三戸、一九九七年、二〇一二一頁）。作業の科学に始まり、人間関係の科学、意思決定の科学を経て今日に至る「科学的管理の展開は、ひたすらに目的合理性の追求であり機能性を追求して新しい対象・方法を専門化・特化しつつ発展してきた」（三戸、一九九七年、二一頁）。換言すれば、現代経営学の主流は、精神革命としての科学的管理の二本柱（①労資双方の「心からなる兄弟のような協働」、②「経験から科学へ」）のうち「経験から科学へ」に偏向しながら展開してきている。

しかし、こうした目的合理性・機能主義の追求の意図せざる「随伴的結果」として、組織を取り巻く自然環境・社会環境の破壊や人間性の危機が引き起こされている。三戸はここで、ひたすら組織への奉仕に没頭する管理から人間に奉仕する管理への、科学的管理の軌道修正のための精神革命の必要性を唱える。科学的管理のもう一つの柱である「心からなる兄弟のような協働」に象徴される人間主義ないし人間中心主義の回復を説き、人間主義と機能主義とを統合する管理論の必要性を説く。

社会が工業社会段階から脱工業社会段階へと、つまり知識社会へと移行しても、その根底に「経験から科学へ」に偏向した科学的管理の論理が貫徹している。両社会段階の深層に依然として人間性の危機が潜んでいる。三戸のこうした問題提起を受け止めつつ、本稿では、人間性の危機の内実及びその原因を原理的に検討し、更に人間性の危機克服の方途を探る。その際、バーナード理論を分析枠組みとする。それは、バーナード理論が人間と組織との関係の根本を見出す一般理論であり、それ故科学的管理の展開による人間と組織との関係の変容を検討し、人間性の危機を克服する方途を探る上で有効だからである。本稿では、人間性の危機の内実を〈個人の組織への包摂〉という事態と捉え、そうした事態が生起する原因として、科学的管理化の進展による公式組織の科学化と、それに随伴する人間協働の存立基盤である「道徳的基盤」に対する科学の侵蝕を指摘する。（本稿で科学的管理とは、狭義にはテイラーの「作業の科学化」を指向する管理思想・管理システムを意味するが、広義にはテイラー以降更に精緻化の進む「経営・管理全般の科学化」を指向する管理思想・管理システムをも含意する。）

二　科学的管理の展開とそのインパクト

――バーナードの問題提起解題――

本稿では、テイラーの科学的管理の本質的側面として、「職務の専門化」の進展に、ひいては公式組織構造の「階層組織化」の進展に注目する。バーナードは、テイラーに直接言及しないが、論稿「世界政府の計画化について」の中で、階層組織化の進展によって、「公式組織とそれに伴う機能的専門化との分裂的効果による非公式組織の細分化」(Barnard, 1943, pp. 146-147（原典）、一四七頁（邦訳））が生じ、「われわれの社会の非公式組織の統一は、それ独自の習慣と言語をもつ無数の第二次非公式組織（secondary informal organization）の発展によって、こわされがちである」(Barnard, 1943, p. 148.）と指摘する。つまり〈非公式組織の分裂・崩壊〉の危機が惹起されるのである。

この論稿を検討すると、そこに二種類の〈非公式組織〉が存在することが分かる。この二種類の非公式組織を、本稿では便宜的に〈第一次非公式組織〉(primary informal organization）と〈第二次非公式組織〉(secondary informal organization）とに区別する。（1） 論稿の文脈から第一次非公式組織は、特定の人間協働とは無関係に存在する人々の相互作用を意味し、こうした相互作用の広範なものとして、例えば「社会」や「共同体」が挙げられる。他方第二次非公式組織は、特定公式組織の成立に随伴する限定的な人々の相互作用であり、それ故それは特定公式組織の特質を強く反映し、また、特定公式組織の解消とともに姿を消すものと、特徴づけうる。

この二種類の非公式組織は、上述の相違を有するにも拘わらず、他方で共通の特徴をも有する。およそ非公式組織は、「習俗、習慣、共有の嫌悪感、固執される信念、因習、道徳準則、制度、言語」（Barnard, 1943, p. 145, 一四六頁）等の、通常「文化」と言われる諸結果をもたらす。非公式組織は、それぞれ固有の「文化」を形成するのである。

このように、バーナード理論において二種類の非公式組織概念が存在するとすれば、バーナードの問題提起は、次のように再定式化されよう。即ち、特定公式組織の成立と高度な専門化・階層組織化の進展は、多数の単位公式組織と多数の第二次非公式組織とを創出し、それに伴う「社会結合の専門化」（Barnard, 1938, 1968, p. 131, 一三七頁）によって、〈第一次非公式組織の細分化〉、ひいては〈その分裂・崩壊〉の危機が惹起される、と。つまり〈社会の衰退〉である。バーナードはこの〈社会の衰退〉の根源として、大規模な経済的協働システム（＝組織体）の台頭を指摘する。「近年までの経済的諸活動はほとんどまったくといっていいほど個人的で地域的であり、そして特定地域の慣習によっておおいに左右されていた」（Barnard, 1936, p. 41, 五九頁）。この「特定地域の慣習」こそ、第一次非公式組織に固有の「文化」である。しかし大規模組織体は、「その規模がきわめて大きいものなので、それはこれまでの幾世紀かに存在した国家や教会に匹敵する、目立ちはしないが組織化された一つの権威になっている」（Barnard, 1936, p. 41, 五九頁）。こうした特定公式組織の中で個々人の活動が多く為されるようになると、「これら（特定公式組織）が、彼らにとっての大部分の主要関心事の焦点」（Barnard, 1943, p. 147, 一四八頁）になる。即ち、既述のバーナードの問題提起は、人々の個人的あるいは社会的諸行動を規定する「文化」の、「第一次非公式組織の文化」から「第二次非公式組織の文化」への移行、あるいは〈個人の組織への包摂〉である、とも言えよう。

以上、バーナードの問題提起には二つの特徴がある。第一に〈伝統的社会関係の解体・変容〉である。この問題は十九世紀中も大いに論じられた。第二に〈個人の組織への包摂〉である。これは二十世紀に顕著な事態である。大規模組織体の台頭に伴う職務の専門化・公式組織構造の階層組織化の進展が、なぜ〈伝統的社会関係の解体・変容〉や〈個人の組織への包摂〉をもたらすのか。広義の科学的管理が展開する深層で「非公式組織」に何が生じたのか。この問題を検討するために、以下に、分析枠組みとしてのバーナード理論を概観する。

三　分析枠組みとしてのバーナード理論

1　組織化の三つの位相――動機‐目的‐行動――

バーナード理論では、個人及び協働システムに共通な〈能動性の三つの位相〉(2)を定式化しうる。それが〈動機‐目的‐行動〉図式である。およそ「動機」とは、過去及び現在の物的・生物的・個人的・社会的諸力の結合・合力・残基である。「動機」は諸力に由来する「緊張」であることが多く、この「緊張」を解消するために何らかの「目的」を設定し、その「目的」達成に向けて「能動活性」が、客観的に観察可能な「行動及びその諸結果」にまで具現化される。但しこの〈動機‐目的‐行動〉図式は、能動活性の三つの異なる位相を示すもので、必ずしも生成の順序を示さない。つまり、何らかの目的の設定、あるいは、特定の行動の要請によって、何らかの心的状態が惹起されうるのである。

この〈能動性の三つの位相〉は、個人のみならず協働システムにも垂直同型的に見出される（村田、一九八四年を参照）。それが〈人間のエネルギー——「組織場」—組織的行動及びその諸結果〉（Barnard, 1938, 1968, pp. 75–76, 七八—七九頁）、つまり〈非公式組織-公式組織-組織的行動及びその諸結果〉である。但しこの場合も、協働システムにおける能動活性の三つの異なる位相を示すもので、必ずしも生成の順序を示さない。ただ、組織が成功裡に存続・発展するには、すべての位相が必要である。以下では、バーナードが挙げる組織発生に関わる四つの方法の中から、組織の自然発生的な過程を取り上げ、その関連で〈能動性の三つの位相〉を概観する。それは、この過程こそ組織の原初的形態であり、人間と組織との関係がより明確に浮かび上がってくるからである（藤沼、一九九九年を参照）。

継続的な第一次非公式組織での相互作用を通じて、諸個人の「動機」が「斉一な心的状態」にもたらされる。これが「組織固有の動機」である。「人々が（第一次）非公式組織を通じて、利害、理解、理想の共有状態に結合されるとき、この共同体の維持および彼らそれぞれの利害はともに、意識的に承認された目的を達成する明確な協働事業を形成させるようになる」（Barnard, 1943, pp. 149–150, 一五〇頁）。即ち、公式組織の成立である。そしてこの共通目的の実現に向けて能動活性が、「組織的行動及びその諸結果」として客観的に観察可能なまでに具現化される。しかしいったん公式組織が成立すると、今度は、公式組織はそれ自身の第二次非公式組織を創造し、第一次非公式組織とは異なる性格が創発されてくる。この第二次非公式組織が個人の動機に作用するようになる。以後特に混乱のない限り、「第二次非公式組織」を単に「非公式組織」と表記する。

非公式組織及び公式組織はそれぞれ一定期間存続すると、非公式組織の無意識的な社会過程を通じて「非公式制度」を、同様に公式組織の意識的な過程を通じて「公式制度」を発展させ、それらが相互に修正し合う（Barnard, 1938, 1968, p. 116, 一二一—一二二頁）。この相互修正の過程で一種の化学反応が生じるように、その結合・

合力・残基が「組織の動機」の根底に、つまり非公式組織の深層に沈殿・堆積し、人間協働の基盤を成す道徳性、つまり組織の「道徳的基盤」を形成する。この組織の道徳的基盤こそ、上述した第二次非公式組織に固有の「文化」の核心を成し、組織を自律的な「道徳的制度」たらしめる。

2　人間協働の存立基盤としての道徳的基盤

非公式組織の深層に潜む道徳的基盤は、慣習、文化様式、〈世界〉についての暗黙の仮説、深い信念、無意識の信仰を表現しあるいは反映し、〈この世界の意味〉を提供し保証する根拠である。道徳的基盤は、それを共通の存立基盤とする人々に〈この世界〉の自明性を、つまり「常識」(common sense) を提供する。それは自明であるが故に、敢えて問い返されることはない。道徳的基盤は、「それは全世界からきたり、全世界に展開する。それは、ふかく過去に根ざし、未来永劫に向かって」(Barnard, 1938, 1968, p. 284, 二九六頁) 開かれている。道徳的基盤は、一定の空間的及び時間的拡がりを有する。空間的拡がりとは、それを共通の存立基盤とする人々を共通の〈この世界〉に結合することを意味しており、また時間的拡がりとは、「道徳」の定義[3]からも明らかなように、〈現在〉にのみ配慮した衝動的な「動機」を禁止・統制・修正して、〈現在〉を生きる諸個人を深く〈過去〉に根ざさせ〈未来〉への予期（目的の予見性・理想性）を与えること、つまり〈現在〉を〈過去〉及び〈未来〉の中に位置づけることである。

ここで「道徳的基盤」と「(共通) 目的」とを区別することは重要である。両者はそれぞれ、空間的に見て、共有された〈この世界の意味〉つまり公共的〈世界〉了解に、また〈この世界〉で追求される「私」の生きる〈意味〉に対応する。公共的〈世界〉了解に立脚してこそ、「私」は〃安心〃して、〈この世界〉で固有の目的を確定し、その充足（満足）を追求できる。また時間的に見て、およそ目的とは〈現在〉に立脚しつつ〈過去〉と〈未来〉とを架橋する (Barnard, 1938, 1968, p. 209, 二一九頁)。「目的」は、〈過去〉の経験を反映し〈未来〉への予期を必要とする。それ故目的の定式化には、深く〈過去〉に根ざし、〈未来〉に向かって開かれた道徳的基盤が重要なのである。また「(共通)目的」と「道徳的基盤」とを、「有効性」と「能率」との関連で区別することも重要である。有効性とは〈現在〉に立脚する目的の達成度であり、それ故に〈現在〉の問題である。一方、能率とは満足の獲得であり、有効性の達成過程の結果、つまり〈未来〉の問題である。それ故能率の獲得は、時間的拡がりを有する道徳的基盤を必要とする。

これを協働システムの場合で言うと、協働システムの目的とは公式組織の共通目的であり、共通目的が立脚する〈現在〉とは、「いま・ここで・現に協働している」協働システムの〈現在〉である。また協働システムの〈未来〉とは、「協働に参加する個人が、人間としての主体を回復する瞬間に訪れる」(村田、一九八四年、九一頁)。各個人は協働の〈現在〉(有効性の達成)に身を投じ、協働の〈未来〉における成果分配(主体性の回復・能率の獲得)を期待する。

以上、バーナード理論を概観した。〈動機−目的−行動〉図式と関連づければ、職務の専門化や公式組織構造の階層組織化は、「組織的行動」や「組織図」という形で客観的に観察可能な「行動」の位相に対応する。工業社会段階から脱工業社会段階への移行過程で、各人の自律性・創造性が強く求められ、更に組織構造の「フラットな組織」化も目指されている。しかしこうした客観的に観察可能な「行動」の位相の変化に対し、広義の科学的管理化の展開する深層には「動機」及び「目的」の位相が、即ち非公式組織及び公式組織の各位相が潜んでいる。それ故以下において、広義の科学的管理化の進展の、公式組織及び非公式組織に対するインパクトを考察する。

四　科学的管理化の深層
――公式組織の科学化と道徳的基盤への科学の侵蝕――

テイラーは労使対立の源泉であった労使双方の恣意性を排して、客観的で「正確明瞭なる法則をもった技術」(Taylor, 1903, p.18, 五二頁) としての管理による、労使の協調的協働の実現を目指した。そのために熟練労働者の個人的所有物たる「行動知」を客観的な社会的所有物たる「科学的知識」に転換した。テイラーの言う科学とは「工員の心の中に分類されずに存在していた知識を一つところに集め、これを法則 (laws)、規則 (rules) または方式 (formulae) にまとめる」(Taylor, 1912, p.41, 三六一頁) ことであり、この法則・規則としての科学を「最大の生産」(Taylor, 1911, p.140, 三三三頁) のために適用する。それは「手段としての知識」観に立脚する。「経験から科学へ」の知識の転換を通じて命令は非人格化され、科学的に有効性のある活動または諸力の調整・結合 (公式組織の科学化) が可能となった。これが生産効率の飛躍的増大を実現し、今日の「物質的繁栄」の基礎を築いた。しかしここに、M・P・フォレットに倣えば、命令の再人格化の問題が残る。〈公式組織の科学化〉は非公式組織との相互修正を経て〈道徳的基盤への科学の侵蝕〉を惹起する。およそ科学は〈特定の意味〉の体系であって、潜在的な〈意味〉の多元性を蔵する〈この世界の意味〉や〈この世界〉における「私」の生きる〈意味〉といった根本的な問いに応えはしない。(4) 〈道徳的基盤への科学の侵蝕〉は、道徳的基盤の空間的及び時間的拡がりにおいて、次のような変容をもたらす。

まず空間的拡がりにおいて、一面で〈第一次非公式組織の道徳的基盤の分裂・崩壊〉の危機が、他面で諸々の〈組織の道徳的基盤への個人の包摂〉が生じる。また時間的拡がりにおいて、〈過去〉-〈現在〉-〈未来〉の結びつきが弱まり、各〈現在〉の無限の継起、つまり協働の〈現在〉への個人の包摂という事態が生じる。道徳的基盤のこうした空間的及び時間的拡がりの変容によって、次の事態が出現する。即ち「私」の生きる〈意味〉（能率）の追求は、空間的にも時間的にも諸々の組織の道徳的基盤に包摂され、無限に継起する協働の〈現在〉（有効性の追求）の埒内で展開される。しかしこの情況下で個々人の「私」の生きる〈意味〉が充足（満足）することは困難である。それは、組織の道徳的基盤も科学の侵蝕を被り、従って〈特定の意味〉への一元化ないし〈意味〉の動揺や〈過去〉－〈現在〉－〈未来〉の結びつきの衰退を招き、それに由来する「私」の生きる〈意味〉の〝不安〟や〝不満〟が惹起されるからである。潜在的に多元的な〈この世界の意味〉や「私」の生きる〈意味〉が、組織の有効性に奉仕するための一元的な〈意味〉に包摂される。広義の科学的管理化による我々の生活の表層での「物質的繁栄」の深淵に不安や不満が潜んでおり、それを無限に継起する協働の〈現在〉の中で解消しようと生きることとなった。これこそが広義の科学的管理化の深層に潜む人間性の危機の内実ではないか。

五　結　語——精神革命としての創造的管理の可能性——

テイラー以来の広義の科学的管理化は、われわれに「物質的繁栄」をもたらした。このことは大いに評価されるべきである。しかし同時に、その深層において〈公式組織の科学化〉及び〈道徳的基盤への科学の侵蝕〉を惹起している。その結果、空間的にも時間的にも個々人の生きる営みは諸組織に包摂された。しかし諸組織の道徳的基盤も科学の侵蝕を被っており、潜在的な多元性を蔵する〈この世界の意味〉や「私」の生きる〈意味〉は〈意味〉の一元化ないし〈意味〉の動揺の危機に瀕し、脆弱化した〈過去〉－〈現在〉－〈未来〉の結びつきは、人々の深淵に不安や不満を引き起こす。これこそ広義の科学的管理化の深層に潜む人間性の危機であろう。

「知識社会」とも呼ばれる今日、およそ百年前に始まる科学的管理や官僚制組織における労働疎外の問題は、既に過去の議論の観がある。確かに今日、各人の自律性・創造性が強く求められ、また公式組織構造も「フラット化」に向かっている。もはや百年前の「協働の風景」とは様相が違う。しかしその深層で、依然として〈公式組織の科学化〉や〈道徳的基盤への科学の侵蝕〉が、つまり広義の科学的管理化が進行している。「組織が与えた自由はあくまで限定した自由であり、無制限・無限定の自由ではない。すなわち、組織が与える自由は組織の存続、機能性の発揮のかぎりにおける自由である」（三戸、一九九八年、六一頁）。今日個人の生きる営みは、無限に継起する協働の〈現在〉の埒内で展開される。組織の有効性の最大化という一元的〈意味〉に、多様な個人の生きる〈意味〉は包摂されている。知識社会の深層で進行しつつある広義の科学的管理化に伴う人間性の危機に対して、経営学及び経営実践の更なる科学化と共に、広義の科学的管理化の軌道を修正するための協働や組織の哲学・倫理学が必要ではないか。[5] それには、〈意味〉の一元化の危機を脱し、多元的な〈意味〉を回復するために、「創造的管理論」であるバーナード理論からの理論的発展が必要であろう。この問題は、今後の課題である。

注

（1）バーナード自身は〈primary informal organization〉と表記していない。〈primary informal organization〉とは、論稿の文脈から判断して、筆者が〈secondary informal organization〉との対応で造語したものである。また両〈非公式組織〉概念については、今後の検討課題である。

（2）この着想は、北野（一九八二・一九八七年）及び村田（一九八四年）に多くを負っている。但し北野（一九八二年）と（一九八七年）との間では、[activity-action-act] の訳語が異なっている。（一九八二年）では [活性-活動-行為] が、また（一九八七年）では [活動-行為-所行] が当てられている。こうした変更の理由は明らかではない。本稿では、個人及び協働システムで共有しうる用語の必要上、北野の議論との混乱を避けるために、[活性-活動-行為] という洗練された用語に代えて、[動機-目的-行動] という拙い用語を用いた。

（3）道徳とは個人における人格的諸力、すなわち個人に内在する一般的、安定的な性向であって、かかる性向と一致しない直接的、特殊的な欲望、衝動、あるいは関心はこれを禁止、統制、あるいは修正し、それと一致するものはこれを強化する傾向をもつものである。(Barnard, 1938, 1968, p.261, 二七二頁)

（4）メーヨーの文明論を、W・ジェイムズのプラグマティズムの「知識」論を視軸として検討した過程で、次のことを明らかにした。抽象的知識（科学的知識）とは特定の〈意味〉を抽出し体系化したものであり、また具体的知識（行動知）あるいはその深奥に横たわる「純粋経験」とは潜在的な〈意味〉の多様性を蔵したものである。この抽象的知識は、具体的知識あるいはその深奥に横たわる「純粋経験」に立脚してこそ〈生気に満ち溢れた観念〉となる。しかし、知識社会へと進みつつある現代社会及び広義の科学的管理化を推し進める現代経営学においては、具体的知識と抽象的知識とが乖離し、そのことがひいては我々の生きる営みからの抽象的知識の乖離及び多元的な〈意味〉の一元化という事態を惹起するのではないか。詳細は、藤沼（二〇〇〇年）を参照。

（5）ここで言う「経営学の科学化」及び「協働や組織の哲学・倫理学」はそれぞれ、小笠原英司の「経営科学」及び「経営哲学」に対応する。小笠原は経営哲学を、「既成の経営学（経営科学）とともに広義の経営学（経営学体系）の一翼を構成するもの」（小笠原、一九九七年、一三五―一三六頁）と位置づける。経営科学と経営哲学とは、言わば「車の両輪」である。小笠原は、「現代経営というもののもつ文明史的位置と文化的意義とを究明する視野のなかで、科学的経営学が果たしてきた積極的と消極的の両面」（小笠原、一九九七年、一三五頁）の再評価を通じて、即ち経営科学及び科学的経営の内在的批判を通じて、経営哲学の体系化を目指す。経営科学の更なる精緻化・体系化とともに、経営哲学の構想・体系化が要請される。こうした方向での筆者の研究は、今後の課題である。

参考文献

Barnard, Chester I.〔1936〕"Persistent Dilemmas of Social Progress", in William B. Wolf and Haruki Iino ed., *Philosophy for Managers: Selected Papers of Chester I. Barnard*, Bunshindo, 1986.（飯野春樹監訳・日本バーナード協会訳「社会進歩における不変のジレンマ」『経営者の哲学』文眞堂、一九八七年。）

Barnard, Chester I.〔1938, 1968〕*The Functions of the Executive*, Harvard University Press, 1938. 30th. ed., 1968.（山本安次郎・田杉競・飯野春樹訳『新訳経営者の役割』ダイヤモンド社、一九六八年。）

Barnard, Chester I.〔1943〕"On Planning for World Government", in *Organization and Management: Selected Papers*, Harvard University Press, 1948.（飯野春樹監訳・日本バーナード協会訳「世界政府の計画化について」『組織と管理』文眞堂、一九九〇年。）

Bell, Daniel〔1973〕*The Coming of Post-Industrial Society*, Basic Books, Inc.,（内田忠夫・嘉治元郎・城塚　登・馬場修一・村上泰亮・谷嶋喬四郎訳『脱工業社会の到来(上・下)』ダイヤモンド社、一九七五年。）

Drucker, Peter F.〔1969〕*The Age of Discontinuity*, Harper & Row.（林雄二郎訳『断絶の時代』ダイヤモンド社、一九六九年。）

藤沼　司〔一九九九年〕「公式組織と非公式組織とのダイナミクス―バーナード組織概念の検討―」『経営学研究論集』（明治大学大学院）第一一号。

藤沼　司〔二〇〇〇年〕「メーヨー文明論の思想基盤としてのプラグマティズム―『知識社会』における経営学研究の方法的視座を求めて―」『経営学研究論集』（明治大学大学院）第一二号。

北野利信〔一九八二年〕「バーナードの挫折」『大阪大学経済学』（大阪大学）第三二巻第二・三合併号。
北野利信〔一九八七年〕「バーナードの挫折―課題と方法―」『バーナード―現代社会と組織問題―』文眞堂。
三戸　公〔一九九七年〕「科学的管理の現在―三つの科学的管理とその射程―」『中京経営研究』（中京大学）第七巻第一号。
三戸　公〔一九九八年〕「科学的管理の世界―レーニンとウェーバーの言説をめぐって―」『立教経済学研究』（立教大学）第五二巻第一号。
村田晴夫〔一九八四年〕『管理の哲学―全体と個・その方法と意味―』文眞堂。
小笠原英司〔一九九七年〕「経営哲学の概念」『戦略経営への新たなる挑戦』森山書店。
Taylor, Frederick W. 〔1903〕 *Shop Management*, in *Scientific Management*, Harper & Row Publishers Inc., 1947.（上野陽一訳編「工場管理法」『科学的管理法』産業能率短期大学出版部，新版一九六九年。）
Taylor, Frederick W. 〔1911〕 *The Principles of Scientific Management*, in *Scientific Management*, Harper & Row Publishers Inc., 1947.（上野陽一訳編「科学的管理の原理」『科学的管理法』産業能率短期大学出版部，新版一九六九年。）
Taylor, Frederick W. 〔1912〕 *Taylor's Testimony Before the Special House Committee*, in *Scientific Management*, Harper & Row Publishers Inc., 1947.（上野陽一訳編「特別委員会における供述」『科学的管理法』産業能率短期大学出版部，新版一九六九年。）

十五　経営倫理学の拡充に向けて

――デューイとバーナードが示唆する重要な視点――

岩田　浩

一　序言――応用倫理学としての経営倫理学を越えて――

周知のように、一九八〇年代頃以降、「経営倫理学（business ethics）」の研究は、殊にアメリカを中心に盛り上がりを見せ、今やひとつの専門的学問領域としてすっかり定着した感が強い。この隆盛を決定づけたのは、ほぼ同時期の英語圏における「応用倫理学（applied ethics）」の台頭にほかならない。応用倫理学とは、ごく簡単に言えば、現代社会が直面する重大な諸問題に対して、倫理学が練成してきた知見を用いて応答しようとする学問分野であり、通常、それは「生命倫理学」や「環境倫理学」など、肩書きつきの倫理学の総称であるといわれる。その意味で、経営倫理学も従来、応用倫理学の一分野として展開される傾向が強かった。

例えば、高名な経営倫理学者、リチャード・ディジョージ（R. T. DeGeorge）は、次のように述べている。「経営倫理学は、厳密に言えば、応用倫理学という意味で応用哲学の一分野である。それは、倫理学的見地（ethical point of view）からビジネスを批判したり評価したりすることを、その課題とする。……このような経営倫理学の見方が、……学術研究として発展してきた経営倫理学を支配してきたのである」[1]、と。ここで、ディジョージが主張する倫理学的見地からの経営倫理学とは、ごく大雑把に言えば、次のように要約できよう。すなわち、倫理学の歴史において既に正当化された幾つかの道徳原理――通常、権利、正義、功利主義の三原理、最近では、ケアの原理が追加されることがある[2]――を経営意思決定者の道徳的価値判断の基準として選択的に適用しようとするものである、と。政治哲学者、マイケル・ウォルツァー（M. Walzer）の言葉を借りれば、それは、日常的会話から離れた「哲学的会話（philosophical conversation）」という「非社交的空間（asocial space）」[3]の中から抽出された普遍的な道徳原理を個々の経営のケースに当てはめる、いわゆる「トップダウン方式」にほかならない。このような研究方法が応用倫理学者の手による経営倫理書のみならず、経営学者による「経営と社会（Business and Society）」のテキストにも普く採用され、そのオーソドックスな研究スタイルとして定着してきたのである。では果たして、この方法が経営倫理学研究への唯一最善の道といえるのであろうか。

確かに、経営倫理の問題を経営メンバーの個人的問題に還元したうえで、倫理学の歴史の中で培われた道徳原理を彼あるいは彼女らの道徳的判断の拠り所として利用することには、それなりの合理性があろう。その意味で、多トップダウン方式を全否定するつもりはない。しかしながら、もともと経営倫理が社会問題化した背景には、経元的な社会的価値と経営価値との対立・乖離という根本問題が存在していたのではなかろうか。このように、経営倫理の問題を経営と環境との関係性の問題、あるいは経営と社会との倫理的接点の問題としてとらえた場合、先のトップダウン方式には幾つかの限界があることを指摘せざるをえない。すなわち、そこに潜む個人主義的人間観では協働の道徳性につながる理論展開が困難であるし、また道徳原理の存在を過度に強調するスタンスでは、具体的な経営のコンテクストが霞んで見えてこない。さらに、既存の道徳原理を形式的に適用していく方法では、受動的な責任論しか展開しえず、いわんや経営が主体的に道徳的価値を創造していく動態を十分に描き切ることなどできない。要するに、経営と環境との動的関係性に関わる経営倫理の問題を、倫理学的見地から外在的に展開することには無理があるように思われる。[4]

こうした問題に応えるためには、行為主体的な経営学的見地からの接近が是非とも必要である。ここに、かつて山本安次郎教授が示された、未来に向かう経営価値の策定とその実現を志向する「経営政策学」への道が注目されてこよう。[5] わけても、山本教授が経営政策学の中心に据えられた経営理念論の一環として経営倫理学を展開する試みが、ひとつの有望な研究方法であるといえるのではなかろうか。かかる観点からの経営倫理学の展開を、先のトップダウン方式のそれと一線を画すために、ここでは「動態的経営倫理学」と一応名づけることにしよう。

本稿では、この動態的経営倫理学の基なす倫理観と、経営の理想目的としての道徳的価値を探究するための方法的基礎、言い換えれば規範形成過程の基本的ロジック、を中心に論述することにする。その際、主として拠り所とする所論は、ジョン・デューイ（J. Dewey）とチェスター・I・バーナード（C. I. Barnard）のそれである。

二　動態的経営倫理学の基本的倫理観を求めて
――デューイの倫理観の可能性――

経営倫理学を考察する際、どのような倫理観をその基底に据えるべきかという問題は、その理論的性格を決定づける、基本的に重要な問題である。思うに、応用倫理学の一分野として展開されてきた経営倫理学は、その倫理論的支柱を伝統的な規範倫理学に求めることによって、形式的かつ静態的な理論展開、いわば「形式の学としての経営倫理学」に帰着せざるをえなかった。それゆえ、動態的経営倫理学は、固定した原理・原則を重視する、かかる倫理観とは別のそれを志向せねばなるまい。そこで注目されるのが、プラグマティズムの哲学者、デューイの倫理思想である。[6]

デューイは、具体的行為から遠く離れた抽象的な道徳観念を追求する伝統的な原則倫理学を厳しく批判し、終始、行為の学・実践の学としての倫理学を打ち立てようとした。彼の倫理思想は、およそ次のような三つの特徴をもつものとしてとらえることができる。まず、人間の実践的行為を重要視する当然の帰結として、デューイは道徳を人間と環境・状況との相互作用ないしはトランザクションの問題としてとらえようとする。次に、環境には自己とともに他者が常に存在する以上、彼の倫理観・道徳観は必然的に社会的性格をより鮮明に帯びることになる。よって、彼の倫理思想では、「コミュニケーション」、「共感（sympathy）」、「協働（cooperation）」がキーコンセプトをなす。そして三つ目に、人間を取り巻く環境は発展的な動的状況であるがゆえに、デューイは、道徳基準は新しい状況に応答するために絶えず創造・再創造されなければならない、と考える。こうした特徴を有する彼の倫理思想は、動態的経営倫理学の展開に対して、以下のような有意味な視点を提供しよう。

第一に、自他の関係を根源的なものとみなすデューイの見方は、協働関係を通じて構成される組織的協働レベルの倫理の地平を開いてくれる。彼は当初より、協働行為による経験の共有が協働参加者の間に共通した道徳的意味をもたらすことを熟知していた。[7] そのうえで彼は、このような協働行為の中で形成された「共通善（common good）」の具体的実現の場を「道徳的制度（moral institution）」という概念でとらえている。このような視点は、バーナードの組織概念や道徳的制度概念に通じるものであり、現代の経営倫理学が標榜すべき基本的な経営観であるといえる。さらに、デューイは、現実の社会を多数の道徳的制度の相互依存関係から構成される動態的なものとして理解し、それを「倫理的世界（ethical world）」と呼んでいるが、このような社会観は経営倫理学の基なす多元的社会観ともよく符合しよう。

第二に、デューイは道徳の問題を考える場合、常に行為主体とそれを取り巻く変動的な環境主体との関係を念頭に置いていたが、かかる視点は、現代の多元的・流動的な社会情勢の中で経営と社会との倫理的接点を見出すための有効な示唆を提供してくれるものといえる。

そして第三に、デューイは、道徳の原則なり基準を単に外部から与えられた絶対的・究極的なものとしてとらえるのではなく、それを具体的状況に即して行為主体が実践的に創り出すものとしてとらえようとする。こうした視点は、現代の多元的社会への積極的かつ柔軟な対応姿勢を示しうるものといえる。また、具体的状況の中での道徳的意思決定を既存の原則や基準よりも優先させることには、行為者の責任の所在を明確にするとともに、行為に対する責任の自覚を促すという意味も含まれていよう。

このように、「協働の道徳性」、「状況志向性」、および「道徳の創造性」を内包するデューイの倫理思想は、経営倫理学を形式主義の呪縛から解放するとともに、それを組織的協働レベルで動態的に展開するための貴重な示唆を提示してくれるものと考えられる。それでは、経営の理想目的としての経営価値・経営道徳の創造という動態的経営倫理学の基本的テーマに対して、デューイはどのような探究の方法を用意してくれているのであろうか。次に、この点について考察することにしよう。

三　動態的経営倫理学の方法的基礎を求めて
――デューイの「探究的思考の方法」を手がかりにして――

デューイは、「道徳概念の再構成」に関して、探究的思考の方法を積極的に道徳理論に導入することを強調する。(8)なぜなら、道徳生活を形式主義や厳格な反復の危険性から守り、それを柔軟な、生気に満ちた、成長するものにするには、より善い判断基準や理想目的は絶えず探し求められなければならないからである。ここに、「道徳の探究的方法論」とでも名づけられうる研究課題が提起される。それは、社会に容認されうる経営の道徳規範の形成・創造過程を考察するうえでも、有用な方法的基礎になるものに違いない。ただし、残念ながら、デューイは、この探究的方法の必要性・重要性を指摘してはいるが、それについての体系的な理論展開を為さずに終わっている。それゆえ、この未完の課題に正面から取り組むには、彼の論理学をその道徳理論との関連で再構成するという大変骨の折れる作業が必要になる。ここでは、それについて詳述するだけの余裕はないので、彼の論理学、すなわち思考の方法に存する特徴を概観したうえで、それが道徳の問題、ひいては経営倫理の問題の探究にとって、どのような示唆を提供しうるのか若干指摘するだけにとどめたい。[9]

デューイの論理学は、探究の理論、すなわち思考の方法を基軸として展開される。彼によると、「探究とは、不確定な状況を、方向づけられ統制された仕方で、確定した統一された状況へと変容することである」[10]。つまり、不確定な問題状況を確定状況へと変容するために探究の論理的諸操作が現れるのである。かように、探究理論としての彼の論理学は、所与の問題を所定の形式的手続きに沿って解決していく、形式論理学のような没経験的なものではなく、人間が具体的に生きている状況との関わりの中で解（＝真理、価値、知識なり）を模索していく極めて経験的・実践的なものである。だからこそ、彼が言うように、探究的思考の方法を実践的な道徳の問題に適用しうる道が開けるのである。以下、彼が提示する探究的思考のプロセスをごく簡単に辿ることにしよう。

人間は、歴史的な社会的現実の中で培われた諸意味をアポステリオリに獲得・蓄積し、それら過去の経験を通じて蓄積された意味体系、すなわち習慣的意味を利用することによって、日常世界を意味的に解釈しながら生きている。今、ある特定の状況が慣れ親しんだものであるとき、習慣的意味が即座に作動し、そこにはまとまりのある「ひとつの質的統一（均衡）」が感じられるが、逆に、その状況内に過去の習慣的意味に馴染まない何らかの混乱や矛盾が存在するときには、その質的均衡が崩れ、戸惑いや焦燥感におそわれる。このような当惑させられた状況が問題状況を構成する。デューイによると、「問題のある何か、理解しにくいが解決されるべき何か」は論理的に説明されうるものではなく、直観によって感得されるものである。[11]そして、この直観的疑惑状況を解決するために、反省的・論理的思考過程としての探究が開始されるのである。かように、反省的探究の前段あるいは下部構造には、常に前論理的思考過程としての経験的直観が存在するのである。デューイが不確定状況を「前反省的状況（pre-reflective situation）」[12]としてとらえるのも、そのためである。

さて、探究過程の中間に位置する反省的探究の局面では、かかる問題状況を解決するための諸観念を発案し、その観念を推論作用によって練り上げ、指導概念としての仮説を構築する、という一連の諸操作が展開される。その際、中心的役割を果たすのが、「観察作用（observation）」と「観念作用（ideation）」と呼ばれる二つの相互関連的な操作である。前者は、事実的データを知覚的・感覚的に把握する操作を意味する。後者は、前者をベースにして解決策としての指導的概念を引き出す操作を意味し、そこには推断（inference）と推論（reasoning）が含まれるとされる。こうした諸操作からなる探究の論理過程は、一連の部分的価値判断の集成たる最終的判断によって終結に向かう。すなわち、当面の問題状況を打開するための指導仮説としての概念的枠組みの蓋然性が、具体的行動を通じて最終的にテストないしは検証されることになるのだ。このような帰納的発見と演繹的証明の共同作業によって創り出された指導仮説は、当の問題状況を解明し、探究者を確定状況へと誘う有用な道具になりうる。かかる仮説は、新規の未体験の問題状況に出くわすまでは、その妥当性が保証された真理、信念、知識でもある。その意味で、デューイはそれを「保証された言明可能性（warranted assertibility）」[13]と呼ぶ。この保証された仮説に現実性よりもむしろ可能性を示す言葉を使用するのは、人間がより良い経験を求めて生きていく限り、新たな探究は絶えず生起してくるからである。こうした探究の経験的連続性こそ、デューイの論理学の真骨頂なのである。それゆえ、彼は「可謬主義」の知識観に立つものといえる。

以上のようなデューイの論理学あるいは探究的思考の方法に関する一般論を道徳の問題に当てはめて考察する場合には、多少の強調点の差異は否めないが、とはいえ探究の基本過程そのものは同じであると考えられる。そこで、最も注目したいことは、彼の論理学が実存的な具体的「状況」との関わりで追求されている点である。ここに、道徳ひいては経営倫理の問題を考察する際、現今のトップダウン方式による応用倫理学的接近法よりも厚みのある方法論を展開できる見込みがあるように思われる。その道筋を簡単に示せば、大よそ次のようになろう。すなわち、ある探究者が全体状況の中から道徳的問題（例えば道徳の対立）を経験に基づく直観によって感知し、その問題状況克服のための仮説としての道徳的原理なり価値を「共感的観察者（sympathetic observer）[14]」の立場から協働参加者に共有されうるまでに鍛え上げ、それを論理的に構築し、その原理に基づいて実際に協働行為することによって、その蓋然性なり社会的正当性をテストすること――このようにしてテストされた道徳的指導仮説を「社会的あるいは間主観的に保証された言明可能性」と呼ぶことができよう――で、まとまりのある道徳的状況を回復するというプロセスになるはずである。それは、手短に言い換えれば、具体的事象の直観的把握から出発し、そこからより抽象的な原理を探究し、それを再び具体的実践の中で検証する、このような具体と抽象との間の往復運動からなるものと理解することもできよう。このように、論理的思考過程のみならず前論理的思考過程にも開かれたデューイの探究の方法＝論理学は、具体的な事物や価値からなる現実状況との関わりの中で、道徳的価値なり理想を行為主体的に創造していくための方法的基礎を示してくれるのではなかろうか。

ところで、ここで興味深いことは、デューイとバーナードとの思想的な近親性である。ほぼ同時代を生きた両者は共に、人間を取り巻く状況内の矛盾や対立をいかにして克服するかに思いを馳せた。デューイはそこから探究の方法を哲学的に思索し、バーナードは創造的管理論を経験的に見出した。もしかすると、道徳をめぐる両者の視点は、経営倫理の創造過程に関する研究に貴重な示唆を提供してくれるかもしれない。最後に、この点について若干の考察を試みることにしたい。

四　創造的所産としての経営倫理と経営発展の論理
――経営倫理の審美的側面と宗教的側面：デューイとバーナードからの視点――

かつて山本安次郎教授が言われたように、環境内的存在である経営は本来、環境との相互作用を通じて発展していく動的存在である。それゆえ、経営学は、かかる経営の主体的実践的過程あるいは動的発展過程を研究対象とし、それに適した研究方法を打ち立てなければならない[15]。当然、経営倫理学も経営学的に展開される限りは、この要件を満たさなければなるまい。いやむしろ、経営倫理学の課題が冒頭で触れたように、経営の道徳的理想価値の創造と実践に関わるものであるならば、それは経営発展の論理と重ねて把握されてこそ意味があるものといえる。流転する社会的価値環境との関連で経営価値のあり方を絶えず探究する創造過程として経営倫理の問題をとらえること、ここに経営の学としての経営倫理学の真意があるのではなかろうか。

このように見ると、人間の行為における意味の成長に道徳の本質をとらえるデューイ[16]と、組織道徳の創造職能に管理責任の真髄を求めるバーナード[17]は、経営倫理の経営学的展開に向けての礎石になりうるかもしれない。わけても、ここで注目したいのは、両者が共に、審美的なものと宗教的なものを道徳との関連でとらえている点である。この点は、おそらく従来の経営倫理学ではほとんど見逃されてきたところでもある。以下、これらの関連が示唆する経営倫理学的意義について若干言及することにしよう。

まず、道徳と審美的なものとの関連に着目したい。デューイによると、美的経験の始まりは、漠とした不分明な全体状況を直観によって感得することである[18]。バーナードも同様に、組織の全体状況の感得は審美的な問題であると指摘している。[19] このような全体状況の把握は、経営と社会との価値の乖離や対立を逸早く察知するために不可欠な能力である。それゆえ、美的感性に基づく直観的状況把握は、経営倫理の創造過程から切り離すことはできないものといえる。また、デューイは「美的経験は想像的である」としたうえで、古いものが経験の中で新しいものに創りかえられるプロセスには、常に「想像力（imagination）」が介在すると述べている。[20] バーナードも、共通の理想や組織道徳の創造には、インスピレーションや想像力が欠かせないことを示唆している。[21] このようなことから、価値の対立を統合しうる新たな経営価値の創造には、「既知から未知への飛躍」を必然的に伴うという意味で、想像力が深く関与してくるものといえる。まさしく、デューイが言うように、「想像力は善の主要な道具[22]」であり、三木清も指摘するように、「すべての道徳の根底には構想力がある」[23] のである。このように、経営倫理の創造に関わるダイナミズムは、多分に審美的色彩を反映するものと考えられる。[24]

次に、道徳と宗教的なものとの関連について一瞥を加えよう。デューイは、その宗教書『共通の信仰[25]』の中で、人間のあらゆる経験の中に潜在しうる「宗教的なもの（religious）」について論じている。その書の中で彼は、人間が自己を越えた包括的な全体宇宙（the Universe）ないしは自然に帰属していることを自覚し、それとの調和をはかるべく自己の成長をめざすとき、そこにはひとつの宗教的質（religious quality）が感じられると主張する。こうした宗教観は、協働に内在する「個と全体の調和」というアポリアを哲学と宗教に関わる問題だと指摘したバーナードにも通じよう。[26] おそらく、デューイの宗教観の基底には、religion の語源である「束ねる、あるいは結びつける（being bound or tied）」というニュアンスが存在するものと考えられる。[27] だからこそ彼は、多数の人々が共有できるような、未来に関わる真正なパースペクティヴを明示しうる「包括的理想目的（inclusive ideal end）」を宗教的なものの中核的要素としてとらえ、その理想目的のために追求される人間の協働的努力に一種の宗教的質を見出したのである。[28] さて、包括的な理想を重視した点では、バーナードも同様である。彼は、永続的な協働の基盤は高遠な理想を反映した組織道徳の創造にあり、かかる理想に対する深い信念が協働に不可欠なものであることを指摘している[29]。このように見てくると、実存する経営は、移り行く全体社会や自然の一部であり、また過去と未来を繋ぐ中間世代に属するという深遠な感覚に基づいて、多くの人々が共感・共有できるような common faith（＝共通の信念・信仰）としての理想価値を創造していかなければならない。ここに、経営倫理の宗教的側面を見て取ることができよう。

もちろん、創造された経営の理想価値はひとつの実践知（プロネーシス）であるから、アリストテレスも言うように、それは必ずしも厳密かつ確実なものではない[30]。それゆえ、それを「生きた仮説（a live hypothesis）」として「信じる意志」[31]、つまり理想価値への信念ないしは信仰は、ウィリアム・ジェイムズ（W. James）も言うように[32]、ドグマ的な態度ではなく実際的態度であるべきであり、また責任とリスクに対する十分な自覚を伴うものでなければならないことを銘記しておく必要があろう。理想価値を創造する行為主体には、何よりも責任を伴った勇気が要請されるのである。

環境倫理や世代間倫理など、現今の経営倫理の問題と密接にリンクした道徳的・倫理的課題は、個人の理性的な内省のレベルにとどまる伝統的な倫理学や、コミュニケーションを媒介とした言語（ロゴス）に基づく合意形成に主眼を置く討議倫理学の射程をもはるかに越えた広がりを見せている。もはや、人間の能力の点ではロゴスを、時間の点では現在を、そして生物種の点では人間に限定された枠組みでは、かかる課題に十分に応答することは困難である。物言わぬ自然や、まだ見ぬ未来世代へと関心を拡大するには、道徳的感受性なり道徳的想像力の重要性を認識し、それらを道徳的ディスコースの中にうまく採り入れることが不可欠になろう。かかる能力なくして、空間的広がりと時間的流れから構成される全体状況との関係性の中で、今・ここを生きる経営の存在意味なり存在価値を見出すのは困難である。その意味で、ここで瞥見したデューイやバーナードの視点は、人間の道徳的創造行為におけるロゴス的側面のみならずパトス的なものの果たす重要な役割をも明示したという点で、経営倫理学の方法論的地平を広げる糸口になるものとして評価できるのではなかろうか。

注

(1) DeGeorge, R. T., "Will Success Spoil Business Ethics?," in Freeman, R. E. (ed.), *Business Ethics : The State of the Art*, Oxford University Press, 1991, p. 45.

(2) Cf. Velasquez, M. G., *Business Ethics*, 4th ed., Prentice-Hall, 1998.

(3) Walzer, M., "A Critical of Philosophical Conversation", *The Philosophical Forum*, Vol. 21, No. 1-2, 1989-90, p. 185. ウォルツァーの道徳哲学については、拙稿「経営倫理と道徳哲学――M・ウォルツァーの所論を拠り所にして――」『大阪産業大学論集（社会科学編）』一一一号、一九九九年、を参照されたい。

(4) オーソドキシカルな経営倫理学の批判的考察については、拙稿「ビジネス・モラルと道徳基準」『大阪産業大学論集（社会科学編）』九一号、一九九三年、を参照されたい。

(5) 山本安次郎『経営学研究方法論』丸善、一九七五年、第五章。

(6) 本節は、主に、拙稿「デューイの倫理思想の経営倫理学的意義」『大阪産業大学論集（社会科学編）』一〇一号、一九九六年、を要約したものである。

(7) Cf. Dewey, J., *Outline of a Critical Theory of Ethics* (1891), in Boydston, J. A. (ed.), *John Dewey: The Early Works*, Vol. 3, Southern Illinois University Press, 1975, p. 326.

(8) Cf. Dewey, J., *Reconstruction in Philosophy* (1920), in Boydston, J. A. (ed.), *John Dewey : The Middle Works*, Vol. 12, Southern Illinois University Press, 1988, p. 179.

(9) デューイの論理的思考の方法と経営倫理との関係に関するより詳細な考察は、拙稿「経営の道徳的問題状況を探究するための方法的基礎――ジョン・デューイの探究理論を拠り所にして――」『大阪産業大学経営論集』第一巻第二号、二〇〇〇年、を参照されたい。

(10) Dewey, J., *Logic : The Theory of Inquiry* (1938), in Boydston, J. A. (ed.), *John Dewey : The Later Works*, Vol. 12, Southern Illinois University Press, 1991, p. 121.

(11) Cf. Dewey, J., "Qualitative Thought (1930)", in Boydston, J. A. (ed.), *John Dewey : The Later Works*, Vol. 5, Southern Illinois University Press, 1988, p. 249.

(12) Dewey, J., *How We Think, Revised Edition* (1933), in Boydston, J. A. (ed.), *John Dewey : The Later Works*, Vol. 8, Southern Illinois University Press, 1989, p. 200.

(13) Dewey, J., *op. cit* (1938)., p. 15.

(14) Dewey, J., and J. H. Tufts, *Ethics, Revised Edition* (1932), in Boydston, J. A. (ed.), *John Dewey : The Later Works,* Vol. 7, Southern Illinois University Press, 1989, p. 270.

(15) 山本安次郎・加藤勝康編『経営学原論』文眞堂、一九八二年、三九九―四〇〇頁。

(16) Dewey, J., *Human Nature and Conduct* (1922), in Boydston, J. A. (ed.), *John Dewey : The Middle works,* Vol. 14, Southern Illinois University Press, 1988, p. 194.

(17) Barnard, C. I., *The Functions of the Executive,* Harvard University Press, 1938, p. 281.（山本安次郎・田杉　競・飯野春樹訳『新訳 経営者の役割』ダイヤモンド社、一九六八年、二九四頁。）

(18) Cf. Dewey, J., *Art as Experience* (1934a), in Boydston, J. A. (ed.), *John Dewey: The Later Works,* Vol. 10, Southern Illinois University Press, 1989, pp. 195-196.

(19) Barnard, C. I., *op. cit,* p. 235.（前掲訳書二四五頁。）

(20) Cf. Dewey, J., *op. cit* (1934a), p. 271, 276.

(21) Barnard, C. I., *op. cit,* p. 293.（前掲訳書三〇七頁。）Barnard, C. I., "Elementary Conditions of Business Morals (1958)," in Wolf, W. B., and H. Iino (eds.), *Philosophy for Managers,* Bunshindo, 1986, p. 177.（飯野春樹監訳『バーナード　経営者の哲学』文眞堂、一九八七年、二五七頁。）

(22) Dewey, J., *op. cit* (1934a), p. 350.

(23) 三木　清『構想力の論理（三木　清全集　第八巻）』岩波書店、一九六七年、一〇七頁。

(24) 最近になって、ようやく一部の経営倫理学者も、想像力の重要性に気づきはじめたようである（Werhane, P. H., *Moral Imagination and Management Decision Making,* Oxford University Press, 1999.）。

(25) Dewey, J., *Common Faith* (1934b), in Boydston, J. A. (ed.), *John Dewey: The Later Works,* Vol. 9, Southern Illinois University Press, 1989.

(26) Cf. Barnard, C. I., *op. cit* (1938), p. 296.（前掲訳書三〇九頁。）

(27) 拙稿「J・デューイの審美的経験論と経営倫理（付録　デューイの宗教観についての覚書）」『大阪産業大学論集（社会科学編）』一一一号、一九九九年、二五二頁。

(28) Cf. Dewey, J., *op. cit* (1934b), p. 17, 18.

(29) Cf. Barnard, C. I. *op. cit* (1938), p. 282, 294.（前掲訳書二九五、三〇七頁。）

(30) アリストテレス著、高田三郎訳『ニコマコス倫理学（上）』岩波文庫、一九七一年、一八、二二四頁。

(31) James, W., "The Will to Believe (1896)", in *The Will to Believe and Other Essays in Popular Philosophy,* Dover Publications, 1956, p. 2.

(32)　James, W., *Some Problems of Philosophy*, Longmans, 1911.（上山春平訳「哲学の根本問題」上山春平責任編集『世界の名著　パース、ジェイムズ、デューイ』中央公論社、一九八〇年、三八四頁。）

十六　H・A・サイモンの組織論と利他主義モデルを巡って

――企業倫理と社会選択メカニズムに関する提言――

髙　巖

本稿の狙いとするところは、①H・A・サイモンの組織論（一九四〇年代～）と利他主義モデル（一九八〇年代～）の特徴を概観し、②そこから出てくる問題点を発展的に解消するために、社会選択メカニズムのプラグマティックな構築を提唱することにある。ここにいう社会選択メカニズムの構築とは、公正な企業が正しく評価され、無責任な企業が制裁を受けるような市場あるいは社会を設計し造りあげることを意味する。

一　客観合理性と自己利益（利己主義）の仮説

さて、サイモンが行なってきた研究を鳥瞰すれば、それは合理的選択の理論が基本に据えていた二つの仮説に対する問い掛けであり、それに対する彼自身の答えであったと言うことができよう。

その仮説とは「客観合理性仮説」であり、「自己利益仮説」あるいは「利己主義仮説」である。すなわち、合理的選択の理論では、いずれの意思決定主体も「完全な合理性を備え、しかも自己利益だけを求めて行動する」と仮定されるが、サイモンはこれらの前提に対して疑問を投げかけたわけである。

両仮説に対する問いの原型は既に「ミルウォーキー論文」の中に見てとることができる。たとえば、最適資源配分が実際には行なわれていないという指摘は、客観合理性仮説に対する批判であり、帰属意識、さらには「無関心圏」が存在するという組織観察は、自己利益仮説の抱える限界を指摘するものであった。

二　限定合理性の提唱

しかしながら、これら仮説に対する体系的な批判は『経営行動』まで待たなければならなかった。しかも、それは、まず客観合理性仮説に対してだけ行なうという形で始まった。一九四〇年代、いわゆる「限定合理性」というコンセプトを導入することで、サイモンは人間の合理性を「ほどほどのもの」に過ぎないと説明し直し、組織を構築すること、満足化原理に従って意思決定を行なうことを、自己の情報処理能力の限界を軽減するための戦略として描き出した。

その後の議論まで含めて彼の結論を整理すれば、①人間ＩＰＳの合理性は限定されている、②とりわけ、情報を処理する「短期記憶」の容量は極端に少ない（僅か七チャンク）、③このため、大半の情報処理は直列的となる、④直列処理となるため、問題を解決するに足る解が発見されれば、探索はその時点で打ち切られる（満足化原理）、⑤ただし、直列処理であっても、行きつ戻りつしながら、徐々に問題構造そのものを学習していく（長期記憶への書き込みとヒューリスティックスの使用）、⑥さらにその問題分野に習熟することで、各チャンクの内容を膨らませていく（豊かなチャンクの構成）、⑦その結果、人間ＩＰＳは、短期記憶の容量が一定でも、より良い解を直観的に発見できるようになる（直観的認知）、⑧また個人で対処できないほどの複雑な問題に取り組む時、問題そのものを細かく分解していく（問題の分解）、⑨そして、それぞれのサブ問題に対処する組織を構成し、直列処理をある程度まで並列処理に変えていく（組織化による並列処理）、⑩尚、組織における情報伝達は、情報量の圧縮という機能をも果たしていく（豊かな決定前提の構成）。

サイモン自身、人間の合理性が極端に限定されていることを指摘したわけであるが、それは「人間が非合理的である」ということではなかった。逆に、満足化原理、長期記憶への書き込みとヒューリスティックスの使用、豊かなチャンクの構成、直観的認知、問題の分解、組織化による並列処理、豊かな決定前提の構成、といった様々な対応をとるところに、つまり、自己の情報処理能力の限界を克服・軽減するための戦略を駆使するところに、彼は、人間ＩＰＳの注目に値する合理性を見たのである。サイモンは、この合理性を「限定合理性」あるいは「手続的合理性」と呼び、新古典派経済学の想定する「客観合理性」仮説、あるいは「実体的合理性」仮説を批判する根拠としてきたのである。

三　弱い利他主義モデルの提唱

自己利益仮説に対する体系的批判は、これよりかなり遅れ、一九八〇年代に始まった。それは、社会生物学で議論を呼んでいた「利他主義モデル」を応用することで展開された。彼が用いた初期のモデルは「弱い利他主義」あるいは「啓蒙された利己主義」と呼ばれた。「弱い」あるいは「啓蒙された」という修飾語が付けられる理由は、利他的個体の犠牲が純粋な犠牲ではなく、何らかの見返りを得るものだったからである。

このモデルの雛型となったのが「血縁モデル」と「構造化されたデーム・モデル」であった。これらモデルに共通する特徴は、利他的個体が適合的となるためには、少なくとも二つの条件が満たされなければならないことであった。その条件とは①利他的個体が便益を及ぼす対象を識別できること、②利他的個体の犠牲による便益が特定の個体に限定されることであった。これを一般化すれば①は「対象の識別」であり、②は「影響の限定」ということになる。人間社会に即して言えば①便益を与えたい対象を見分けることができなければ、また②実際に犠牲を払う時、その便益を与えたいと願っている特定の対象にそれが限定的に及ばなければ、適合性は改善されないということである。

確かに、昆虫などの「血縁モデル」では、生活空間が閉鎖的・固定的・静態的であるため、ここにいう条件は簡単に満たされる。たとえば、ある利他的個体が何らかの犠牲を払う時—同一の狭い空間で生活しているため—、結果的に「対象の識別」も「影響の限定」も満たされ、同一遺伝子を有する別の個体に便益をもたらすことになる。

しかし、このような弱い利他主義モデルは、単純な昆虫社会であれば、利他的個体の適合性改善を説明するかもしれないが、より複雑な人間社会にはそのまま適用できない。その理由は二つある。

第一は、人間社会は開放的・流動的・動態的であるということ。現実の社会では、人の入れ替えが頻繁に起こるため、便益を及ぼす対象を的確に識別できないかもしれないし、また犠牲を払う場合、それが及ぶ対象も特定の個人や組織に限定できないかもしれないのである。

第二は、犠牲を払っても、利他的主体に保証される適合性改善の内容が、社会的な納得を得られないこと。昆虫など単純な生物であれば、「自己と同一の遺伝子をプールした他の個体が残ることで、適合性は改善される」と説明されるかもしれないが、人間社会にこの論理を持ち込むことはできない。なぜなら「自己と同一の遺伝子を持った者（親戚）の適合性、あるいは自己と同一の組織文化をもった団体（関連会社）の適合性が改善される」

という説明では、結局のところ「犠牲は利他的主体それ自身の適合性を悪化させる」という解釈になってしまうからである。

四　強い利他主義モデル

これらの問題に直面したため、一九九〇年代、サイモンは「弱い利他主義」モデルを放棄し、「一切の見返りを考えずに自己犠牲を払う」という意味での「強い利他主義」モデルを構想していく。そして、このモデルで「利他的行為」は適合性を低下させるが、「利他的主体」そのものは自己の適合性を改善すると説明された。一見、矛盾するような主張であるが、「従順性」という概念を持ち込むことで、これを一貫した論理として打ち立てたのである。それは次のように説明された。

まず、n人あるいはn団体から成る社会を想定し、そのメンバーを利他的主体と利己的主体とに分けた単純なモデルを考える。Faは利他的主体の適合性を、Fsは利己的主体の適合性を、それぞれ指す。Xは一切の利他的行動が存在しない場合の各個体の適合性を、bは利他的行為による適合性貢献度を、pは社会全体に占める利他的主体の割合を、cは利他的行動によって生ずる犠牲（適合性低下度）をそれぞれ意味する。

$$Fa = X - c + bp \quad \text{（利他的主体の適合性）}$$

$$Fs = X + bp \quad \text{（利己的主体の適合性）}$$

この単純なモデルから、利己的主体は、利他的行為による犠牲を一切払わないため、またcが常にプラスとなるため、利他的主体よりも常に適合的であるという結論に到達する。この一般的な結論を覆すため、サイモンは

「従順性」dという概念を持ち込むのである。

　さて従順性とは「社会の価値を権威ある情報として無批判的に受け入れる傾向」、あるいは「無関心圏を広げる傾向」と言い換えることができる。社会の価値の中には、自己の適合性を高める「知識」や「技能」が存在するが、それと同時に、自己犠牲を求める「利他的価値」も存在する。したがって、社会の価値を無批判的に受け入れる従順な主体は、一方で利他的犠牲cを払うことになるが、他方で知識や技能を身に付け、自らの環境適応力dを高めることになる。逆に、従順性の低い主体は、利他的な価値を排除する点で、犠牲の発生cを回避するが、そうした非従順な態度は知識や技能の獲得をも阻み、結果的に、環境適応力dまで低下させてしまう。サイモンは、このように考え、それを次の公式にまとめた。

$$Fa = X + d - c + bp$$（利他的かつ従順な主体の適合性）

$$Fs = X + bp$$（利己的かつ不従順な主体の適合性）

この公式から、dがcよりも大きい限り、Faは常にFsよりも適合的と結論される。

八〇年代モデルの抱えていた問題は、これで解決されたかに見える。すなわち、利他的主体の適合性を説明するのに、もはや「対象の識別」や「影響の限定」という二条件を持ち出さなくてもよくなった。また、これにより、同一遺伝子を保有する他の主体ではなく、利他的主体それ自身の適合性改善を説明することができるようになった。

　しかし、この九〇年代モデルにも、深刻な問題が残されていた。それは、サイモン自身が四〇年代から考えてきた諸命題と、この新モデルが矛盾するという点であった。わけても、次の四つの命題との対立は軽視できない。その第一は、組織にあっても、個々人が「自由裁量的にヒューリスティックな判断」を行なうこと。第二は、組織が「内的・外的影響」を用いて個々人の自由裁量に一定の枠をはめること。第三は、ＩＰＳが学習により決定前提を内部化していくこと。第四は、利他的行動が行為主体の適合性を高めることとである。

強い利他主義モデルは「無関心圏仮説」を応用する形で展開されたが、主体が利他的価値を選択的に採用する可能性を完全に排除してしまった。この点で、同モデルは第一命題と矛盾する。また同モデルは、組織（社会）の側からの影響過程を一切無視した。これは第二命題に反するものである。さらに同モデルは、各人が社会の中で学習するという可能性を議論の射程から外してしまった。これは第三命題の無視を意味する。そして最後に、同モデルは、利他的主体が適合的であっても、利他的行為そのものは非適合的であると考えた。この限りで、九〇年代モデルは第四命題を支持しないのである。

五　八〇年代モデルの実践的応用——社会選択メカニズムの構築を目指して——

かかる意味で、九〇年代モデルは、利他的主体の適合性をうまく説明しているとは言えない。それゆえ、本稿では、今一度、八〇年代モデル（弱い利他主義）に戻り、同モデルが抱えていた二つの問題を再検討し、可能であれば、それを解決する道を探ってみたい。

これにあたり、より具体的な利他主義モデルを描き出すという狙いで、議論をビジネス社会と企業組織の間の動態的な関係に絞り込みたい。そして次に「利他」という言葉を、犠牲を払いながらも自己利益をバランスよく追求するという意味での「倫理」という言葉に置き換えたい。極端な利己主義を自ら律し、自己の存続を可能ならしめるという意味で「倫理」という概念を用いるわけである。尚、ここで想定する行為主体は、様々なステイクホールダーを抱える「企業組織」と仮定する。

さて、このような方法論上の約束を踏まえた上で、八〇年代モデルが現代のビジネス社会に適用できない二つの理由を再検討してみよう。その第一は、社会そのものが開放的・流動的・動態的となっているため、対象を識別したり影響を限定できないというものであった。第二は、倫理的な行動は、組織自身ではなく、それと関連する他組織の適合性や競争力を改善するというものであった。

第一の問題は、焦点を個々人のレベルではなく、ステイクホールダーのレベルに置き換えれば、比較的簡単に解決されよう。たとえば、組織は各ステイクホールダーの主要な関心事を認識し、それぞれに対してプラスの影響が及ぶよう（またマイナスの影響が少なくなるよう）行動できるからである。確かに各ステイクホールダー内の構成メンバーは代わっていくかもしれないが、各ステイクホールダーの利害を認識し、それに対応することは、現代のビジネス社会においても十分可能である。

厄介なのは第二の問題である。八〇年代モデルでは、対象を識別し、それにプラスの影響を及ぼしていけば「企業組織そのものの適合性が高まる」というものではなかった。つまり、これらの現象連関は、うまく説明されていなかったわけである。よって、第二の問題は、この現象連関が存在することを説明できれば、解消されることになる。

そもそも、これら現象連関が存在するとの結論を出すためには――「組織の倫理的な行動がビジネス社会で評価され、組織の適合性を高める」との指摘を確固たるものとするには――、少なくとも三つの条件が満たされなければならない。

第一は、倫理的な取り組みを評価する社会の選好が存在すること。第二は、いずれの組織が倫理的な取り組みに熱心であるかを伝える情報が利用可能であること。第三は、その情報に基づいて社会の構成メンバーが、倫理的組織をサポートすること。弱い利他主義モデルが、倫理的組織の適合性改善を説明できなかったのは、突きつめて行けば、これら社会的条件をモデルの与件としなかったためである。

本稿は、かかる点に注目し「説明原理」としてのモデルの構築ではなく、「実践原理」としてのモデルの活用を提唱したい。すなわち、これら社会的条件の存在が不確かであるとすれば、「それら条件の存在する社会を作り、倫理的な社会選択メカニズムが機能する市場を構成しよう」と呼びかけたいのである。そうした社会と市場を建設しなければならない理由は、もしかかるメカニズムが存在しなければ、不正な組織が倫理的な組織を駆逐するという「グレシャムの法則」（たとえば、出し抜きやただ乗り）が働き、市場経済、ビジネス社会そのものを崩壊させてしまうからである。その意味で、倫理的企業に競争力を与え、不正な企業が淘汰されるような「社会選択メカニズム」の構築を訴えたいのである。

サイモンの先の命題にしたがうならば、そのメカニズムは、ビジネス社会を構成する人々の自由裁量とヒューリスティックな判断を前提としなければならない。また、各人の自由裁量は、社会からの影響プロセスを通じて、ある一定の枠内に収められなければならない。しかも、同メカニズムは、学習を通じて社会の中に浸透していくものでなければならない。これらの条件を満たすものとして、現在、著者らが提唱する「倫理法令遵守マネジメント・システム規格」（ＥＣＳ２０００）の意義と可能性を強調しておきたい。

参考文献

Simon, H. A., "Altruism and economics," *The American Economic Review, Papers and Proceedings of the 105th Annual Meeting of the American Economic Association*, 83 (2), 1993, pp. 156-161.

Simon, H. A., "A mechanism for social selection and successful altruism," *Science*, 250, Dec. 21, 1990, pp. 1665-1668.

Simon, H. A., "Altruism and economics," *Eastern Economic Journal*, 18 (1), Winter 1992, pp. 73-83.

Simon, H. A., *Reason in Human Affairs*, Stanford, Cal.: Stanford Univ. Press, 1983.

Taka, I., "Contextualism in Business and Ethical Issues in Japan," *Ethics in International Management*, Walter de Gryter, New York, 1998.

高　巖&トーマス・ドナルドソン『ビジネス・エシックス―企業の市場競争力と倫理法令遵守マネジメント・システム―』文眞堂、一九九九年。
ロナルド・モース&高　巖編著『自力再生への選択―日本の政治・経済・企業倫理を救う道』麗澤大学出版、一九九八年。
高　巖「企業における倫理と効率―H・A・サイモンの利他主義モデルを越えて」『組織科学』第三巻第二号、一九九六年、五〇―五八頁。
高　巖『H・A・サイモン研究―認知科学的意思決定論の構築―』文眞堂、一九九五年。

十七　組織現象における複雑性

阿辻茂夫

人間組織は、特に物的な実体があるわけではなく、参加者相互の共通体験を通して経験的に知られる「社会有機体[1]」である。組織は言説だけで理解されず、その動的特性ゆえ現象の静態面だけでは不十分であり、動態面そのものが検討されなければならない。組織現象の解明に際しては様々な論者や識者が分析し、この現象に介在する個別の要素研究を中心に幾つかの理論仮説が提示されてきた。しかし今日の現代組織を取り巻く地球環境に対する企業倫理等の複雑問題では、個別分野の要素研究だけで明らかにできず、総合的な解明を射程に入れた学際的な視角から「関係研究」の必要が生じてきた。そこで本稿では、現代の組織現象に伏在する複雑性について、現象と理論との不一致の基底にある組織観察上の問題と協働から帰結される意味を検討してみたい。

一　理論と現象の不一致

人間組織を記述する科学は、その理論仮説が現実の現象と乖離することが多い。これは組織そのものが、人間行為の相互過程によって構成された有機現象であることに所以する。組織の現象は、人間行為に伏在する非合理性（irrationality）が複合連鎖する動的体系であることから「理論との乖離」が生じやすく、分析手法をめぐって従前の科学的方法そのものが問い直されてきた。組織現象を対象として記述する方法においては、「観察上の視座」の問題が介在しており、そこに「近代科学の限界」[2]が指摘されてきた。それでは何故、人間組織の現象に近代科学の方法が適用されにくかったのであろうか。

今日の地球環境に代表される問題では、これらが全一的事象であり、物理的・生物的・社会的・心理的等のアプローチによる個別科学の分析解釈だけでは十分とはいえない。この全一性を有する複雑問題を総合的に解明するには隣接科学相互で「学際研究」する必要に迫られ、個別科学の基軸にある「部分化による精緻化」を目指した近代科学の方法の是非が問われはじめた。組織現象に限れば、昨今の「臨界事故」のように、いち企業組織や産業界だけの問題にとどまらず、許認可権をもつ監督官庁である行政機関、また原子力発電の安全性を諮問する学界をも包摂する「産—官—学」相互の複雑問題である。こうした現代組織を巡る問題の解明には、個別科学で明らかにできなかった組織現象のもつ「複雑性」（complexity）[3]が射程に入れられるようになってきた。

組織現象にみられる複雑性の根拠については、サイモン（H. A. Simon）のいう「制約された合理性」（bounded rationality）[4]に象徴される。そこから筆者は三つの側面を考える。すなわち、

(Ⅰ)「理論と現象の不一致」　時代趨勢に支配される組織現象は学説理論と不一致となることが多く、動的現象そのものと理論仮説との「乖離性」の問題がある。言語知による理論世界と行動知による経験世界とが必ずしも一致しないのである。

(Ⅱ)「参加的観察による限界」　人間相互の行為過程によって成り立つ組織は外部観察や傍観だけでは、その存在と過程を明らかにできない。組織観察においては、むしろ「行為しながら観察する」という組織への参加観察を

もって理解される視座の「相対性」が生ずること。

㈢「人間協働に伏在する非合理性」　人間協働の基底には、個人行為に伏在する非合理性の所在と、その相互過程によって構成された非物で無形の組織有機体がもつ「多様性」があげられる。

組織現象は、言説理論よりむしろ経験や実践を通して知られ、その源泉は、複数の人々の相互作用によって構成された「複合する意思」、つまり共通意識の合成体なのである。組織は、不断に変化する動的要因に支配されることから個人にとって意図せざるダイナミズムを有するのである。こうした組織を観察するには、社会理論が前提とする大衆や公衆にみられる漠とした関係にある「社会人」ではなく、人間協働というリジッドな関係のなかに規定される「組織人」を多面的に考察する必要があろう。すなわち、会社や役所そして学校など何処かの組織に帰属し、日々様々な制約を背負う生きた人間の実態を取り扱うのである。そこでは理想的な社会人モデルに対峙する自由意思をもった日常世界に制約されつつ生きる「個」に回帰した「全人仮説」を据えねばならない。人間協働では、総じてヒト・モノ・カネ・情報（知識や技術）といった経営資源による要素体系が観察されるが、これら経営資源を有機化せしめる作用の源泉は、「人間行為の体系」つまり組織なのである。経営資源そのものが協働を作動するのではなく、人々がもつ意思と欲求によって合成された有目的的な協働意思の作用によって諸資源を活性化させているといえよう。

ここで人間協働を静態化させた時に、「スナップ写真」として映る経営資源にみられる物的な要素の体系と、その動態にしか映らない人間意思や諸力の体系とがある。つまり協働現象では、物的に存在するマテリアルの「要素体系」と、非物質的なエナジーとフォースによって構成された「行為体系」とが包摂されているのである。いくら静態化しても映らない組織の動的特性からも、これらを解明するには、静学ではなく「動学」（dynamics）の必要性は明らかである。それゆえ組織現象そのものを静止させ、その個別要素を分析する組織の「解剖学」ではなく、その動的過程を明らかにする組織の「生理学」が問われだしたのである。組織という有機体の解明では、その要素研究よりも関係研究に特徴があり、そこに人間行為の非合理性が伏在することからも、従前の近代科学の方法では組織の複雑現象を充分に記述できず、「理論と現象の不一致」は回避できなかったのである。

二　参加的観察の限界

経営学が捉える科学的対象には、バーナード（C. I. Barnard）の示す「組織」（organization）という「行為体系」[5]が基軸に研究されだした。バーナードは、協働における人間意識の合成力に焦点をあて、組織に内在する「行為の相互過程」を照射したのである。組織は個人相互の行為によって構成されているが、そこには人間存在の生物的実体があるわけではなく、人々の意思と行為が意識的に調整された「社会有機体」である。組織そのものは物質的な実体を伴う現象ではなく、誰にも見えないし触わることができない人間行為による非物質的な体系である。ところが、我々誰もが参加する組織に対して個別の直覚的な実感をもち、客観的な概念よりも経験による観念が自らの行為を規定しているといえよう。もともと人間行為によって構成される組織は、個々人間の活動を通して複雑有機的な過程がみられ、客観的な対象として認識されにくい。しかし組織は個々人のなかに確かに「実在」し、時に個人の行動心理に対して影響を及ぼす。例えば、今日の過労死・自殺の問題のように組織の帰属を通して個々人が、全体から受ける精神的かつ肉体的な圧迫や心理的制約は度外視できず、重要な社会問題となっていることからも明らかであろう。全体組織の諸作用は、日常の経験においても個々人の行動や思考そして感情にまで作用しており、その意味で組織参加する諸個人の社会心理面を研究したウェイク（K. E. Weick）は、組織への帰属を通して形成される個々の行動や判断の源泉に人間心理の潜在的作用である「認知地図」（cognitive

実maps)[6]が介在すると示唆したのは特筆されよう。それゆえ組織そのものは物理的に存在するものではなく、現実の実践経験を通して個々の「参加的観察」[7]によって知られる体系なのである。

組織を動態として観察記述する場合、大きな障壁となるのは組織そのものが、参加経験によって理解される体系であるという点である。組織現象における観察の問題は、「傍観や側聞」によって観察行為が成立せず、あくまで参加的観察による視座の制約を背負うことである。そこに観察行為をする人間意識の制約、先に示したサイモンのいう「限定された合理性」[8]が介在するのである。物理現象の観察ならともあれ、ある時点ある状況という条件つきで観察記述された事実は、別の時点でも条件が合致すれば同様に成立する。ところが、時代に制約され条件づけられる人間行為によって構成された組織現象に関してはそうはいかない。人間組織の場合、組織内部に参加し他のメンバーと同じく活動を共有していなければ、理解されず捉えられない要因があまりに多いのである。ところが個々人独自の実践体験によって知りえた経験事実だけでは客観性をもたず、他者との共有はおろか知識化の為の普遍性をもたない。経営学における組織現象の解明には、自己言及（self-reference）による自省的な解釈だけでは十分とはいえず、「参加的」観察と「傍観」とが相互補完しあい、時代の濾過を経て検証されていく学問上の特性を有しているといえよう。

組織の観察では、あくまで「相対的観察の合成」によってのみ現象を解釈しており、視点の異なる観察者相互が認識した部位を「縫合」しているに過ぎない。縫合され再生された「理論上の組織」は、現実組織の現象と不一致なのはそのためである。そこから組織現象を記述する場合、それぞれの観察者の視点から捉えた領域や各々が実践経験した範囲に限定されるのである。我々はその行為においても認識においても「合理性の限界」を背負うのである。個別観察者による解釈理解では、その行動実践を介して経験した範囲で妥当であるが、現象全体を普遍的に記述することは不可能である。組織現象への解釈は、観察者独自の理解によって分節されていくが、現象そのものはあくまで「全一体」なのである。この点は、ホワイトヘッド（A. N. Whitehead）のいう「誤解と誤謬は、進歩の為に支払われる対価」[9]に帰納できよう。主観と客観の間隙に介在する「傍観と参加」による相互観察を繰り返し更新することで事物事象への理解と創造がなされているといえよう。

認識科学による記述方法では、あらゆる現象を記号化させることで、知識概念として言説上の操作対象としてきたのだが、そこに組織現象そのものがもつ「全一性」が損なわれていった。近年の通常科学は、もともと全一的である現象を静止部分化することで対象規定した結果、その全体像の解明が失われていったのである。今日の地球環境や生命倫理等の現代的課題では、まさに対象限定的に精緻化をめざした個別科学が、その部分化させた解釈上の齟齬から方法論の限界が指摘されはじめた。近代科学の方法なるものが、全一体であるはずの現象そのものを分節し科学を個別化へと「タコ壺」と化した為、現象の全体像を咀嚼できなくなったのは周知であろう。ベイトソン（G. Bateson）のいう「部分化の危機」[10]は、細分化していった近代科学の功罪を問うている。こうした科学的方法の限界は「動態こそが常態」である組織現象の解明においてなお一層あてはまるのである。

科学的方法をめぐる問題は、従前より経営学の学説史において幾度となく問われてきた。常に変化革新する動的現象の特性からも、経営学が何を対象とし如何なる方法で分析するのかを巡って様々な問題提起がなされてきた。従前の経営学研究の方法において、観察上の相対性に由来する「視座の差異」を幾つか示すと、

(A)「経営現象の何たるか」を問い、認識記述による純粋理論の構築をめざす「理論科学」なのか、

(B)「いかに経営実践するか」というプラグマティズムにみられる効率的管理の為の「実践科学」なのか、

(C)「経営活動の善し悪し」を検討し、社会公共性を巡る倫理規範を考察する「規範科学」なのかである。

これら経営学の学説理論が時代背景や現実現象との関係のなかで問題視され、ドイツ経営学では幾度となく「方法論争や価値論争」が学問形成過程において繰り返されてきた。しかし今日では、組織行動を規定する「意思決

定」(decision making) の社会公共性や倫理規範が求められるなか、経営学は純粋理論の科学のみならず、また経験実践面だけでもなく倫理規範面も含め、その総体を全一的に照射する視角も必要とされ、これら相互のスパイラルアップが参加的観察の記述限界を克服すると考えられはじめた。もともと経営学のカテゴリが、その内外に隣接諸科学をかかえており、特に現代組織の複雑問題では法律・行政、政治・経済や工学技術そして哲学・心理学や生態学等の複合領域と密接に関わる学際分野でもあることが、益々認識されはじめた。そこから現代経営学は、隣接諸科学との相互補完だけではなく、理論―実践―規範を統合しうる視座から「協働の統一理論」[11]が模索され、いまや現代組織の複雑様相が「理論化の対象」として射程に入れられるようになってきた。

三　人間協働からの帰結

現代企業のように巨大規模と化した組織では、全体レベルで意思決定がなされた結果、そこでの組織行動は大きな余剰や利潤をもたらす反面、そのネガティヴな側面も見逃せない。企業による全体的行動は、時に様々な社会問題を引き起こし、今日の企業公害の累積による地球環境の汚染は回避できない問題なのである。個人では生産不可能な化学物質が、企業組織の近代的な工場群を介して大量生産され大量消費されている。企業組織が意思決定して「量産量販」された製品や生産過程で排出される副産物 (by-product) は、「思わざる結果」として自然生態環境や社会環境に対して回復不能な事態を招くことが多い。三戸公は、これを「随伴的結果」[12]と呼称している。こうした問題は、物財や財貨の追求による企業活動が、結果として自然生態環境へ及ぼす物的な公害だけではない。種々の社会制度や行政・国政も同様に、社会環境への非物質的な公害もあてはまる。過去に「組織決定」(organizational decisions) された様々な経営活動は言うに及ばず、「政策決定」においても医療・保健・福祉・

年金等の社会制度はもはや次世代が享受できなくなりつつある。とりわけ年金受給や介護制度では、世代間利害が発生し、次世代にとってはまさしく「制度公害」への危惧を孕んでいる。

これらは、近未来の「高齢化＋少子化」の人口構成から算出される財源の先細りから、今後の年金受給や福祉制度の「源資」となるべき勤労者層の税収は、高齢者比率が高くなると推計されることからも財源保証ができないことは必至である。これを補塡してきた赤字国債や外国債等のツケすらも少子化の次世代に先送りされている。我々は物質的な公害による「負の遺産」のみならず、制度決定による非物質的なツケまで弁済しなければならないのか。財貨によって補償されない社会制度がもたらした無形の功罪や債務まで背負わされるのである。たとえ公害や薬害（HIV）そして制度公害について「組織決定や政策決定」した社会的責任（social responsibility）を追及したり、その歴史的責任を遡及しようとも、残された事実や状況はいち世代だけでは回復不能なまでに悪化進行しているのである。今後私たちは、現代の経済学上の試算や予測では十分に算出できず、この有形化されない債務を順次「次世代への先送り」を繰り返していくのだろうか。民間企業の組織決定による物的な公害や薬害だけではなく、公的機関の政策決定による非物の「制度公害」も十分に含みうることを今一度確認しておかなければならない。制度公害は人間五感や経験によって現実問題として認識されにくいが、確実にそして潜かに次世代を蝕んでいる。

組織における決定と行動は、関連する業界分野のみならず私企業や公企業の別にかかわらず、これら業種業態に行政指導・責任をもつ関係省庁や国政府そして地方自治体の政策決定にも直接連関する。民間企業における組織決定と行動は、その活動の規模からもいまや社会全体や国家レベルの問題に発展しうることから、その倫理規範が社会問題として惹起し、組織行動の背景にある意思決定の社会的責任が遡及されはじめた。そこから今日では、現代組織が社会全体に与える影響力から「社会公器」（public organ）[13]とみなされるようになってきた。組織に公共性が問われる今日、企業経営（management）による決定と行動が政策（policies）と常時連動することも理解されはじめた。企業組織の活動がその規模からも、社会全体や個人相互から環境との社会的・生態的・物理的そして心理的等の複合する側面に影響することから、いち民間企業といえども「公共の器」として、企業活動を規定する組織の決定責任の所在が、「倫理や道徳」の問題としてクローズアップしてきたのである。地球環境や生命操作等の現代的課題からもわかるように、企業活動が規模を拡大成長させた結果、社会環境や生態環境へ及ぼす影響は決定的であり、組織の活動は個人の比ではなく、全体レベルの意思決定から組織活動によって生み出される総計は測り知れない。たとえ民間企業であっても組織活動をもたらす「意思決定の歴史責任」が遡及され、これら組織行動を実現する決定過程の倫理規範が社会全体の問題となってきた。いまや現代組織は、効率性や経済性を編成原理におく「組織合理性」のみならず、「社会合理性」がその存続において検証される時代なのである。

組織を社会公器とみなす趨勢は、民間部門や公共部門の別を問わず、製造物責任の法令施行にみられるように組織決定や企業活動に対して「組織の良心」ともいうべき「企業倫理」（business ethics）が希求されていることからも明らかであろう。先のHIV薬害訴訟では、薬事行政と利権に群がる御用学者そして経済的な極大利潤しかみない医薬企業や業界のもつ反社会的構図が明らかとなった。一方、社会的責任を顧みず経済合理性に固執するのは、何も企業組織だけではない。むしろ行政組織や大学組織を問わず、産業界・官界・政界そして学界すべてに共通する側面であろう。それぞれの世界で、利権や利得を獲得する仕組みは違っても、産―官―学に相関する利権構造は同次元である。昨今の核燃料の臨界事故や薬害訴訟をみるまでもなく、過去のチッソ水俣など有機水銀の工場排出による公害訴訟では、歴史的に同じことが何度も繰り返されてきたのである。日本の高度成長期は、経済性重視のなか公共性に名をかりた私的合理性が、社会合理性を駆逐してきた時代なのかもしれない。官民問わず、社会公共性を度外視した組織決定と行動は、人間協働の「負の帰結」をもたらした。

はたして人間やその組織は、過去から何を学ぶのか学んだのか？　組織は学習するといわれはじめたが、人間と同様「組織学習」(organizational learning)[14]によって記憶された「組織の知性」は世代交代とともに失われていくのであろうか。組織が次世代へ継承するものは、何も経済的資産や物財対価だけではない。組織を取り巻く社会環境を如何に学習し、資源処理の対象となる自然生態環境を理解するかも次世代に継承されるべき「組織の知的財産」であろう。これらは、組織決定から行動に至る過程で問題発見への知性、すなわち組織内外の情況を全体レベルで学習記憶し解釈理解する「組織知能」(organizational intelligence)[15]も次世代に還元されるべき枢要な組織財産なのである。現代社会では、組織決定と行動の社会責任を経験的に遡及したり、また組織を設計（design）する実践面においても、全体レベルの学習記憶過程が如何なるメカニズムで世代間で「知的共有」されるのか解明することが急務となってきた。そこから「実学」としての社会使命を有する経営学は、組織決定と行動への倫理規範としての「組織の良心」が次世代に学習記憶される仕組みが問われ、そこに組織の知性に介在する情報過程（informatic process）[16]を研究する趨勢となったといえよう。

現代は高度に組織化された時代であり、我々諸個人は組織との関わりなしに生きてはいけない。恐らく組織に帰属する万人が、その行動実践や決定判断のすべての局面において「個と全体」の不可解な疑問を抱きながら生活しているのではないだろうか。こうした現代組織に伏在する「個と全体」の相互関係は、業種・業態にかかわりなく、組織社会に生きる現代人にとって回避できない問題[17]であろう。今日、現代企業はその活動の規模からも社会環境や生態環境への影響効果も大きく、単に経済性だけではなく公共性や歴史責任から公器とみなされ、社会合理性をその基底に背負っている。そこから「現代の学」としての経営学は、不断に変化する人間協働の複雑様相を解明するために、その学問形成過程に「理論認識と実践経験の相互補完[18]」による「パラダイム転換[19]」が運命づけられた学問上の使命を有し、総合研究のコーディネーターとしての学際的役割を担いながら、「成長と淘汰」の論理から、「適応と共生」の思想へと推移すべき時代なのかもしれない。

注

(1) 村田晴夫『管理の哲学』文眞堂、一九八四年、六五―七一頁。
(2) 庭本佳和「現代経営学とバーナードの復権」経営学史学会編『経営学の巨人』文眞堂、六八―七四頁。
(3) 塩沢由典『複雑系経済学入門』生産性出版、一九九七年、一八七―一八九頁。
(4) Simon, H. A., *The Science of the Artificial*, 2nd edition, MIT Press, 1985 (Nobel Foundation, 1978).（稲葉元吉・吉原英樹訳『新版　システムの科学』パーソナルメディア社、一九八七年、付三三四―三四六頁。）
(5) Barnard, C. I., *The Functions of the Executive*, Harvard University Press, 1938.（山本安次郎・田杉　競・飯野春樹訳『新訳　経営者の役割』ダイヤモンド社、一九六八年）―飯野春樹『バーナード組織論研究』文眞堂、一九九二年。
(6) Weick, K. E. and Bougon, M. G., "Organizations as Cognitive Maps", Sims, H. P., Gioia, D. A., and Associates, *The Thinking Organization; Dynamics of Organizational Social Cognition*, Jossey-Bass Publishers, 1986, pp. 102-134.
(7) Wolf. W. B,「バーナード、アメリカ経営学の偉人」飯野春樹編『人間協働』文眞堂、一九八八年、三二―三三頁。
(8) Simon, H. A., Administrative Behavior, 3rd edition, The Free Press, 1976, pp. 80-81.（松田武彦・高柳　暁・二村敏子訳『経営行動』ダイヤモンド社、一九八九年、一〇二―一〇三頁。）
(9) Whitehead, A. N., *Process and Reality, Science and the Modern World*, Macmillan, 1926.
(10) Bateson, G., *Step to an Ecology of Mind*, Paladin, 1973.（佐伯・佐藤・高橋訳『精神の生態学』思索社、一九八四年。）
(11) 山本安次郎「経営学理論の現状と批判」山本安次郎・加藤勝康編『経営学原論』文眞堂、一九八二年、三―四頁。
(12) 三戸　公『随伴的結果―管理の革命』文眞堂、一九九五年。
(13) 山本安次郎「バーナード理論と経営学本格化への道」加藤勝康・飯野春樹編『バーナード』文眞堂、一九八六年、三四―三八頁。
(14) Argyris, C. and Schön, D. A., *Organizational Learning*, Transaction Publishers, 1974, pp. 122-124.
(15) March, J. G. and Olsen, J. P., *Ambiguity and Choice in Organization*, Universitetsforlaget, 1976, pp. 54-56.
(16) 阿辻茂夫『組織決定の科学』関西大学出版部、一九九九年。
(17) 佐々木恒男編『現代経営学の基本問題』文眞堂、一九九九年、i―iii頁。
(18) 山本安次郎『経営学本質論』前掲、二二二―二二五頁。
(19) 片岡信之「新しい時代と経営学のパラダイム転換」片岡・篠崎・高橋編『新しい時代と経営学』ミネルヴァ書房、一九九八年、六―七頁。

十八　企業支配論の一考察

――既存理論の統一的把握への試み――

坂本雅則

一　はじめに

企業は誰によって所有・支配され、どういう原理で行動するのかということが非常に重要であることは、それが社会認識・社会分析にも影響することから考えて、誰もが認めることだろう。本稿では、企業支配論の二つの大きな流れを形成する代表的な著作を批判的に摂取することで、両議論はともに「歴史性を持つ企業」の経営諸機能の分化傾向という本質的な大きな流れの中のある一契機を捉えたものであることを示し、企業支配論の一視角を提示したい。

二　既存企業支配論の二類型

企業支配論の学説の流れを概観したとき、株式所有とその構造に力点を置いた学派と経営管理とその構造に力点を置いた学派に分けられる。前者の起源として、バーリ＝ミーンズを、後者の起源として、バーナムを設定し、批判的に吟味する。なお、それぞれの流れが精緻化・具体化されているが、論理そのものを越えるものはほとんど出てきていないと考え、本稿では、あえて起源となった二人の論者の「支配」の論理だけを追った。そういう意味で網羅的に学説を敷衍することに主眼を置いているわけではない。

1　株式所有論的経営者支配論

一九二〇年代のアメリカで株式会社制度が広範に普及していく過程で、経済力が集中し、株式所有が大衆化する、いわゆる株式所有の分散現象が起きる。この現象を捉えて、バーリ＝ミーンズは「財産の変革」を説き、株式会社の支配構造にさまざまな形態が生まれているという。彼らにとって、本来の所有権というものは企業に対する三つの機能を意味する。すなわち、企業に対して収益を得る機能、企業に対して権力を行使する機能、企業を運営する機能である。

「支配」とは二番目に相当し、具体的には取締役（会）の選出権を意味する。株式の分散はその支配権が法的所有権から分離する、いわゆる所有と支配の分離を進行させ、経営者が支配権を握るようになる経営者支配形態の会社が増大しているという。この事実によって、「株式会社は利潤追求企業としての本質を変え」ることになるという。株式所有権を経営者支配の第一義的根拠であると考える点で、株式所有論的経営者支配論といえる。

2　テクノクラート論的経営者支配論(1)

バーナムは人類史における資本主義社会の歴史特殊性を抽出し、そして資本主義社会における資本家の位置を設定する。彼にとって、生産手段の実質的所有が支配に相当する。法的所有が利益分配請求権にまで堕ちた、株式所有の分散など所有とみなしていない。彼にとって、所有とは支配であり、生産手段の排他的占有なのである。生産手段の支配は法律的には財産権と要約されるが、法律的概念ではなく支配の事実が大切なのである。

彼の定義によれば、「支配」とは①支配対象に他人が接近するのを防止する能力と②支配対象のもたらす生産物の配分における特恵的扱いとを意味し、①②を満たすのが資本家であるから近代社会は資本家社会であると考える。そして、バーナムが『経営者革命』を書いた時期の企業分析をして、新しい階級支配である経営者社会が生成・発展してきているという。

ここでいう「経営者」は、生産手段を管理する機能を有している者を指す。生産技術の高度化が生産の全過程に変化を及ぼし、経営規模が様々な意味で大規模化すると、当然、総合調整が必要となり、そこに現代の経営者が出現する根拠があるという。そして、より具体的に、会社に関する所有・支配・経営(＝経営構造)を経営者、財務担当重役、金融資本家、株主の四つのグループに機能分析し、生産上の技術性を非常に重視することで、生産の技術的プロセス担当者群を経営者と定義し、彼らこそが現代の支配者になりつつあるという。

三　両理論の統一的把握に向けての理論的検討

現代巨大企業は資金調達機能、戦略的意思決定機能、企業者機能、スタッフ管理機能、ライン管理機能、作業機能(2)といった経営諸機能を統合して動態的に存在しているが、これら諸機能は歴史的アプローチの観点からどういう過程で生成・発展してきているのだろうか。歴史的アプローチから、「支配」の起源を捉えておくことは、企業支配論を展開する上でも不可欠のことであると、筆者は考えている。そこで、迂遠なようであるが、人類史において、いつごろ、どういう条件で「支配」が発生したのかという少し大きな枠組みの議論からはじめることにしたい。

1　社会の歴史特殊性

人類が生物学的だけでなく社会学的な意味でも生存するためには、一定の生産と消費（＝消費的生産）という広義の経済的循環運動を繰り返さなければならず、その過程で人間は自らの再生産を達成する。この循環運動は一般的には対自然的活動であると定義できるが、より具体的には、人間労働・労働対象・労働手段の結合を意味する。これはすべての形態の人類社会に当てはまるが、逆にいうと、結合するということだけでは何も説明したことには当然ならず、この結合がどのような社会関係でなされるかということが重要なのであり、この社会関係こそが当該社会に歴史的規定性を付与する。

2　社会的労働過程の変遷と支配一般

人間労働と労働対象と労働手段とが[3]一定の社会関係[4]を媒介にして結合する過程を「社会的労働過程[5]」と定義して、その変遷を見ると、人類学の諸成果[6]から、即時収益システムと遅延収益システムに分けられる。この二つのシステムの決定的差は、後者には支配―従属関係が発生していることなのであるが、それは社会的労働過程の差に起因する。前者は具体的には狩猟採集経済であるが、そこでは生産物の獲得方法は即時的であり、分配も平等に行われ、即時に収益される。一方、原始農耕経済以降現在までのシステムである後者は、一定の社会的剰余の蓄積、すなわち過去に投下された剰余労働の蓄積がどのように管理されるかということ、言いかえれば、その蓄積がどういう社会関係で、どのように配置・使用・処分されるかということが、社会的再生産上、次期以降の剰余を生む剰余労働の創出上、戦略的課題となる。

この「支配」の生成過程は、支配―従属関係の過程的構造の把握には、当該のシステムが持つ生産諸条件の結合形態全体―社会的労働過程の結合形態全体―を見る必要があることを示唆している。こうして、遅延収益システムの一形態としての資本主義社会にもあてはまる「支配一般」の定義が抽出できる。すなわち、「生産手段の排他的管理」である。生産者と生産手段との分離は、生産者を生産手段管理者に従属させ、剰余労働の管理力を与える契機を生み出す。生産者の再生産を不可能にさせうるからである。

3　企業と企業支配

「支配一般」を具体的な「歴史的規定性を持つ支配」にするには「生産」概念に具体的に何を入れるかということが問題で、それを確定するには生産諸条件の結合を媒介する「社会関係」を見る必要がある。

商品関係が全面化した資本主義社会では、各生産手段が排他的に管理されており、商品交換を通じて社会的生産が達成される。したがって、生産手段を購入する資金と購入した諸手段を、どういう組織を編成して結合させるかということ、すなわち、資金と組織との管理という二大機能が戦略的課題になるといえる。(7)

こうして、「企業」とは、賃労働―資本関係という社会関係を媒介させた社会的労働過程を「重層構造化」(8)したものであり、「企業支配」とは、「生きた労働である賃労働」がどういう形態で「蓄積された労働である資本」から分離され（＝歴史的分化）、そして、それらが結合する生産諸条件がどのように所有・統制・管理されているのか、その構造はどうなっているのか（＝構造的分化）ということになる。調達・購買・製造・販売・分配といった一連の経営諸過程がどのように管理されているか、その構造全体であり、換言すれば、増殖の原資である資金をどういう形態で調達し、どう投資配分し、何をどれくらい購買し、どういう組織編成で製造・管理し、誰に販売し、そして獲得した増殖分はどれだけであり、次期にどう配分するかという一連の動態的な過程の管理構造全体こそが、企業という社会的労働過程の管理の過程的構造である。

このように、「支配」は一定の社会関係のことで、現実的には過程的構造性(9)を持って現れるのであり、なんら支配（力）の固定的・一方的構造があるわけではない。ある一定の条件では属人的に一極に支配が集中するということもあるが、構造的に分化しているということも当然ありうる。すなわち、理論的には、属人的に統合された形で経営諸機能が遂行されることで支配―従属関係が存在するというものから、諸機能が脱属人的に遂行され、制度化した状態で支配―従属関係が存在するものまでが想定できるだろう。経営機能遂行主体が資産家であるのか賃金労働者であるのかはここでは問題にならない。問題なのは、①労働と労働諸条件が分離し、②社会的生産が個別に、無政府的になされるという、「資本主義」ということの根本条件、すなわち「生産手段の排他的管理」ということの資本主義的形態の具体的内容が再生産されることなのである。(10)

4　歴史的分化

賃労働―資本関係とは生産手段を実質的に所有している階級と労働力以外に販売するものを持たない階級とに分裂した社会関係のことであり、生産手段から生産物まであらゆる生産諸条件が「個別に所有(11)」されていることが前提される。すなわち、賃労働―資本関係が生産（組織）に浸透した瞬間から一方に雇用者が、他方に被雇用者が出現しているのであり、企業が生まれた瞬間から経営諸機能のうち作業機能は分化・制度化している。これはまさに、資本主義社会が、遅延収益システムを特徴付ける「所有と労働の分離」の一形態であるということを意味し、「歴史的分化」といえる。

歴史的には家族資本主義の段階、理論的には人的会社段階では、作業機能を遂行するのは賃金労働者であり、それを管理するのは資本家であった。しかし、この段階でも、まず社会関係があり、その下で一定の生産を行うには様々な機能が必要であり、それらは様々な人間労働によって担われる。つまり、生産上の社会関係を人格化すると賃金労働者・資本家となっているのである。(12)この時期に資本家が資本家として十全な支配力を行使できた理由は生産手段を購入する資金を出したという資金調達機能と作業機能以外の経営諸機能を統合して担っていたからである。この時期は、企業運営上、資金、組織ともにそれほど規模が大きくなかったし、技術的にもそれほど高度化していない。どの企業も市場を独占することはできないという意味で、かなり完全競争状態に近いと言えた。しかし、競争に打ち勝つためには、企業は、大量生産をするべく資金、組織ともに巨大化させ(13)ざるをえない。経営規模の拡大と経営の複雑化が進行する。

5　構造的分化

歴史的分化は社会的生産を媒介にして再生産され続けるが、賃労働―資本関係という商品関係の全面化した社会では、その社会的生産は競争を通じて実現される。時空的に設定される競争条件下で歴史的分化が再生産されるためには経営機能上の脱属人化・分化・制度化・組織化をすることで、より効率的かつ安定的に歴史的分化を再生産する。それがここでいう「構造的分化」である。

まず、資金面について、一般的に、近代株式会社の形成に重大な役割を担ったのは鉄道とその派生産業であるといわれるが[14]、鉄道建設のための莫大な資金はそれまでのような資本家群という自然人らの結合だけではまかないきれなくなる。そこで登場するのが株式会社制度であった。すなわち、株式がどれほど分散しようが、機関に集中しようが、株式会社制度の経済・経営的な実質的意味は資金調達機能でしかないということである。ただ、かつての資本家は、資金がなければ生産諸手段を購入できない、より本質的には資本運動という存在の存在条件のひとつを形成することができないという意味で、資金調達機能に支配力の一端を見出していた。したがって、この機能に一定の支配力が存在すること[15]は認めざるを得ないが、資金が勝手に増殖するわけでは当然なく、ある一定の生産活動が媒介させられて、増殖する。賃労働―資本関係下における事業・組織・管理とは、まさにその媒介される生産活動なのであり、資金調達機能は資本運動の一条件を形成するにすぎない。最近の「所有的利権者のコンステレーションを通じての支配」というのも、資金調達の社会化を実証しているにすぎず、支配の根拠を資金調達機能に置きすぎており、カテゴリーとしては、バーリ＝ミーンズを継承している。

以上より、株式会社制度の普及の意味は、賃労働―資本関係下における生産では、その始源である作業機能の分化に続く経営諸機能の分化傾向の一契機であると位置付けられ、資金調達機能の形態変化をバーリ＝ミーンズは株式会社制度を媒介にして強調したのである。確かに、所有権の性質は変質するが、賃労働―資本関係そのものは存在するし、逆に、資本運動が大規模化・安定化・制度化して、それ自体が純化したとさえ言える。(16)

次に組織面について、家族資本主義の段階では、せいぜい管理機能の下位部分が資本家から離れ、賃金労働者によって遂行される程度であった。すなわち、作業機能、下位管理機能は脱属人化・制度化されはじめる。この分化傾向は資金調達機能の制度化によって一段と加速化する。なぜなら、資金調達量の増大は、媒介させる組織規模の巨大化を意味し、技術の高度化、管理機構も巨大化するからである。そうするとますます資本家という属人性を排して、彼が担っていた諸機能を制度化・組織化していかねば競争に打ち勝てなくなり、ひいては増殖が停止し、資本運動自体の消滅を意味することになる。こうして、作業機能以外の経営機能であるライン機能、スタッフ機能、企業者機能、戦略的意思決定機能等々が次々に制度化され、株式を所有しない管理者群＝賃金労働者群がその諸機能を遂行することになる。これら諸機能の制度化は、ある一定の条件下で資本運動が貫徹するために必要な経営諸機能の分化傾向の一契機である。

このように見てくれば、バーナムがいう「経営者革命」とは、生産技術の高度化、生産規模の巨大化、経営構造の複雑化に伴う経営機能の分化・制度化・組織化の一契機を強調したものと言える。

最後に、経営諸機能―特にここでは資金調達機能と経営機能(17)―は相互にどういう関係になっているのか、という支配構造についての論点がある。一言で述べれば、属人的に統合されていた支配が社会に構造的に分化して支配がなされている(18)という説明になる。実質的な意味内容は、並列的に並んであるというものではなく、様々な諸機能の中で「究極的・相対的」な重要性を持つのは戦略的意思決定機能であり、この機能を中心に残りの諸機能が「重層的に構造化(19)」されていると言える。しかし、戦略的意思決定機能といえども、それ以下の様々なレベルの意思決定と大株主、金融機関、株価動向、労働組合、取締役兼任制等々の意思の総合的結果(20)としてなされるのであり、戦略的意思決定が独占的にそれ自体としてなされるわけではない。あくまで「究極的・相対的」でしかない。その根拠は、資本家の支配力の内容分析にある。かつての十全たる支配力を持った資本家の本質である、産業資本の産業資本たる根拠は、資本の増殖を、生産過程を媒介にして達成することにあり、資本運動を構造化した企業が、資本の増殖を達成するためには、どれだけ効率的に組織を経営することができるかという機能こそが戦略的課題になる。そうすると、経営機能が第一義的で、資金調達機能は第二義的になる[21]が、両機能は資本運動という存在の存在条件を形成しているのであり、存在条件の有効性如何は存在によって規定されるのである。「取締役会が形骸化して経営者支配が生成」するという以前も以後も「支配」の根拠・正当性は、常に「生産手段の排他的管理」、社会的労働過程の管理それ自体、すなわち資本運動の効率性如何にある。

四　おわりに——両理論の統一への試論——

企業支配論の二つの流れは、ともに「支配」ということの実質的内容を属人的に固定してしまう傾向がある[22]が、歴史的・総体的アプローチから言うと、「企業支配」の歴史は、属人的に統合されていたものが会社全体に徐々に構造化・制度化されて行く歴史であり、資本運動が会社全体・社会全体に構造化されて行く歴史である。その具体的構造形態は「原理的に決まるというものではなく、資本蓄積の社会的歴史的条件に規定される[23]」。

結局、「賃労働—資本関係という社会関係下にある企業」の支配における根拠・正当性は、資本運動そのものにある[24]。ただ運動はそのままで自らを実現することができない[25]ゆえに、経営諸機能を媒介させるのであり、その機能的担い手として諸主体に諸人格を与える[26]のである。「資本は自らを諸形態・諸主体の連関において実現する[27]」ことから、支配は経営諸過程全体を貫通しているのである。株式会社のように巨大化するということは資本のシステム・商品交換関係が崩壊するどころか、資金面・組織面の両面で人格的制限を脱し、純化した[28]とさえ言えるのである。経営諸機能の大部分を属人的に統合していることを根拠に支配力を持つ資本家であろうが、戦略的意思決定機能を根拠に支配力を持つ専門経営者であろうが、資本運動を効率的に遂行できなければ、資本そのものが消滅してしまいどちらもその根拠を失うのである。

資本関係下の生産組織である企業の経営諸機能分化傾向の視角からの企業支配論をとれば、株式所有論的経営者支配論の最大論点である資金調達機能と、テクノクラート論的経営者支配の最大論点である戦略的意思決定機能をはじめとする経営機能とは、ともに「資本主義社会内部での分業過程の一端[29]」として取り込めるのであるから、この視角からの企業支配論は、両経営者支配論の良質な部分を残しつつなおかつ限界を克服できる視角であると言えるのではないだろうか。

注

（1）片岡信之「経営構造I—企業論から経営論へ」片岡信之編『要説 経営学』文眞堂、一九九四年所収、八六頁を参照した。

（2）加藤勝康「経営（体）構造とその発展」山本安次郎・加藤勝康編『経営学原論』文眞堂、一九八二年所収、六八頁を参照したが、用語を一部変更している。

（3）現実の人類史に照らしてみれば、はじめは大地という本源的生産手段と労働が結合することで、生産物としての労働手段が生まれる。労働手段は単なる物的対象なのではなく、人間労働の対象化された成果なのである。Claude Meillassoux, "From reproduction to production", *Economy and Society*, Vol. 1, No. 1, 1972, C. Meillassoux, *Femmes, greniers et capitaux*, Paris, 1975.（川田順造・原口武彦訳『家族制共同体の理論』筑摩書房、一九七七年）、片岡信之『経営経済学の基礎理論』千倉書房、一九七三年、六—七頁に同様の指摘がある。

（4）社会関係は、あるときはそれほど強固ではない緩やかな社会関係であったり、ある時は親族関係であったりする。前者は原始社会の中でも即時収益システムを採用している段階であり、支配—従属関係が存在せず、後者は大地が土地という労働手段に転化する遅延収益システムを採用する段階であり、一定の支配—従属関係が出現するようになる。より具体的には、山内　昶『経済人類学の対位法』世界書院、一九九二年、C. Meillassoux, *Ibid.* (1972), pp. 98-101. を参照のこと。

（5）片岡、前掲書（一九七三年）一〇頁。

（6）C. Meillassoux, *op. cit.*, 同、前掲書（一九七七年）、山内、前掲書、Maurice Bloch, *Marxism and Anthropology*, London, 1984.（山

内　昶・山内　彰訳『マルクス主義と人類学』法政大学出版局、一九九六年）、山崎カヲル編訳『マルクス主義と経済人類学』柘植書房、一九八〇年、これら以外も使ったが、代表的なものに絞っておく。

(7) この二大機能に分けているのは、いわゆる「所有の二重性」の議論をも包摂することを意図している。

(8) 片岡信之『現代企業の所有と支配』白桃書房、一九九二年、四一頁、同、前掲書（一九七三年）四九―五〇頁を参照している。

(9) 川崎文治「株式会社における支配とビジネスリーダーシップ」岡村正人博士古稀記念論文集『現代経営学と株式会社』有斐閣、一九七八年所収、四六七頁では支配の貫通性とそのプロセスが強調され、藤本光夫「ベルギー大企業における所有・支配・管理（上）」『法経論集』（愛知大学）第九三巻第二号、一九八〇年、七一頁において、ヴローイははじめから支配を構造的に捉え、問題はどういう主体がどういう範囲で介入しているのかであるとし、有井行夫『株式会社の正当性と所有理論』青木書店、一九九一年、一五六頁では「支配とは主体の客体に対する関係行為でそれぞれが主体として振舞うことが前提である」と述べている。なお、支配という関係性のなかで諸人格が捉えられるが、諸人格が関係性に与える制約を無視しているわけではない。

(10) 中塩聖司「経営者支配論と所有と機能の分離（一）」『国学院商学』第三号、一九九四年、九九頁を参照。

(11) 篠原三郎『現代管理社会論の展望』こうち書房、一九九四年、二五頁。篠原三郎「現代株式会社と「私的所有」」『法経研究』（静岡大学）三九巻三号、一九九〇年、八頁を参照。この「個別」という表現は私的所有の実質的内容をうまく表現している。

(12) 篠原、前掲書二六頁、片岡、前掲書（一九九二年）、九頁を参照した。

(13) 大量生産体制そのものが競争という資本の論理の結果である。純技術的に論じているわけではない。

(14) 中川敬一郎・森川英正・由井常彦編『近代日本経営史の基礎知識』有斐閣、一九七九年、七七―七八頁を参照。

(15) Michael Scwartz, "An outline of financial hegemony theory".（高田太久吉訳「ビジネスネットワークにおける銀行と企業」）『金融ジャーナル』第三一巻第十号、一九九〇年、五五頁で金融機能が一定の支配力を持ちうる根拠を示している。彼のヘゲモニー論は個別企業への制約構造の精緻化であるといえるが、個別企業内の労働に対する管理という、「支配」の根源的根拠の説明にはならない。

(16) 株式会社制度の特徴のひとつである自由譲渡性により、株式の売却が直接的な会社資産のそれを意味しないという意味で、「安定化・制度化・純化」という言葉を使っている。

(17) 「経営機能」という言葉が広義と狭義の二重に使われている。個別には示さないが、文脈から推測できると思う。

(18) 片岡、前掲書（一九七三年）一四九頁、篠原三郎「「会社それ自体」について」『法経研究』（静岡大学）第三三巻第三・四号、一九八五年、八二頁、中塩、前掲論文一〇三頁、有井、前掲書一六頁などを参照している。

(19) 片岡、前掲書（一九九二年）四一頁、五八―五九頁、八六頁、九三―九四頁などに同様の指摘がある。

(20) Beth Mintz and Michael Schwartz, *The Power Structure of American Business*, Chicago, 1985, p. 4.（浜川一憲・高田太久吉・松井和夫訳『企業間ネットワークと取締役兼任制』文眞堂、一九九四年、六頁）を参照。

(21) 片岡、前掲書（一九九二年）、一三一頁を参照したが、ここでの「第二義的」とは、文字どおり、産業資本の増殖、つまり資本主義的枠組みの中での生産組織である企業における増殖ということに対して、という意味である。
(22) 中塩聖司「企業の所有と機能の分離、人格化について」『国学院経済学』第四四巻第三、四合併号、一九九六年、一一四頁、一二〇―一二一頁を参照。
(23) 篠原、前掲書九五頁。
(24) 片岡、前掲書（一九七三年）一五九頁、川崎文治「企業・経営論の基礎範疇について（二）」『経営研究』（大阪市立大学）第二九巻第一号、一九七八年、二八頁、中塩聖司「経営者支配論と所有と機能の分離（二）」『国学院商学』第五号、一九九六年、三頁などを参照。
(25) 片岡、同書四九―五〇頁を参照。
(26) 有井、前掲書一二六頁、注五〇。仲田正機「現代企業の部門管理構造」『立命館経営学』第二一巻第二号、一九八二年、二〇、二三頁、篠原三郎「経営管理の「主体」」『法経研究』（静岡大学）第三五巻第三・四号、一九八七年、七六頁などにも同主旨の表現がある。
(27) 有井、同書七八頁。
(28) 有井、前掲書八四頁、片岡、前掲書（一九七三年）一五〇頁などを参照。
(29) Theo Nichols, *Ownership, Control and Ideology*, London, 1969, p. 141. を引用。

Ⅳ 文献

ここに掲載の文献一覧は、第Ⅱ部の統一論題論文執筆者が各論テーマの基本文献としてリストアップしたものを、年報編集委員会の責任において集約したものである。

一　経営学方法論

洋書

1 Koontz, H. ed., *Toward a Unified Theory of Management*, New York, Tronto & London, McGraw-Hill, 1964.（鈴木英寿訳『経営の統一理論』ダイヤモンド社、一九六八年）

2 George, C. S. Jr., *The History of Management Thought*, Englewood Cliff, N. J., Prentice-Hall, 1968.（菅谷重平訳『経営思想史』同文舘、一九七一年）

3 Tillett, A., T. Kempner, and G. Wills, eds., *Management Thinkers*, Middlessex, Penguin Books Ltd., 1970.（岡田和秀他訳『現代経営学への道程――経営・学説・背景――』文眞堂、一九七四年）

4 Schönpflug, F., *Betriebswirtschaftslehre : Methoden und Hauptströmungen*, 2. erweiterte Aufl. von 〈*Das Methodenproblemen in der Einzelwirtschaftslehre*〉 Herausgegeben von Hans Seischab, Stuttgart, Poeschel Verlag, 1954.（大橋昭一・奥田幸助訳『シェーンプルーク経営経済学』有斐閣、一九七〇年）

5 Sieber, E. H., *Objekt und Betrachtungsweise der Betriebswirtschaftslehre*, Leipzig, A. Deichertsche Verlgsbuchhandlung, 1931.

6 Moxter, A., *Methodologische Grundfragen der Betriebswirtschaftslehre*, Köln & Opladen, Westdeutscher Verlag, 1957.（池内信行他訳『経営経済学の基本問題』森山書店、一九六七年）

7 Wöhe, G., *Methodologische Grundprobleme der Betriebswirtschaftslehre*, Meisenheim am Glan, Verlag Anton Hain, 1959.（鈴木辰治訳『ドイツ経営学の基礎』文眞堂、一九七七年）

8 Köhler, R., *Theoretische Systeme der Betriebswirtschaftslehre im Lichte der neueren Wissenschaftslogik*, Stuttgart, C. E. Poeschel, 1966.

9 Kieser, A. und H. Kubicek, *Organisationstheorien 1 : Wissenschaftstheoretische Anforderungen und kritische Analyse klassischer Ansätze*, Stuttgart, Berlin, Köln & Mainz, Verlag W. Kchlhammer, 1978.（田島壯

幸監訳、神田 良・渡辺敏雄訳『組織理論の諸潮流Ⅰ――科学理論的必要条件と古典的諸研究方法の批判的分析――』千倉書房、一九八一年）
10 Steinmann, H. Hrsg., *Betriebswirtschaftslehre als normative Handlungswissenschaft : zur Bedeutung der Konstruktiven Wissenschaftstheorie für die Betriebswirtschaftslehre,* Wiesbaden, Verlag Dr. Th. Gabler, 1978.
11 Raffée, H./B. Abel, Hrsg., *Wissenschaftstheoretische Grundfragen der Wirtschaftswissenschaften,* München, Verlag Vahlen, 1979.（小島三郎監訳『現代科学理論と経済学・経営学方法論』、税務経理協会、一九八二年）
12 Schanz, G., *Erkennen und Gestalten : Betriebswirtschaftslehre in kritisch-rationaler Absicht,* Stuttgart, C. E. Poeschel, 1988.（榊原研互訳『経営経済学の課題と方法――批判的合理主義をめざして――』同文舘、一九九一年）
13 Witt, Frank H., Theorietraditionen der betriebswirtschaftlichen Forschung, Gabler Wiesbaden, 1995.
14 Bea, F. X., E. Dichtl, und M. Schweitzer, Hrsg., *Allgemeine Betriebswirtschaftslehre, Band 1: Grundfragen,* 7. Aufl., Stuttgart, Lucius & Lucius, 1997.

和書

1 馬場敬治『経営方法論』日本評論社、一九三一年。
2 馬場克三『個別資本と経営技術――経営学の方法及び労務の根本問題――』有斐閣、一九五七年。
3 池内信行『現代経営理論の反省』森山書店、一九五八年。
4 古川栄一『アメリカ経営学』（新訂版）経林書房、一九五九年、初版 一九四八年、増補版 一九四九年。
5 市原季一『ドイツ経営学』（改訂版）森山書店、一九六〇年、初版 一九五六年。
6 大橋昭一『ドイツ経営共同体論史――ドイツ規範的経営学研究序説――』中央経済社、一九六六年。
7 藻利重隆責任編集『経営学辞典』東洋経済新報社、一九六七年。
8 小島三郎『戦後ドイツ経営経済学の展開』慶応通信、一九六八年。
9 吉田和夫『ドイツ企業経済学』ミネルヴァ書房、一九六八年。

10 鈴木英寿『ドイツ経営学の方法』(増補版) 森山書店、一九六八年、初版 一九五九年。
11 古林喜楽編著『日本経営学史――人と学説――』日本評論社、一九七一年。
12 山本安次郎『経営学本質論』(第4版) 森山書店、一九七一年、初版 一九六一年。
13 経営学研究グループ『経営学史』亜紀書房、一九七二年。
14 岩尾裕純編著『講座　経営理論Ⅰ・制度学派の経営学』中央経済社、一九七二年。
15 岩尾裕純編著『講座　経営理論Ⅱ・科学的管理の経営学』中央経済社、一九七二年。
16 藻利重隆『経営学の基礎』(新訂版) 森山書店、一九七三年、初版 一九五六年。
17 岩尾裕純編著『講座　経営理論Ⅲ・マネジメント・サイエンスの経営学』中央経済社、一九七四年。
18 古林喜楽編『日本経営学史――人と学説――』(第2巻)、千倉書房、一九七七年。
19 田島壮幸『ドイツ経営学の成立』(増補版) 森山書店、一九七九年、初版一九七三年。
20 高橋俊夫『経営経済学の新動向』中央経済社、一九七九年。
21 増田正勝『ドイツ経営政策思想』森山書店、一九八一年。
22 小田　章『西独経営経済組織学研究』千倉書房、一九八二年。
23 高橋由明『グーテンベルグ経営経済学』中央大学出版部、一九八三年。
24 長岡克行『企業と組織――グーテンベルグ経営経済学研究――』千倉書房、一九八四年。
25 鈴木辰治『経営経済学の理論と歴史――新規範主義経営経済学の構想――』文眞堂、一九八七年。
26 高田　馨『経営学の対象と方法』千倉書房、一九八七年。
27 村田和彦『生産合理化の経営学』千倉書房、一九九三年。
28 永田　誠『現代経営経済学史』森山書店、一九九五年。
29 岡本人志『ドイツ経営学』森山書店、一九九七年。
30 田中照純『経営学の方法と歴史』ミネルヴァ書房、一九九八年。

二　経営学における人間問題

経営学の立場

1 山城　章『現代の企業』森山書店、一九六一年。
2 藻利重隆『経営学の基礎（新訂版）』森山書店、一九七三年、初版　一九五六年。
3 野中郁次郎・加護野忠男・小松陽一・奥村昭博・坂下昭宣『組織現象の理論と測定』千倉書房、一九七八年。
4 野中郁次郎『経営管理』日本経済新聞社、一九八三年。
5 田島壯幸『企業論としての経営学』税務経理協会、一九八四年。
6 吉野正治『あたらしいゆたかさ――現代生活様式の転換――』連合出版、一九八四年。
7 宮崎義一『現代企業論入門――コーポレイト・キャピタリズムを考える――』有斐閣、一九八五年。
8 佐藤慶幸『生活世界と対話の理論』文眞堂、一九九一年。
9 三戸　公『随伴的結果――管理の革命――』文眞堂、一九九四年。
10 三戸　公『現代の学としての経営学』文眞堂、一九九七年。
11 万仲修一・海道ノブチカ編『利害関係の経営学――生活と企業――』税務経理協会、一九九九年。

企業と労働者・管理者

1 藻利重隆『経営管理総論（第二新訂版）』千倉書房、一九六五年、初版　一九四八年、新訂初版　一九五六年。
2 西田耕三『ワーク・モチベーション研究――現状と課題――』白桃書房、一九七六年。
3 藻利重隆『労務管理の経営学（第二増補版）』千倉書房、一九七八年、初版　一九五八年、増補版　一九六三年。
4 村田和彦『労働人間化の経営学』千倉書房、一九八三年。
5 坂下昭宣『組織行動研究』白桃書房、一九八五年。
6 村田和彦『労資共同決定の経営学（増補版）』千倉書房、一九八七年、初版　一九七八年。

7 伊丹敬之『人本主義企業』筑摩書房、一九八七年。
8 門田安弘『新トヨタシステム』講談社、一九九一年。
9 金井壽宏『変革型ミドルの探求――戦略・革新指向の管理者行動――』白桃書房、一九九一年。
10 鈴木良始『日本的生産システムと企業社会』北海道大学図書刊行会、一九九四年。
11 村田和彦『生産合理化の経営学』千倉書房、一九九三年。
12 熊沢　誠『能力主義と企業社会』岩波書店、一九九七年。

企業と消費者

1 野中郁次郎『組織と市場』千倉書房、一九七四年。
2 加護野忠男『経営組織の環境適応』白桃書房、一九八〇年。
3 加護野忠男・野中郁次郎・榊原清則・奥村昭博『日米企業の経営比較――戦略的環境適応の理論――』日本経済新聞社、一九八三年。
4 石井淳蔵『日本企業のマーケティング行動』日本経済新聞社、一九八四年。
5 加護野忠男『組織認識論――企業における創造と革新の研究――』千倉書房、一九八八年。
6 加護野忠男『企業のパラダイム変革』講談社、一九八八年。
7 野中郁次郎『知識創造の経営』日本経済新聞社、一九九〇年。
8 原　早苗『欠陥商品と企業責任』岩波書店、一九九二年。
9 石井淳蔵『マーケティングの神話』日本経済新聞社、一九九三年。
10 嶋口充輝『顧客満足型マーケティングの構図』有斐閣、一九九四年。
11 村田和彦『市場創造の経営学』千倉書房、一九九九年。

企業と地域住民

1 米花　稔『経営環境論』丸善、一九七〇年。
2 宇井　純『公害原論Ⅰ、Ⅱ、Ⅲ』亜紀書房、一九七一年。

3 原田正純『水俣病』岩波書店、一九七二年。
4 都留重人『公害の政治経済学』岩波書店、一九七二年。
5 宇沢弘文『自動車の社会的費用』岩波書店、一九七四年。
6 松本昌悦『環境破壊と基本的人権』成文堂、一九七五年。
7 宮本憲一『日本の環境問題（増補版）』有斐閣、一九八一年、初版 一九七五年。
8 吉田文和『ハイテク汚染』岩波書店、一九八九年。
9 小林俊治『経営環境論の研究』成文堂、一九九〇年。
10 寄本勝美『ごみとリサイクル』岩波書店、一九九〇年。
11 高杉晋吾『産業廃棄物』岩波書店、一九九一年。
12 大橋照枝『環境マーケティング戦略――エコロジーとエコノミーの調和――』東洋経済新報社、一九九四年。

企業と経営者

1 高田　馨『経営者の社会的責任』千倉書房、一九七四年。
2 対木隆英『社会的責任と企業構造』千倉書房、一九七九年。
3 桜井克彦『現代企業の経営政策――社会的責任と企業経営――』千倉書房、一九七九年。
4 土屋守章『企業の社会的責任』税務経理協会、一九八〇年。
5 奥村　宏『法人資本主義――「会社本位」の体系――』お茶の水書房、一九八四年。
6 藻利重隆『株式会社と経営者』千倉書房、一九八四年。
7 北原　勇『現代資本主義における所有と決定』岩波書店、一九八四年。
8 高田　馨『経営の倫理と責任』千倉書房、一九八九年。
9 西山忠範『日本企業論――株式会社制度の廃棄と新しい企業形態の構想――』文眞堂、一九九二年。
10 森本三男『企業社会責任の経営学的研究』白桃書房、一九九四年。
11 水谷雅一『経営倫理学の実践と課題』白桃書房、一九九五年。
12 高橋俊夫編著『コーポレート・ガバナンス』中央経済社、一九九五年。

13 鈴木辰治『企業倫理・文化と経営政策』文眞堂、一九九六年。
14 寺本義也編著『日本企業のコーポレート・ガバナンス』生産性出版、一九九七年。
15 出見世信之『企業統治問題の経営学的研究』文眞堂、一九九七年。

三　経営学における技術問題

洋書

1 Reuleaux, F., "Kultur und Technik," 1884, in: Weihe, C., *Franz Reuleaux und seine Kinematik*, Berlin, 1925.
2 Schmalenbach, E., "Die Privatwirtschaftslehre als Kunstlehre," *ZfhF*, 6, Jg. 1911/12.（斉藤隆夫訳「技術論としての私経済学」『会計』六七巻一号、一九五五年一月）
3 Zschimmer, E., *Philosophie der Technik*, 1913, 2. Aufl. Jena, Jenaer Volksbuchhandlung, 1919.
4 Dessauer, F., *Philosophie der Technik*, Bonn, 1927.（永田広志訳『技術の哲学』科学主義工業社、一九四一年）
5 Polanyi, M., *Personal Knowledge*, Chicago, The Univ. of Chicago Press, 1958.（長尾史郎訳『個人的知識』ハーベスト社、一九八五年）
6 Polanyi, M., *The Tacit Dimension*, London, Routledge & Kegan Paul Ltd., 1966.（佐藤敬三訳『暗黙知の次元』紀伊国屋書店、一九八〇年）
7 Hirschhorn, L., *Beyond Mechanization*, Cambridge, London, The MIT Press, 1984.
8 Piore, M. and C. Sabel, *The Second Industrial Devide*, N. Y, Basic Books, 1984.（山之内靖他訳『第二の分水嶺』筑摩書房、一九九三年）
9 Manwaring, T. and S. Wood, "The Ghost in the Labour Process," Knight, D. *et. al.* eds., *Job Redesign: Critical Perspectives on the LabourProcess*, Aldershot UK, Gower Publishing Co., /Gower, Brookfield US, 1985.
10 Bijker, W. E. *et. al.* eds., *The Social Construction of Technological Systems: New Directions in the Sociolo-*

gy and History of Technology, Cambridge, London, The MIT Press, 1987.
11 Thomas, R. J., *What Machines Can't Do: Politics and Technology in the Industrial Enterprise*, Berkeley, Los Angeles and London, Univ. of California Press, 1994.
12 MacKenzie, D., *Knowing Machines: Essays on Technical Change*, Cambridge, London, The MIT Press, 1996.
13 Jones, Br., *Forcing the Factory of the Future: Cybernation and Societal Institutions*, Cambridge, UK, Cambridge University Press, 1997.
14 Collins, H. and M. Kusch, *The Shape of Actions: What Humans and Machines Can Do*, Cambridge, London, The MIT Press, 1998.

和書

1 中西寅雄『経営経済学』日本評論社、一九三一年。
2 宮田喜代蔵『経営原理』春陽堂、一九三一年。
3 馬場敬治『技術と経済』日本評論社、一九三三年。
4 馬場敬治『技術と組織の問題』、日本評論社、一九四一年。
5 武谷三男「技術論」『弁証法の諸問題』著作集1（科学・技術・芸術論文集）理学社、一九四六年、勁草書房、一九六八年）。
6 星野芳郎『技術論ノート』真善美社、一九四八年。
7 上林貞治郎『生産技術論』三笠書房、一九五一年。
8 上林貞治郎『現代企業における資本・経営・技術』森山書店、一九五八年。
9 馬場克三『個別資本と経営技術』著作集1、有斐閣、一九五七年、千倉書房、一九八九年。
10 片岡信之『経営経済学の基礎理論』千倉書房、一九七三年。
11 中村静治『技術論論争史』上、下巻、青木書店、一九七五年。
12 嶋　啓『技術論論争』ミネルヴァ書房、一九七七年。
13 野中郁次郎『知識創造の経営』日本経済新聞社、一九九〇年。

14 野中郁次郎・竹内弘高『知識創造企業』東洋経済新報社、一九九六年。
15 越出 均『経営技術と学習』創成社、一九九八年。
16 宗像正幸『技術の理論』同文舘出版、一九八九年。
17 宗像正幸「『近代的』技術観とその克服志向について」『龍谷大学経営学論集』三九巻一号、一九九九年六月。

四 経営学における情報問題

基本文献

1 Machlup, F., *The Production and Distribution of Knowledge in the USA*, Princeton Univ. Press, 1967.（高橋・木田監修訳『知識産業』産業能率大学出版部、一九六九年）
2 Bell, D., *The Coming of Postindustrial Society*, Basic Books, 1973.（内田忠夫他訳『脱工業化社会の到来 上・下』ダイヤモンド社、一九七五年）
3 Toffler, A., *The Third Wave*, N.Y., W. Morrow & Co., 1980.（徳山二郎監修訳『第三の波』日本放送協会、一九八〇年）
4 伊藤淳巳著『現代企業の意思決定』白桃書房、一九八七年。

環境認識と事実情報

1 Littleton, A. C., *Accounting Evolution to 1900*, N.Y., American Institute Publishing, 1933.（片野一郎・清水宗一訳『リトルトン・会計発達史 増補版』同文舘、一九七八年）
2 Barnes, R. M., *Motion and Time Study*, Wiley, 1937.（大坪 檀訳『動作時間研究』日刊工業新聞、一九六〇年）
3 Garner, S. P., *Evolution of Cost Accounting to 1925*, University of Alabama Press, 1954.（品田誠平他訳『原価計算の発展』一粒社、一九五六年）
4 Cochran, W. G., *Sampling Techniques*, Wiley, 1959.（鈴木達三・高橋宏一・脇本和昌訳『サンプリングの理論と

方法Ⅰ・Ⅱ』東京書籍、一九七二年)
5 川喜田二郎『KJ法』中央公論社、一九八六年。

目的設定と基準情報

1 Taylor, F.W., *The Principles of Scientific Management,* Harper, 1911.(上野陽一訳編『科学的管理法』所収、産業能率大学出版部、一九六九年)
2 Shewhart, W. A., *Statistical Method: From the Viewpoint of Quality Control,* The Graduate School, The Department of Agriculture, Washington, 1939.(坂元平八監訳『品質管理の基礎概念』岩波書店、一九六六年)
3 Shillinglaw, G., *Cost Accounting,* Irwin, 1961.(安達和夫・山口 操訳『管理原価会計』日本生産性本部、一九六四年)
4 Odiorne, G. S., *MBO II,* Pitman Pub. 1979.(市川 彰・谷本洋夫・津田達男訳『精説 目標管理』ダイヤモンド社、一九八〇年)
5 Porter, M. E., *Competitive Advantage,* Free Press, 1985.(土岐 坤・中辻萬治・服部照夫訳『競争優位の戦略』ダイヤモンド社、一九八五年)

手段設計と技術情報

1 Churchman, C. W., R. L. Acoff, and E. L. Arnoff, *Introduction to Operations Research,* Wiley, N. Y., 1957.(森口繁一監訳『オペレーションズ・リサーチ入門 上・下』紀伊国屋書店、一九五八年)
2 Nadler, G., *Work Design,* Irwin, 1963.(村松林太郎監訳『ワークデザイン』建帛社、一九六六年)
3 Osborn, A. F., *Applied Imagination,* 3rd ed., N. Y., Scribner, 1963.(上野一郎訳『新版 独創力を伸ばせ』ダイヤモンド社、一九七一年)
4 Sprague, R. H., Jr. and E. D. Carlson, *Building Effective Decision Support Systems,* Prentice-Hall, 1982.(倉谷好郎・土岐大介訳『意思決定支援システムDSS』東洋経済新報社、一九八六年)
5 経営科学研究会編『シミュレーション入門』日刊工業新聞社、一九六一年。

資源割当と経済情報

1 Kapp, K. W., *The Social Cost of Private Enterprise*, Harvard University Press, 1950.（篠原泰三訳『私的企業と社会的費用』岩波書店、一九五九年）

2 Simon, H. A., *Administrative Behavior*, 3rd ed., The Free Press, 1976.（松田武彦・高柳　暁・二村敏子訳『経営行動』ダイヤモンド社、一九八九年）

3 Buchanun, J. M. and G. Tullock, *The Calculus of Consent*, The University of Michigan Press, 1962.（宇田川璋仁監訳『公共選択の理論』東洋経済新報社、一九七九年）

4 Quade, E. S. and W. I. Boucher, *Systems Analysis and Policy Planning*, N. Y., American Elsevier Pub. Co., 1968.（香山健一・公文俊平監訳『システム分析１・２』竹内書店、一九七二年）

5 Dasgupta, A. K. and D. W. Pearce, *Cost-Benefit Analysis*, London, Macmillan, 1972.（尾上久雄・坂本靖郎訳『コスト・ベネフィット分析』中央経済社、一九七五年）

6 Miller, D. W. and M. K. Starr, *Executive Decisions and Operations Research*, Prentice-Hall, 1960.（早稲田大学生産研究所訳『意思決定とＯＲ』丸善、一九六二年）

五　経営学における倫理問題

洋書

1 Barnard, C. I., *The Functions of the Excutive*, Cambridge, Mass., Harvard University Press, 1938.（田杉競監訳、矢野　宏・降旗武彦・飯野春樹訳〔旧訳〕、山本・田杉・飯野〔新訳〕『経営者の役割』ダイヤモンド社、旧訳版一九五六年、新訳版一九六八年）

2 Velasguez, M., *Business Ethics*, Prentice-Hall, Inc., 1982.

3 Beauchamp, T. M. and N. E. Bowie, *Ethical Theory and Business*, Prentice-Hall, Inc., 1983.

4 Etzioni, A., *The Moral Dimension*, The Free Press, 1988.

5 Donaldson, T., *The Ethics of International Business*, Oxford Univ. Press Inc., 1989.
6 Carroll, A. B., *Business and Society, Ethics and Stakeholder Management*, Clincinnati, Ohio : College Division, South-Western Publishing Co., 1989.
7 Solomon, R. C., *Ethics and Excellence*, Oxford Univ. Press Inc., 1992.
8 Jacobs, J., *Systems of Survival*, Rondom House, Inc., 1992.（香西 泰訳『市場の論理、統治の論理』日本経済新聞社、一九九八年）
9 DeGeorge, R. T., *Business Ethics*, Prentice-Hall, Inc., 1995.（麗澤大学ビジネス・エシックス研究会訳『ビジネス・エシックス――グローバル経済の倫理化要請――』明石書店、一九九五年）
10 Clarkson, Max B. E., *The Corporation and Its Stakeholders*, Toronto, Univ. of Toronto Press Inc., 1998.

和書

1 高田 馨『経営者の社会的責任』千倉書房、一九七四年。
2 高田 馨『経営の倫理と責任』千倉書房、一九八九年。
3 赤岡 功『エレガント・カンパニー』有斐閣、一九九三年。
4 三戸 公『随伴的結果』文眞堂、一九九四年。
5 梅澤 正『顔の見える企業』有斐閣、一九九四年。
6 水谷雅一『経営倫理学の実践と課題』白桃書房、一九九五年。
7 山田経三『経営倫理と組織・リーダーシップ』明石書店、一九九五年。
8 加藤尚武・松山寿一編著『現代世界と倫理』晃洋書房、一九九六年。
9 宮坂純一『ビジネス倫理学の展開』晃洋書房、一九九九年。
10 高 巖・T・ドナルドソン『ビジネス・エシックス』文眞堂、一九九九年。

六 経営の国際化問題

洋書

1 Robinson, R. D., *International Business Policy*, Holt, Rinehard & Winston, Inc., 1964.（小沼 敏訳『国際経営政策』ぺりかん社、一九六九年）

2 Fayer Weather, J., *International Business Management : A Conceptual Framework*, McGrow-Hill, Inc., 1969.（戸田忠一訳『国際経営論』ダイヤモンド社、一九八〇年）

3 Kindleberger, C. P., *American Business Abroad : Six Lectures on Direct Investment*, Yale Univ., 1969.（小沼監訳『国際化経済の論理』ぺりかん社、一九七〇年）

4 Vernon, Raymond, *Sovereinty at Bay : The Multinational Spread of U. S. Enterprises*, New York, Basic Book, 1971.（霍見芳浩訳『多国籍企業の新展開――追いつめられる国家主権――』ダイヤモンド社、一九七三年）

5 Wilkins, Mira, *The Emergence of Multinational Enterprise : American Business Abroad from the Colonial Era to 1914*, Cambridge Mass., Harvard Univ. Press, 1970.（江夏健一・米倉昭夫訳『多国籍企業の史的展開――植民地時代から一九一四年まで――』ミネルヴァ書房、一九七三年）

6 Stopford J. M. and L. T. Wells, Jr., *Managing the Multinational Enterprise*, New York, Basic Books, 1972.（山崎 清訳『多国籍企業の組織と所有政策――グローバル構造を越えて――』ダイヤモンド社、一九七六年）

7 Wilkins, Mira, *The Maturing of Multinational Enterprise*, Cambridge Mass., Harvard Univ. Press, 1974.（江夏健一・米倉昭夫訳『多国籍企業の成熟』上・下巻、ミネルヴァ書房、一九七六年）

8 Drucker, Peter F., *The New Realities : In Government and Politics / In Economics and Business / In Society and World View*, New York, Harper & Row, 1989.（上田 惇・佐々木実智男訳『新しい現実』ダイヤモンド社、一九八九年）

9 Bartlett, C. and S. Ghoshal, *Transnational Management*, Irwin, 1992.

10 Bartlett, C. and S. Ghoshal, *The Individualized Corporation : A Fundamentally New Approach to Management : Great Companies Are Defined by Purpose, Process, and People*, Harper Collins, 1997.

和書

1 田杉　競・鈴木英寿・山本安次郎・大島國雄『比較経営学』丸善、一九七〇年。
2 小林規威『インターナショナル・ビジネス』筑摩書房、一九七二年。
3 中村常次郎・村山元英『国際経営学概論』東洋経済新報社、一九七三年。
4 亀井正義『多国籍企業論序説――多国籍企業の発展と現状――』所書店、一九七七年。
5 入江猪太郎『多国籍企業論』丸善、一九七九年。
6 大島國雄『国際比較経営論』森山書店、一九七九年。
7 吉原英樹『多国籍経営論』白桃書房、一九七九年。
8 小林規威『日本の多国籍企業――国際比較の視点からの研究――』中央経済社、一九八〇年。
9 儀我荘一郎『多国籍企業――その規制と国有化――』青木書店、一九八一年。
10 安室憲一『国際経営行動論――日・米比較の視点から――』森山書店、一九八二年。
11 加護野忠男・野中郁次郎・榊原清則・奥村昭博『日米企業の経営比較――戦略的環境適応の理論――』日本経済新聞社、一九八三年。
12 武田　康『国際経営の基礎的諸問題』白桃書房、一九八三年。
13 江夏健一『多国籍企業要論』文眞堂、一九八四年。
14 林　倬史『多国籍企業と知的所有権』森山書店、一九八九年。
15 宮崎義一『変わりゆく世界経済――トランスナショナル・シビル・ソサイエティーへの途――』有斐閣、一九九〇年。
16 根本　孝『グローバル技術戦略論』同文舘、一九九〇年。
17 安室憲一『グローバル経営論』千倉書房、一九九二年。
18 赤羽新太郎『国際経営管理論序説』文眞堂、一九九三年。
19 岩田　智『研究開発のグローバル化』文眞堂、一九九四年。

20 丹野　勲『国際比較経営論』同文舘、一九九四年。
21 鈴木典比古『企業戦略と国際関係論』有斐閣、一九九五年。
22 吉森　賢『日本の経営・欧米の経営』日本放送出版協会、一九九六年。
23 M・L・シュレスタ（Shrestha）『企業の多国籍化と技術移転――ポスト雁行形態の経営戦略――』千倉書房、一九九六年。
24 関　満博『空洞化を越えて』日本経済新聞社、一九九七年。
25 竹田志郎『多国籍企業と戦略提携』文眞堂、一九九八年。
26 藤野哲也『グローバリゼーションの進展と連結経営』文眞堂、一九九八年。
27 李　維安『中国のコーポレート・ガバナンス』税務経理協会、一九九九年。

七　日本的経営論

洋書

1 Abegglen, James C., *The Japanese Factory: Aspects of Its Social Organization,* N. Y., The Free Press, 1958.（占部都美訳『日本の経営』ダイヤモンド社）
2 OECD, *Manpower Policy in Japan, Reviews of Manpower and Social Policies,* Paris, OECD, 1973.（経済協力開発機構・労働省訳／編『ＯＥＣＤ対日労働報告書』日本労働協会、一九七二年）
3 Dore, Ronald P., *British Factory-Japanese Factory: The Origins of National Diversity in Industrial Relations,* University of California Press, 1973.（山内　靖・永井浩一訳『イギリスの工場・日本の工場』筑摩書房、一九八七年）
4 Vogel, E. F., *Japan as Number One: Lessons for America,* Cambridge, Mass., Harvard University Press, 1979.（広中和歌子・木本彰子訳『ジャパン アズ ナンバーワン』ＴＢＳブリタニカ、一九八七年）
5 Ouchi, William, *Theory Z: How American Business Can Meet the Japanese Challenge,* 1981.（徳山二郎監訳『セ

オリーZ』CBSソニー出版、一九八一年）
6 Johnson, C., *MITI and the Japanese Miracle: the Growth of Industrial Policy,* 1925–1975, Stanford University Press, 1982.
7 Schonberger, Richard J., *Japanese Manufacturing Techniques,* N. Y., The Free Press, 1982.
8 Peters, T. J. and R. H. Waterman, Jr., *In Search of Excellence,* N. Y., Harper & Row, 1982.（大前研一訳『エクセレント・カンパニー』講談社、一九八三年）
9 Monden, Yasuhiro, *Toyota Production System,* Norcross, Ga., Industrial Engineering and Management Press, 1983.（門田安弘『トヨタシステム』講談社、一九八五年）
10 Daniel Roos, Jame P. Womack, and Daniel Jones, *The Machine that Changed the World,* N. Y., Macmillan Pub. Co., 1990.（沢田　博訳『リーン生産方式が世界の自動車産業をこう変える』経済界、一九九〇年）
11 Wolferen, K. V., *The Enigma of Japanese Power,* 1990.（篠原　勝訳『日本／権力構造の謎』早川出版）
12 Porter, Michael E., Competitive Advantage, N. Y., The Free Press, 1985.（土岐　坤・中辻萬治・小野寺武夫訳『競争優位の戦略』ダイヤモンド社、一九八五年）
13 Porter, Michael E., *The Competitive Advantage of Nations,* N. Y., The Free Press, 1990.（土岐　坤・中辻萬治・小野寺武夫訳『競争優位の戦略』ダイヤモンド社、一九八五年）
14 Oliver, N. and B. Wilkinson, *The Japanization of British Industry,* Blackwell, 1988.

和書

1 間　宏『日本的経営の系譜』文眞堂、一九六三年。
2 間　宏『経済大国を作り上げた思想』文眞堂、一九九六年。
3 中根千枝『タテ社会の人間関係』講談社、一九六七年。
4 奥村　宏『法人資本主義の構造』日本評論社、一九七五年。
5 奥村　宏『企業集団時代の経営者――株式会社はどこへ行く――』日本経済新聞社、一九七八年。
6 奥村　宏『会社本位主義は崩れるか』岩波書店、一九九二年。

7 奥村　宏「日本型企業システム」、内橋克人・奥村　宏・佐高　信編『日本型経営と国際社会』岩波書店、一九九四年。
8 岩田龍子『日本的経営の編成原理』文眞堂、一九七七年。
9 津田眞澂『日本的経営の擁護』東洋経済新報社、一九七六年。
10 津田眞澂『日本的経営の論理』中央経済社、一九七七年。
11 小池和男『職場の労働組合と参加—労資関係の日米比較—』東洋経済新報社、一九七七年。
12 小池和男『日本の熟練』有斐閣、一九八一年。
13 藻利重隆「日本的経営と日本経営学」、日本経営学会『経営学の回顧と展望（経営学論集第四七集）』千倉書房、一九七七年。
14 野口　祐『日本の六大コンツェルン』新評論、一九七九年。
15 中央大学企業研究所編『日本的経営論』中央大学出版部、一九八二年。
16 濱口恵俊『間人主義の社会　日本』東洋経済新報社、一九八二年。
17 濱口恵俊『日本研究原論』有斐閣、一九九八年。
18 占部都美『日本的経営は進化する』中央経済社、一九八四年。
19 尾高邦雄『日本的経営』中央公論社、一九八四年、一九八六年。
20 安室憲一「国際経済摩擦と日本的経営」、江夏健一編著『国際経済紛争と多国籍企業』晃洋書房、一九八七年。
21 安保哲夫『日本企業のアメリカ現地生産』東洋経済新報社、一九八八年。
22 安保哲夫『アメリカに生きる日本的生産システム——現地工場の「適用」と「適応」——』東洋経済新報社、一九九一年。
23 安保哲夫『日本的経営・生産システムとアメリカ——システムの国際移転とハイブリッド化——』ミネルヴァ書房、一九九四年。
24 市村真一『アジアに根付く日本的経営』東洋経済新報社、一九八八年。
25 島田晴雄『ヒューマン・ウェアの経済学』岩波書店、一九八八年。
26 加護野忠男「日本的経営の移転」、小宮隆太郎編『国際化する企業と世界経済』東洋経済新報社、一九八九年。
27 経済企画庁『経済白書』一九九〇年版。

28 野中郁次郎『知識創造の経営』日本経済新聞社、一九九〇年。
29 野中郁次郎・竹内弘高著（梅本勝博訳）『知識創造企業』東洋経済新報社、一九九六年。
30 三戸　公『家の論理　[1]　日本的経営論序説』、『家の論理　[2]　日本的経営論の成立』文眞堂、一九九一年。
31 三戸　公『「家」としての日本社会』有斐閣、一九九四年。
32 丸山恵也「日本的生産システムとフレキシビリティ(一)〜(五)」『経済評論』日本評論社、一九九二年一〇月〜一九九三年三月。
33 岩尾裕純『天皇制と日本的経営』大月書店、一九九二年。
34 盛田昭夫「日本型経営が危ない」『文芸春秋』一九九二年二月号。
35 加藤哲郎／ロブ・スティーブン編『国際論争・日本型経営はポスト・フォーディズムか？』窓社、一九九三年。
36 吉田和男『日本型経営システムの功罪』東洋経済新報社、一九九三年。
37 吉田和男『日本型経営システムの再構築』生産性出版、一九九六年。
38 熊沢　誠「会社人間の形成」内橋克人他編『会社人間の終焉』岩波書店、一九九四年。
39 新・日本的経営システム等研究『新時代の「日本的経営」――挑戦すべき方向とその具体策――』日本経営者団体連盟、一九九五年。
40 林　正樹「日本的経営の経営学的研究」『商学論纂』（中央大学商学研究会）第36巻第三・四号、一九九五年。
41 林　正樹『日本的経営の進化』税務経理協会、一九九八年。
42 林　正樹・坂本　清『経営革新へのアプローチ』八千代出版、一九九六年。
43 風間信隆「コーポレート・ガバナンスと経営原理」林・坂本編著『経営革新へのアプローチ』八千代出版、一九九六年。
44 島田達巳・花岡菖・遠山暁監修『シリーズ・エクセレント情報システム』[1]〜[6]、日科技連、一九九六年。
45 田尾雅夫『会社人間の研究』京都大学出版会、一九九七年。
46 木元進一郎『能力主義と人事考課』新日本出版社、一九九八年。
47 野口　宏「デジタル経済と新しい産業像」関西大学総合情報学部紀要『情報研究』第一〇号、一九九八年。
48 牧野富夫『「日本的経営」の変遷と労資関係』新日本出版社、一九九八年。

八 管理者活動研究

洋書

1 Taylor, F. W., *The Principles of Scientific Management*, N. Y., Harper and Brothers Publishers, 1911.（上野一郎編訳『科学的管理法』産業能率短大出版部、一九六九年、新版、産能大学出版部、一九八〇年、所収）

2 Fayol, Henri, *Administration industrielle et générale*, Dunod, 1917, trans. by J. A. Coubrough, *Industrial and General Administration*, Geneva, International Management Institute, 1930, tans. by Constance Storrs, *General and Industrial Management*, London, Sir Isaac Pitman & Sons, Ltd., 1949.（都築 栄訳『産業並に一般の管理』風間書房、一九五八年。佐々木恒男訳『産業ならびに一般の管理』未来社、一九七二年。山本安次郎訳『産業ならびに一般の管理』ダイヤモンド社、一九八五年）

3 Gulick, L. and L. Urwick, eds., *Papers on the Science of Administration*, Institute of Public Administration, Columbia Univ., 1937.

4 Barnard, C. I., *The Functions of the Executive*, Mass., Harvard Univ. Press, 1938.（田杉・矢野・降旗・飯野（旧訳）、山本・田杉・飯野（新訳）『経営者の役割』ダイヤモンド社、旧訳版一九五六年、新訳版一九六八年）

5 Carlson, S., *Executive Behaviour : A Study of the Work Load and the Working Methods of Managing Directors*, Ann Arbor, Mich., Univ. Microfiles, 1951. reprinted Uppsala, Upsaliensis Academiae, 1991.

6 Hemphill, J. K., *Dimensions of Executive Positions : A Study of the Basic Characteristics of the Positions of Ninety-Three Business Executives*, Columbus, Ohio State Univ., 1960.

7 Sayles, L., *Managerial Behavior : Administration in Complex Organizations*, N. Y., McGraw-Hill, 1964.

8 Stewart, R., *Managers and Their Jobs*, N. Y., Macmillan, 1967.

9 Mintzberg, H., *The Nature of Managerial Work*, N. J., Prentice-Hall, Inc., 1973.（奥村哲史・須貝 栄訳『マネジャーの仕事』白桃書房、一九九三年）

10 Kotter, J. and P. R. Lawrence, *Mayors in Action,* N. Y., Wiley, 1974.
11 Stewart, R., *Contrasts in Management,* N. Y., McGraw-Hill, 1976.
12 Kotter, J., *The General Manager,* N. Y., The Free Press, 1982.（金井・加護野・谷光・宇田川訳『ザ・ゼネラル・マネジャー――実力経営者の発想と行動――』ダイヤモンド社，一九八四年）
13 Stewart, R. *et al., The District Administrator for the National Health Service,* London, Kings Fund, 1980.
14 Machin, J. L. J., *The Expectations Approach : Improving Managerial Communication and Performance,* London, N. Y., McGraw-Hill Book Co., 1980.
15 Machin, J., R. Stewart, and C. Hales, eds., *Toward Managerial Effectiveness : Applied Research Perspectives on the Managerial Task,* Farnborough, Hants., England, Gower, 1981.
16 Stewart, R., *Choices for the Manager,* Englewood Cliffs, N. J., Prentice-Hall, 1982.
17 Sayles, L. R., *The Working Leader : The Triumph of High Performance over Conventional Management Principles,* N. Y., The Free Press, Toronto, Maxwell Macmillan Canada, N. Y., Maxwell Macmillan International, 1993.
18 Hales, Colin, *Managing Through Organization : The Management Process, Forms of Organization and the Work of Managers,* London, Routledge, 1993.

V 資 料

経営学史学会第七回大会実行委員長挨拶

村田晴夫

一九九九年五月二一日（金）から二三日（日）にかけて、経営学史学会第七回大会を、桃山学院大学で開催させて頂きました。百三十余名の方々にお出でを頂き、充実した大会となりましたことは、まことに経営学史学会会員各位のご協力のお蔭であり、厚く御礼申し上げます。

「経営学百年――鳥瞰と未来展望」という時機を得た素晴らしいテーマを与えてくださり、三戸公教授には基調報告を頂き、そして当学会以外からも、村田和彦教授、宗像正幸教授、そしてその後亡くなられました（合掌）伊藤淳巳教授に、統一論題での報告をお引き受け頂きました。さらにはダニエル・レン教授に特別報告を頂く機会を得ました。そのさい特にご尽力を頂いたのは広瀬幹好教授でありました。諸先生方に感謝申し上げる次第であります。さらに、これらの企画・運営にさいして、理事長加藤勝康先生はじめ、九九年度の理事ならびに幹事の先生方にはひとかたならぬご指導・ご支援を賜りました。改めて厚く御礼申し上げます。

大会に際しましては、いろいろと不行き届きなこともあったかと存じます。そういうところは、私ども、できるだけ細かく検証して、今後の糧とさせて頂きたいと思っております。そうして、この「経営学百年――鳥瞰と未来展望」から得られた学問的な糧を、参加頂きました先生方と共有させて頂きつつ、この大会がもてましたことを桃山学院大学の誇りとして、われわれの歴史にとどめて参りたいと思っております。

ありがとうございました。

第七回大会をふりかえって

高橋由明

経営学史学会第七回大会は、一九九九年五月二十一日（金）から二十四日（日）まで桃山学院大学で開催された。大会実行委員長は村田晴夫教授であった。この大学の歴史についてふれると、その前身は古く、一八六九（明治二）年英国人宣教師によって男子校として開設され、明治二十八年に、「高等英学校」が「桃山学院」に改名されたことに始まる。しかし、大学の開設は第二次大戦後になり、一九五九（昭和三十四）年の経済学部の設立が第一歩である。別にある St. Andrew's University という英語名は、イエス・キリストの最初の使徒である聖アンデレにちなんだものという。桃山学院大学は、五年前に和泉市に移転しており、どちらかというと大阪の中心地からかなり離れた閑静な住宅地に位置しており、緑の多い清廉な空気につつまれていた。校舎はすべて英国風建築で、三つの授業教室棟以外は、「カンタベリー館（学生棟）」、「聖マーガレット館（食堂など学生関係ホール）」などの名前がつけられ、キャンパスのほぼ中心の「聖ペテロ館（管理棟）」の前には、広いキャンパス（学院）道路をはさんで小さな十字の塔をもつチャペルがあった。このチャペルの中こそ桃山学院たることを最も深く意識させる雰囲気をかもしだしていたといえる。

本年度の統一論題は、「経営学百年―鳥瞰と未来展望（One Hundred-Year History of Management Theory Overviews and Perspectives）」であり、経営学の「対象・方法論」、「人間問題」、「技術問題」、「情報問題」、

「倫理・責任問題」、「国際化問題」、「日本的経営論」についての理論的変遷と将来展望に関して、この分野で著名な業績を上げている会員の報告がなされた。自由論題報告者は、優秀な若手研究者を中心に四会場八人により担われた。

五月二十一日には聖ペテロ館第六・七会議室で理事会が開催され、翌日総会に提案する、一年間の学会活動の報告、三年ごとに行われる理事選挙の実施要領、次期大会開催大学候補等についての案などが紹介され了承された。二十二日からの大会は、大会実行委員長の村田教授、片岡信之、鬼塚光政、野田俊範、谷口照三の各教授を中心に、さらに大学院生諸君の援助のもとに円滑に運営された。特に、今年は、三年ごとの理事選挙の年であり、総会関係の運営では、開催校の諸先生には種々の面でお世話をいただいた。大会参加者の名において深く感謝するものである。

第七回大会のプログラムを掲載しておくと、つぎのとおりであった。

第一日目：五月二十二日（土）

《自由論題（報告三十五分：質疑二十分）》

A会場（三―二〇四教室）

一〇：〇〇―一〇：五五　坂本雅則（京都大学大学院）「企業支配論の一視角―経営機能分化の視点から」チェアパーソン・平田光弘（東洋大学）

一一：〇五―一二：〇〇　川端久夫（熊本学園大学）「管理者活動研究の理論的変遷と未来展望」チェアパーソン・稲村　毅（神戸学院大学）

B会場（三―二〇五教室）

一〇：〇〇―一〇：五五　阿辻茂夫（関西大学）「組織現象における複雑性」チェアパーソン・高橋正泰

一一：〇五―一二：〇〇　藤沼　司（明治大学大学院）「科学的管理思想の現代的意義に関する一考察―バーナード理論との関連で―」　チェアパーソン・吉原正彦（青森公立大学）

C会場（三―三〇四教室）

一〇：〇〇―一〇：五五　青木克生（関東学院大学）「経営組織論における『合理性』モデルの展開」　チェアパーソン・小笠原英司（明治大学）

一一：〇五―一二：〇〇　髙　巖（麗澤大学）「H・A・サイモンの組織論と利他主義モデルを巡って―企業倫理と社会選択メカニズムに関する提言―」　チェアパーソン・稲葉元吉（成城大学）

D会場の一（三―三〇五教室）

一〇：〇〇―一〇：五五　杉田　博（石巻専修大学）「M・P・フォーレット管理思想の基礎―ドイツ観念論哲学における相互承認との関連を中心に―」　チェアパーソン・榎本世彦（兵庫大学）

一一：〇五―一二：〇〇　岩田　浩（大阪産業大学）「経営倫理学の拡充に向けて―デューイとバーナードが示唆する重要な論点―」　チェアパーソン・高橋由明（中央大学）

《統一論題・特別講演》（二号館二―三〇一教室）

一三：〇〇―一三：五〇　基調報告：村田晴夫（桃山学院大学）「経営学における学の世界性」

基調報告：三戸　公（中京大学）「経営学の主流と本流、そして課題」

司　　会：加藤勝康（青森公立大学）

一三：五〇―一五：〇〇　統一論題一：〈経営学研究方法論（対象と方法）の変遷と未来展望〉

万仲脩一（大阪産業大学）「経営学の構想―経営学の研究対象・問題領域・考察方法―」、清水敏允（神奈川大学）「ドイツ経営学における研究対象・方法の変遷と課

題」司会：大橋昭一（関西大学）

一五：〇五―一五：三五　特別講演：Daniel A. Wren (University of Oklahoma), Management History in the New Century, 歓迎の辞・加藤勝康（前掲）、司会・岡田和秀（専修大学）、広瀬幹好（関西大学）

一五：五〇―一六：二五　統一論題二：村田和彦（一橋大学）「経営学における人間問題の理論的変遷と未来展望」、司会・吉田　修（帝塚山大学）

第二日目：五月二十三日（日）

九：三〇―一〇：〇五　統一論題三：宗像正幸（神戸大学）「経営学における技術問題の理論的変遷と未来展望」、司会・阪本　清（大阪市立大学）

一〇：〇五―一〇：四〇　統一論題四：伊藤淳巳（大阪市立大学）下崎千代子（神戸商科大学）「経営学における情報問題の理論的変遷と未来展望」、司会・庭本佳和（流通科学大学）

一〇：四〇―一一：一五　統一論題五：西岡健夫（追手門学院大学）「経営学における倫理・責任問題の理論的変遷と未来展望」、司会・中村瑞穂（明治大学）

一二：三〇―一三：〇五　統一論題六：赤羽新太郎（専修大学）「経営学における国際化問題の理論的変遷と未来展望」、司会・佐護　譽（九州産業大学）

一三：〇五―一三：四〇　統一論題七：林　正樹（中央大学）「日本的経営論の理論的変遷と未来展望」、司会・河野大機（東北大学）

《シンポジウム：経営学百年―鳥瞰と未来展望》

チェアパーソン・加藤勝康（前掲）、佐々木恒男（日本大学）、片岡信之（桃山学院大学）
ゲスト・ダニエル・レン（前掲）、通訳・岡田和秀（前掲）
基調報告者二名（前掲）、統一論題報告者九名（前掲）

一昨年から導入された出席通知者には予稿集が一週間程前に送られるという方式は今年も実施され、予稿集は遅滞なく届けられた。しかも、今年も昨年のスコット教授に引き続きレン教授の参加があってと思われるが、予稿集に掲載された報告タイトルに全報告者が英文タイトルをつけたこと、さらに統一論題報告者のレジメには英文アブストラクトが載せられたことは、特に注目されるべきである。この習慣は今後も継続されるべきであろう。たとえ、外国人報告者がいなくても外国人研究者の日本の学会への参加は今後とも少なくないと予想されるからである。今回の大会運営をされた人々の見識に頭を下げるものである。

自由論題では、報告三十分、討論二十五分が保証されたので昨年同様に活発な討論がなされた。統一論題では、各報告者が、それぞれの分野での理論的変遷の整理を緻密に行ない、それについて個別的に討論が深められたが、それを統一的に論議すべきシンポジュームで、経営学百年―鳥瞰と未来展望を総合的な視点から満足いく形で議論されたかというと、必ずしも肯定的反応を示しえなかったのは筆者だけであろうか。経営学百年の詳細で緻密な歴史的鳥瞰と、そこから展望する経営学の未来についての分析・解明は、今後とも、経営学史学会の全会員によって真摯に取組んでいかねばならない課題といえよう。

大会を通じての全参加者数は一三一名であった。懇親会前に行われた総会では、理事選挙、一年間の活動報告、会計報告がなされた後、来年の第八会大会が常任理事の佐護　譽教授の勤務する九州産業大学で開催されることが決定され、同教授の歓迎の挨拶が行われた。

執筆者紹介（執筆順）

三《み》戸《と》　公《ただし》（中京大学教授・立教大学名誉教授）
　主著『家の論理Ⅰ・Ⅱ』文眞堂、一九九一年
　　『随伴的結果』文眞堂、一九九四年

村《むら》田《た》晴《はる》夫《お》（桃山学院大学教授）
　主著『管理の哲学――全体と個・その方法と意味』文眞堂、一九八四年
　　『情報とシステムの哲学――現代批判の視点』文眞堂、一九九〇年

ダニエル・A・レン（オクラホマ大学デビッド・ロス・ボイド教授）
　主著 *The Evolution of Management Thougt*, 4th ed., John Wiley & Sons, 1994.
　　（第二版邦訳。車戸實監訳『現代経営管理思想――その進化の系譜――』上・下、マグロウヒル好学社、一九八二年）
　　White Collar Hodo: The Travels of Whiting Williams, Iowa State University Press, 1987.
　訳者　廣《ひろ》瀬《せ》幹《みき》好《よし》（関西大学教授）

万《まん》仲《ちゅう》脩《しゅう》一《いち》（大阪産業大学教授）
　主著『グーテンベルク学派の経営経済学』千倉書房、一九八三年
　　『現代の企業理論』文眞堂、一九九〇年

清《し》水《みず》敏《とし》允《よし》（神奈川大学教授）
　主著『国際企業論』東洋経済新報社、一九七四年
　　『現代の経営管理Ⅰ、生産・人事労務・原価』（共著）春秋社、一九八三年

村《むら》田《た》和《かず》彦《ひこ》（一橋大学教授）
主著『生産合理化の経営学』千倉書房、一九九三年
『市場創造の経営学』千倉書房、一九九九年

宗《むな》像《かた》正《まさ》幸《ゆき》（神戸大学教授）
主著『技術の理論―現代工業経営問題への技術論的接近』同文舘、一九八九年
『現代生産システム論』（共編著）ミネルヴァ書房、二〇〇〇年

伊《い》藤《とう》淳《あつ》巳《み》（大阪市立大学名誉教授）
主著『現代企業の意思決定』白桃書房、一九七八年
『意思決定と情報戦略』（共著）白桃書房、一九九六年

下《しも》﨑《ざき》千代子《ちよこ》（神戸商科大学教授）
主著『現代企業の人間行動』白桃書房、一九九一年
『人事情報システム』日科技連出版社、一九九三年

赤《あか》羽《はね》新太郎《しんたろう》（専修大学教授）
主著『国際経営管理論序説』文眞堂、一九九四年
『グローバル企業の経営戦略』（共著）ミネルヴァ書房、一九九九年

林《はやし》正《まさ》樹《き》（中央大学教授）
主著『経営革新へのアプローチ』（共編著）八千代出版、一九九六年
『日本的経営の進化』税務経理協会、一九九八年

川《かわ》端《ばた》久《ひさ》夫《お》（熊本学園大学教授・九州大学名誉教授）
主著『経営理念と企業責任』（共編著）ミネルヴァ書房、一九七九年
『組織論の現代的主張』（編著）中央経済社、一九九五年

西《にし》岡《おか》健《たけ》夫《お》（追手門学院大学教授）

主著『市場・組織と経営倫理』文眞堂、一九九六年
『経営と社会』追手門学院大学研究叢書、一九九一年

杉《すぎ》田《た》博《ひろし》（石巻専修大学専任講師）
主要論文「フォレット理論における機能の統合について」『経済・商学研究』（明治学院大学大学院）第三〇号、一九九七年二月
「M・P・フォレット管理思想における社会戦略の視点」『専修社会科学論集』（専修大学大学院）第二十二号、一九九八年九月

藤《ふじ》沼《ぬま》司《つかさ》（明治大学大学院経営学研究科博士後期課程）
主要論文「科学的管理の展開と〈知〉の変容――〈意味〉喪失時代としての知識社会とその起源――」『経営学研究論集』（明治大学大学院）第一〇号、一九九九年

岩《いわ》田《た》浩《ひろし》（大阪産業大学助教授）
主要論文「デューイの倫理思想の経営倫理学的意義」『大阪産業大学論集（社会科学編）』一〇一号、一九九六年
「経営の道徳的問題状況を探究するための方法的基礎――ジョン・デューイの探究理論を拠り所にして――」『大阪産業大学経営論集』第一巻第二号、二〇〇〇年

髙《たか》巖《いわお》（麗澤大学助教授）
主著『ビジネス・エシックス』（共著）文眞堂、一九九九年
『金融機関のコンプライアンス・プログラム』（共著）経済法令研究会、一九九九年

阿《あ》辻《つじ》茂《しげ》夫《お》（関西大学教授）
主著『組織決定の科学』関西大学出版部、一九九九年

坂《さか》本《もと》雅《まさ》則《のり》（京都大学大学院経済学研究科博士後期課程）

『思考する組織』（編著）文理閣、二〇〇〇年

編集後記

この経営学史学会年報第七輯は、昨年五月二十一～二十三日にかけて桃山学院大学で開催された経営学史学会第七回大会の諸報告を、編集し収録したものである。編集には、村田晴夫理事長以下七名の年報編集委員会委員が以下のように当たった次第である。

今回は全一八報告のうち一七報告を、内容からみて、三部構成に再編成して収録した。第Ⅰ部は「経営学百年――鳥瞰と未来展望――」と題して統一論題基調報告と特別講演を、第Ⅱ部は「経営学の諸問題――鳥瞰と未来展望――」と題して統一論題での八報告および自由論題での一報告を、第Ⅲ部は「経営学の諸相」と題して自由論題での六報告を、それぞれ収録した。川端久夫会員の報告は自由論題ではあったが、「管理者活動研究の理論的変遷と未来展望」という論題と内容からみて第Ⅱ部に収録することにした。また、青木克生会員の「経営組織論における『合理性』モデルの展開」は内容的にはすぐれた研究報告であったが、同趣旨の論文を他の研究誌に既発表したということのため、今回は割愛させていただいた。第Ⅳ部は慣例通り「文献」とし、統一論題の八報告のうち二報告はテーマが共通であるので一つの文献リストにまとめ、さらに第Ⅱ部に含められた自由論題の一報告のテーマに関する文献リストを追加して、合計八つのテーマの構成にした。最後のⅤ部では、第七回大会関係の記事を「資料」として掲載した。

今大会も報告者が多かったことから、年報の基準総ページ内に収めるために、一論文あたりの原稿枚数を各部ごとに少な目に制限し、しかも厳守していただかざるをえなくなった。とくに統一論題基調報告の三戸公、村田晴夫両会員には、紙幅を他にお譲り下さり、お礼を申し上げる次第である。なお、第Ⅳ部の「文献」は本学会年報の重要な特長の一つであるので、各執筆者には今後も一層のご協力とご尽力をお願いし、広く学界の共有財産にしたいと祈念する。

（河野大機　記）

経営学百年
——鳥瞰と未来展望——
経営学史学会年報　第7輯

二〇〇〇年五月二十一日　第一版第一刷発行　検印省略

編　者　経営学史学会
発行者　前野眞太郎
〒162-0041　東京都新宿区早稲田鶴巻町五三三
発行所　株式会社　文　眞　堂
電　話　〇三—三二〇二—八四八〇番
FAX　〇三—三二〇三—二六三八番
振　替　〇〇一二〇—二—九六四三七番
組版　オービット
印刷　平河工業社
製本　広瀬製本所

落丁・乱丁本はおとりかえいたします
定価はカバー裏に表示してあります
ISBN4-8309-4361-0　C3034

日本の経営学を築いた人びと　第三輯

本体2800円

●主要目次

アメリカ経営学の潮流　第四輯

本体２８００円

●主要目次

経営学研究のフロンティア　第五輯

本体3000円

●主要目次

経営理論の変遷　第六輯

●主要目次

本体2900円